《幼儿教育学》(第三版)
学习指导

贾世鹏　主编

中国石化出版社

内 容 提 要

本书是幼儿师范学校课本《幼儿教育学》(第三版)(陈幸军主编，人民教育出版社)的学习指导用书。

本书依据教材以章为序编写，共分十二章，每章设置"内容索引""学习导航""重中之重""应知应会""范例精讲""小试牛刀""参考答案"等七大模块。本书紧扣教学大纲，涵盖教材内容、融合学情教情，为学生掌握基础知识、运用知识能力提供全面指导。本书以导为主，使学生夯实专业知识，学会分析方法，明确解题思路，掌握答题技巧，提升专业技能，培养工匠精神。

本书可作为中等职业学校学前教育专业教学用书，也可作为自学者的指导书。

图书在版编目(CIP)数据

《幼儿教育学》(第三版)学习指导/贾世鹏主编.
—北京：中国石化出版社，2020.9
ISBN 978-7-5114-5936-7

Ⅰ.①幼… Ⅱ.①贾… Ⅲ.①幼儿教育学-中等专业学校-教学参考资料 Ⅳ.①G610

中国版本图书馆 CIP 数据核字(2020)第 163840 号

中国石化出版社出版发行

地址:北京市东城区安定门外大街 58 号
邮编:100011 电话:(010)57512500
发行部电话:(010)57512575
http://www.sinopec-press.com
E-mail:press@sinopec.com
北京柏力行彩印有限公司印刷
全国各地新华书店经销

*

787×1092 毫米 16 开本 12 印张 300 千字
2020 年 9 月第 1 版 2020 年 9 月第 1 次印刷
定价:35.00 元

前　言

本书是《幼儿教育学》(第三版)(人民教育出版社，陈幸军主编)的配套学习指导用书。本书在编写的过程中，编者深刻领会教育部颁发的《中等职业学校学前教育专业幼儿教育学教学大纲》，努力贯彻《国家职业教育改革实施方案》(2019年)、《3—6岁儿童学习与发展指南》(2012年)以及新修订的《幼儿园工作规程》(2016年)等相关文件要求，注重提升学生的职业技能和专业素养，结合学生实际，做到有导有练，巩固教材内容，夯实专业基础。

本书按照教材以章为序编写，每章设置"内容索引""学习导航""重中之重""应知应会""范例精讲""小试牛刀""参考答案"等七大模块。"内容索引"列举了本章节的重点知识及关系；"学习导航"是学习目标，分识记、理解、应用三个层次；"重中之重"是本章的核心内容，学生学习的重点；"应知应会"概括本章内容知识要点，帮助学生掌握基础知识，明确重点难点；"范例精讲"是针对考试中的典型问题，帮助学生学会分析问题，明确解题思路，掌握解答技巧，提升专业技能；"小试牛刀"则是检测学生对所学知识的掌握程度，并以训练能力为主，题型规范，难易适当，如选择、判断、简答、论述、案例分析，培养学生学习的积极性和主动性，完成"指导—示范—训练"的学习过程；"参考答案"是对照答案，纠错补漏，温故知新。

本书主编贾世鹏，在编写过程中，编者参考、引用、借鉴了同仁的相关资料，在此表示衷心的感谢。特别感谢参考教材《幼儿教育学》(第三版)的主编陈幸军老师和人民教育出版社。

由于编者水平有限，书中难免存在不足甚至错误，敬请使用的老师和同学批评指正。

目　　录

绪　论

【内容索引】

- 绪论
  - 什么是幼儿教育学
    - 幼儿教育学的概念
    - 幼儿教育的实例
  - 为什么要学习幼儿教育学
    - 幼儿教育的意义
    - 教育幼儿主要在于幼儿教师
    - 教育幼儿是十分复杂的系统工程
  - 怎样学习幼儿教育学
    - 纵向深入
    - 横向联合

【学习导航】

识记：幼儿教育学的研究对象、内容和学习方法。

理解：学习幼儿教育学的意义。

应用：在幼儿教育实践中，运用幼儿教育思想、原理、方法、原则解决实际问题，全面促进幼儿身心健康发展。

【重中之重】

幼儿教育学的研究对象和内容；学习幼儿教育学的意义和方法。

【应知应会】

一、什么是幼儿教育学

幼儿教育学是一门研究 3—6 岁幼儿教育规律和幼儿教育机构的教育工作规律的科学，它是人们从教育幼儿的实践经验中总结提炼出来的教育理论。

二、为什么要学习幼儿教育学

教育幼儿是人类社会生活的重要组成部分，幼儿教育的质量关系着人类社会的发展与进步。幼儿教育作为我国基础教育的重要组成部分，担负着为人才培养奠基的光荣任务。提高幼儿教育的质量，有效地促进每一个幼儿在体、智、德、美各方面的发展不仅是时代和社会的要求，也是现代幼儿教育自身的追求。

教育幼儿是一项十分复杂的社会实践，它具有自身的独特的规律，而集中地反映这些规律的理论体系——幼儿教育学是我们的有力武器。幼儿教师应当掌握这一武器，不但要热爱幼儿教育事业，还要掌握教育理论方面的专业知识和素养。

教育幼儿是十分复杂的系统工程，作为幼儿教师，基本责任是促进幼儿在德、智、体、美诸方面得到全面的和谐的发展。不仅要学习教育理论、技能，还要不断地认识自我、磨炼自己，了解教师的地位和作用，认识到教师工作的光荣和艰巨，增强责任感，为将来做一名合格的幼儿教师做好准备。

三、怎样学习幼儿教育学

1. 纵向深入——认真读书，勤于思考，钻研幼儿教育学理论

学习理论的第一步是认真学习教材，深入理解和领会教育学的基本概念和基本原理；初步了解幼儿教育学的基本结构，还需要广泛阅读相关参考书籍。

独立思考、切磋讨论是学习幼儿教育学的重要方法。在自己学习的基础上和老师同学相互交流看法，讨论切磋，相互启发，帮助你更清楚、更全面、更准确地掌握幼儿教育学理论。

2. 横向联合——联系幼儿教育实际，联系相邻学科和相关知识、信息，联系有关社会现象和问题

(1) 联系幼儿教育实际

到幼儿教育机构实习、见习，访问优秀幼儿园教师，开展社区、家庭的幼儿教育调查，尝试设计和组织一些教育活动、做一些教育小实验、对幼儿观察研究以及参加各种有关的专业活动等，都能有效地提高自己的教育理论修养和从事教育工作的能力。

(2) 联系相邻学科和相关知识、信息

在科学飞速发展的今天，各门学科越来越具有综合性和渗透性。幼儿教育学也是在不断吸收和综合其他相关的理论和知识的过程中，变得越来越完善的。相关学科的学习有利于从多角度更好地理解和领会幼儿教育学理论，有利于学科知识的相互补充、相互拓展，有利于有关学科的学习和研究方法、思维方式相互迁移、相互补偿。

(3) 联系有关社会现象和问题

幼儿教育与社会息息相关，经常尝试运用学过的理论知识对来自社会的问题进行理智的分析、思考，对各种思潮、观点进行冷静的判断、辨析。

【小试牛刀】

一、单项选择题(选择一个正确的答案。每小题 4 分，共 20 分)

1. 幼儿教育学是人们从教育幼儿的(　　)中总结提炼出来的教育理论。
   A. 教育学知识　　B. 专家研究　　C. 实践经验　　D. 以上都是
2. 学生在校期间，学习理论的第一步是(　　)。
   A. 学习教材　　B. 独立思考　　C. 勇于探索　　D. 联系实际
3. 要成为优秀的幼儿教师，需要教育理论方面的专业知识和素养，下列不正确的是(　　)。

A. 了解我国幼儿园的培养目标和教育工作的指导思想
B. 学会专业技能和实践经验
C. 树立正确的儿童观、教育观、发展观
D. 了解幼儿个体发展的现状、潜力和可能性

4. 作为幼儿教师，基本责任是(　　)。
A. 教幼儿能唱会跳，促进幼儿快乐地成长
B. 通过游戏活动，促进幼儿健康地成长
C. 教幼儿识字、算术，发展幼儿的智力
D. 促进幼儿在德、智、体、美诸方面得到全面的和谐的发展

5. 研究3—6岁幼儿教育规律和幼儿教育机构的教育工作规律的科学是(　　)。
A. 幼儿教育学　B. 幼儿心理学　C. 幼儿卫生学　D. 幼儿教育史

二、多项选择题(错选、漏选、多选均不得分。每小题5分，共15分)

6. 幼儿教育学可以帮助我们形成基本的教育观念，应当了解(　　)。
A. 幼儿教育机构工作的特点和规律　B. 幼儿教育产生、发展的历史
C. 幼儿的家庭背景、家长的素养、能力　D. 现代幼儿发展的规律、特点、问题等
E. 幼儿教育的意义

7. 学习幼儿教育学应做到的联系有(　　)。
A. 联系幼儿教育实际　B. 联系相邻学科和有关知识、信息
C. 联系有关社会现象和问题　D. 联系园情教情幼情
E. 聚焦社会共性现象和问题

8. 学习幼儿教育学，在校期间联系实际的方式有(　　)。
A. 到幼儿教育机构见习、实习　B. 尝试设计和组织一些教育活动
C. 访问优秀幼儿教师　D. 开展社区、家庭的幼儿教育调查
E. 对幼儿进行观察研究

三、判断题(正确的打"√"，错误的打"×"。每小题3分，共30分)

(　　)9. 幼儿教育学理论寓于日常我们教养幼儿的活动中，表现形式单一。
(　　)10. 教育学专门研究如何通过教育促成儿童的最佳发展。
(　　)11. 不同的教育方式会对幼儿产生相同的教育影响。
(　　)12. 幼儿教育是我国基础教育的重要组成部分。
(　　)13. 教育幼儿是一项十分复杂的社会实践活动。
(　　)14. "独学而无友，则孤陋而寡闻。"说明在学习幼儿教育学时要独立思考。
(　　)15. 在校时学习理论，毕业后再联系实际也能来得及，这种说法不对。
(　　)16. 幼儿园教师掌握幼儿教育理论是进行一切教育活动的前提。
(　　)17. 学习幼儿教育学需要横向深入和纵向联合。
(　　)18. 学习幼儿教育学是一件容易的事，只要掌握相关的幼儿教育学理论就可以了，不需要体验、感悟、理解。

四、简答题(每小题10分，共20分)

19. 为什么要学习幼儿教育学？

20. 幼儿教师能唱会跳，能弹会演就行了对不对？为什么？

五、论述题(15分)

21. 联系实际谈谈你打算如何学习幼儿教育学？

【参考答案】

一、单项选择题(选择一个正确的答案。每小题4分，共20分)

1. C　2. A　3. B　4. D　5. A

二、多项选择题(错选、漏选、多选均不得分。每小题5分，共15分)

6. ABDE　7. ABCD　8. ABCDE

三、判断题(正确的打“√”，错误的打“×”。每小题3分，共30分)

9. ×　10. √　11. ×　12. √　13. √　14. ×　15. √　16. √　17. ×　18. ×

四、简答题(每小题10分，共20分)

19. (1)教育幼儿是人类社会生活的重要组成部分，幼儿教育的质量关系着人类社会的发展与进步。幼儿教育作为我国基础教育的重要组成部分，担负着为人才培养奠基的光荣任务。提高幼儿教育的质量，有效地促进每一个幼儿在体、智、德、美各方面的发展不仅是时代和社会的要求，也是现代幼儿教育自身的追求。(4分)

(2)教育幼儿是一项十分复杂的社会实践，它具有自身的独特的规律，而集中地反映这些规律的理论体系——幼儿教育学是我们的有力武器。幼儿教师应当掌握这一武器，不但要热爱幼儿教育事业，还要掌握教育理论方面的专业知识和素养。(3分)

(3)教育幼儿是十分复杂的系统工程，作为幼儿教师，基本责任是促进幼儿在德、智、体、美诸方面得到全面的和谐的发展。不仅要学习教育理论、技能，还要不断地认识自我、磨炼自己，了解教师的地位和作用，认识到教师工作的光荣和艰巨，增强责任感，为将来做一名合格的幼儿教师做好准备。(3分)

20. 对，又不尽对。(2分)要做一名合格的幼儿教师，仅仅能唱会跳、能弹会演是远远不够的，最重要的是善于和幼儿打交道。(2分)为此需要幼儿教师了解幼儿的基本心理特点和身心发展的规律，会观察和了解幼儿，会通过不同的方式与他们交往。(2分)会设计和安排学习环境，会按照不同幼儿的水平和特点来指导他们以多种方式学习。(2分)要做好这些，不仅要学习幼儿教育学，还要学习幼儿心理学、卫生学、幼儿教育活动的设计与组织、教育评价，等等。(2分)

五、论述题(15 分)

21. 学习幼儿教育学需要纵向深入和横向联合。(2 分)

① 纵向深入——认真读书，勤于思考，钻研幼儿教育学理论。(2 分)

学习理论的第一步是认真学习教材，深入理解和领会教育学的基本概念和基本原理，初步了解幼儿教育学的基本结构，还需要广泛阅读相关参考书籍。

独立思考、切磋讨论是学习幼儿教育学的重要方法。在自己学习的基础上和老师同学相互交流看法，讨论切磋，相互启发，帮助你更清楚、更全面、更准确地掌握幼儿教育学理论。(3 分)

② 横向联合——联系幼儿教育实际，联系相邻学科和相关知识、信息，联系有关社会现象和问题。(2 分)

一是联系幼儿教育实际。到幼儿教育机构实习、见习，访问优秀幼儿园教师，开展社区、家庭的幼儿教育调查，尝试设计和组织教育活动、做教育小实验、对幼儿观察研究以及参加各种有关的专业活动等，都能有效地提高自己的教育理论修养和从事教育工作的能力。(2 分)

二是联系相邻学科和相关知识、信息。在科学飞速发展的今天，各门学科越来越具有综合性和渗透性。幼儿教育学也是在不断吸收和综合其他相关的理论和知识的过程中，变得越来越完善。(2 分)

三是联系有关社会现象和问题。幼儿教育与社会息息相关，经常尝试运用学过的理论知识对来自社会的问题进行理智的分析、思考，对各种思潮、观点进行冷静的判断、辨析。(2 分)

第一章　幼儿教育的产生和发展

【内容索引】

- 幼儿教育的产生和发展
  - 幼儿教育的概念和意义
    - 什么是教育，什么是幼儿教育
    - 幼儿教育的意义
  - 幼儿教育事业的产生和发展
    - 幼儿教育的产生和发展
    - 幼儿教育机构的产生和发展
    - 幼儿教育思想的发展

【学习导航】

识记：教育和幼儿教育的概念；陈鹤琴的“五指活动”；国内外著名幼儿教育家对幼儿教育的重要贡献；幼儿教育机构的产生和发展。

理解：幼儿教育的产生与发展；幼儿教育的意义；陈鹤琴、陶行知的教育思想；福禄培尔、蒙台梭利的教育理论。

应用：幼儿教育对个体发展和社会的意义。

【重中之重】

幼儿教育的概念和意义；国内外著名幼儿教育家的思想、观点；我国幼儿教育机构的发展。

【应知应会】

第一节　幼儿教育的概念和意义

一、什么是教育？什么是幼儿教育？

1. 什么是教育

对教育有广义和狭义两种理解。

广义的教育是指有目的、有意识地对人身心施加影响并促进人向社会要求的方向发展的一种社会实践活动。它的任务就是把原本作为自然人而降生的孩子培养成合格的社会成员。

这里的教育包括了家庭教育、社会教育和学校教育，范围很广。

狭义的教育指的是在人们专门设置的教育机构中实施的教育，主要指的是学校教育，如幼儿园、小学、中学和大学教育。学校教育由专职的教师，对受教育者进行有目的、有计划、有组织、有系统的教育和培养；是一种专门的和规范的教育，有较高的效率和更明确的效果；是人类社会教育活动的核心部分，对其他各种教育起着示范和主导作用。

需要注意两点：

（1）教育必须按一定的教育目的来进行，要服务于一定的社会政治和经济的需求。

（2）教育的发展离不开社会政治、经济、文化条件，教育又反过来影响社会各方面的发展。

2. 什么是幼儿教育

幼儿教育主要指的是对3—6岁年龄阶段的幼儿所实施的教育，幼儿教育是学前教育或说早期教育的后半阶段，前面与0—3岁的婴儿教育衔接，后面与初等教育衔接，是一个人教育与发展的重要而特殊的阶段。

幼儿教育也有广义和狭义之分。

广义的幼儿教育指凡是能够影响幼儿身体成长和认知、情感、性格等方面发展的有目的的活动。

狭义的幼儿教育则特指幼儿园教育和其他专门开设的幼儿教育机构的教育。

幼儿园教育在我国属于学校教育系统，和学校教育一样，幼儿园教育也具有家庭教育和社会教育所没有的优点，如计划性、系统性等。

二、幼儿教育的意义

幼儿教育的意义包含两个方面，一方面是对个体发展的意义，一方面是对社会的意义。但在实际上这两方面的意义是不可分割的，对个体发展有意义就必然对社会有价值。

1. 促进幼儿在德、智、体、美诸方面全面和谐的发展

幼儿教育可以促进幼儿身心的全面和谐发展，这个全面发展可以说是德、智、体、美几方面的发展，也可以说是身体、认识能力、情感和社会性等方面的发展。早期阶段的教育，可以为个人终生发展打下良好的基础，因而也为全民素质的提高作出了贡献。

2. 帮助幼儿适应学校生活，为入小学学习做好准备

幼儿教育作为入小学以前的“学前教育”，有责任帮助幼儿学习粗浅的知识和技能、在集体中生活、与人交往的社会行为规范以及形成学习兴趣、良好的学习习惯等，这些品质既能保证幼儿身心健康发展，又能帮助幼儿做好入学准备。

3. 减轻父母教养孩子的负担并改善处境不利幼儿的状况

幼儿教育机构可以在观念和方法上影响年轻的父母，而且还可以分担父母的教育责任。避免一部分幼儿由于家庭和周围环境的不利给发展带来缺憾，从而减少他们成人后带来的个人问题和社会问题。

总而言之，幼儿教育担负着保护幼儿，教育幼儿，促进他们身心全面和谐发展，协助家庭教育，为幼儿做好入小学的准备等多方面的责任。对于个体来说，可帮助幼儿顺利地成长发展，为其一生的发展打下良好的基础。对国家和社会来说，让每一个幼儿健康成长，可以提高社会新生一代的整体素质，为培养社会的有用人才打下基础。

第二节　幼儿教育事业的产生与发展

一、幼儿教育的产生和发展

1. 原始社会的幼儿教育

(1) 幼儿教育的形式是氏族内部的公共教育，每个幼儿受到的教育是平等的。

(2) 幼儿教育的主要内容向幼儿传授维持生存所必需的基本的知识经验，幼儿教育是完全融合在生产和生活中，其主要任务是保证幼儿的存活。

(3) 幼儿教育逐渐转向家庭，家庭教育产生了。

2. 奴隶社会和封建社会的幼儿教育

(1) 幼儿教育出现了阶级性和等级性。

(2) 入学前的幼儿教育仍然在家庭中分散进行。

(3) 幼儿教育内容较丰富，培养读、写、算能力的劳动者。

3. 资本主义社会的幼儿教育

(1) 建立了幼儿教育，注重理论体系，用理论指导实践。

(2) 幼儿教育的内容丰富，涵盖体、智、德、美全面发展，还出现了许多专门为幼儿编写的用于思想教育和文化知识教育等方面的教材。

(3) 幼儿教育出现了实施形式上的“双轨制”，一是慈善机构，二是幼儿教育机构。

(4) 幼儿教育出现了社会化，幼儿教育机构首先在欧洲诞生，英国空想社会主义者欧文于 1816 年创办了“幼儿学校”。

以上简单地勾勒了的幼儿教育产生和发展的轨迹，从中可以看到：

(1) 幼儿教育的发展是和社会生产力的发展水平紧密相连的；

(2) 幼儿教育是受到社会政治、经济制约的。

可以说，没有大工业生产就没有幼儿教育的产生，幼儿社会教育机构是近代大工业生产的产物。

二、幼儿教育机构的产生和发展

1. 世界上第一个幼儿园的诞生

德国幼儿教育家福禄培尔被世界誉为“幼儿园之父”，1840 年 5 月，福禄培尔在德国布兰肯堡创办了世界上第一个幼儿园。在他的幼儿园里，游戏是幼儿的主要活动，幼儿通过他特别设计的玩具——“恩物”来学习，并得到体力、语言、认识、想象力、创造力等多方面的发展。福禄培尔创建的幼儿园是世界上第一所真正意义上的幼儿教育机构。

【资料链接】

主要恩物及其作用

恩物 1：6 只柔软的彩色小球，认识各种颜色和数目。

恩物 2：木质的球体、立方体和圆柱体，认识形状。

恩物 3：由 8 个同样大小的正方体组成的大立方体，认识部分与整体的关系，培养数的概念。

恩物 4：由 8 个小长方体组成的大立方体，认识长方体与正方体的关系。

恩物 5：大立方体，可分为 21 个小正方体，6 个大三角柱，12 个小三角柱，认识大小三角柱与正方体之间的关系。

恩物 6：大立方体，可分为 18 个长方体，12 个柱台，6 个长柱，认识数的概念及满足建筑游戏的欲望。

2. 国外幼儿教育机构的发展

（1）幼儿教育机构数量的增加

随着现代化生产的发展，幼儿园数量增加很快，尤其是入小学前一年的教育。

（2）幼儿教育机构的多样化

幼儿教育机构向着形式多样化、功能多样化、组织多样化、教育多样化的方向发展，如全日制、半日制、入托时间灵活机动的幼儿教育机构、假日儿童中心等；各派幼儿教育理论百花齐放，有不同教育主张的幼儿园，如福禄培尔式、蒙台梭利式、皮亚杰式幼儿园等纷纷出现。

（3）师资质量和教育质量的提高

这是幼儿教育机构发展的重要标志。由于教师水平的提高是高质量教育的重要条件，因此师资质量就成为教育质量提高的重要标志。同时，教师的教育价值观的进步，使尊重幼儿，保障幼儿权利，让幼儿全面发展，成为世界幼儿教育工作者的共识。

3. 我国幼儿教育机构的发展

（1）我国近代第一所幼儿园的诞生

我国自己创办的第一所幼儿教育机构是 1903 年（清政府）在湖北武昌创办的湖北幼稚园（1904 年清政府将其改名为武昌蒙养院），之后又在长沙、北京、上海相继成立了蒙养院。当时的这些幼儿教育机构完全抄袭日本，显示出半殖民地半封建教育的特点。

（2）旧中国的幼儿园教育的发展

在半殖民地半封建的旧中国，政府根本不重视幼儿教育，导致幼儿教育发展极为缓慢。幼儿园害了三种大病：一是外国病，二是花钱病，三是富贵病。

可喜的是在这一时期，在中国共产党领导下的农村革命根据地、抗日民主根据地和解放区里，出现了各种类型的托幼组织，如边区儿童保育院和托儿所等。

另外，有一批具有爱国思想和民主思想的幼儿教育家，积极提倡变革并躬行实践，创办了为平民子女服务的幼儿园。如陶行知先生的“乡村儿童团”，张雪门先生的“北平香山慈幼院”等。

（3）新中国幼儿教育的发展

① 历史的转折。新中国成立后，幼儿教育以老解放区教育经验为基础，借鉴苏联经验，

进行了整顿、改造和发展。首先在办园方向上，旧型幼儿园逐渐转为向工农子女开门，为国家建设服务，让普通劳动人民的子女成为幼儿园的受教育者。其次，在教育思想上，新中国幼儿教育改革旧的教育思想、内容和方法，批判旧教育中存在的封建、买办、崇洋的思想。另外在教育目标上，提出新中国的幼儿园遵循党的教育方针，对幼儿进行初步的德、智、体、美全面发展教育，使幼儿的身心“在入小学前获得健全的发育”。

② 曲折起伏的前进。随着我国社会主义建设的深入，幼儿教育虽然有起有伏，但总体是向前发展的。“文化大革命”前的17年中，幼儿园数量大增，幼儿园教师队伍也基本建立起来；幼儿园教育的各项规章制度大体确立，一个社会主义幼儿教育的新体系基本形成。不过在发展中因为经验不足，也走过不少弯路。

(4) 幼儿教育在改革开放中腾飞

① 突破计划经济的束缚，多形式、多渠道发展。受到人口和经济的两大因素的制约，我国幼儿不能仅仅依靠国家，也不能依靠正规的幼儿教育机构。随着我国经济改革的深入，出现了由国家、企业、机关办园，转向各种社会力量办园，特别是农村、个人、法人团体等。灵活多样的非正规幼儿教育形式的作用日益增大。

② 走上规范化、法制化的轨道。“文化大革命”结束后，为恢复和发展幼儿教育，首先恢复建立了从中央到地方的各级幼儿教育领导机构，其次，教育部制定并颁发了一系列拨乱反正的文件，如《城市幼儿园工作条例》(1979-11)、《幼儿园教育纲要》(1981-10)、《关于进一步办好幼儿学前班的意见》(1986-06-10)、《幼儿园工作规程(试行草案)》(1989-06-05颁布，1996-06-01正式施行)、《幼儿园管理条例》(1989-08-20颁布，1990-02-01施行)、《幼儿园教育指导纲要(试行)》(2001-07-02)、《国家中长期教育改革与发展规划纲要(2010—2020年)》(2010-02)等。

三、幼儿教育思想的发展

1. 福禄培尔(1782—1852)

福禄培尔是德国教育家，幼儿园运动的创始人。19世纪中叶，他创办了世界上第一所幼儿园，而且创立了一整套幼儿教育理论体系和相应的教育方法、教材、玩具等。其对现今幼儿教育实践仍具有指导意义的理论主要有如下几个方面。

(1) 幼儿自我发展的原理

福禄培尔认为，幼儿的行为是其内在生命形式的表现，是由内在的动机支配的。通过这些行为，幼儿才可以成长发展。

(2) 游戏理论

福禄培尔是第一个阐明游戏教育价值的人。他认为幼儿是通过游戏将内在的精神活动表现出来的；他强调游戏对幼儿人格发展、智慧发展有重要的意义；他还认为游戏中玩具是必需的，幼儿通过玩具“可直觉到不可观的世界”。

(3) 协调原理

福禄培尔说，人不是单独一人存在的，他是家族中的一员、社会的一员，也是民族的一员，是宇宙的一分子。因此，我们应该让孩子和周围的环境、社会、自然结合，协调一致。

(4) 亲子教育

福禄培尔认为，要让孩子在爱中成长，父母应多给孩子爱的教育。为此，首先就必须教育母亲。他创立了世界上第一个为母亲们开办的“讲习会”，还专门写了一本《母亲之歌与爱抚之歌》。

2. 蒙台梭利（1870—1952）

蒙台梭利是意大利的儿童教育家，于1907年在罗马贫民区创办了一所“儿童之家”。她被誉为20世纪初的“幼儿园改革家”。蒙台梭利教育理论主要有以下一些要点。

（1）幼儿自我学习的法则

蒙台梭利视教育为促进幼儿内在力量自然发展的过程，强调幼儿的自由活动。她说“我的教学法就是要培养和保护儿童自身的学习积极性。”

（2）重视教育环境的作用

在蒙台梭利的教育中，一个有准备的环境是关键，因此，教育就是给幼儿创造一个好的学习环境。这个环境具有以下特点：①一个自由发展的环境，有助于儿童创造自我和自我实现；②一个有秩序的环境，儿童能在那里安静而有规律地生活；③一个生气勃勃的环境，幼儿在那里充满生气、欢乐和爱意，毫不疲倦地生活，精神饱满地自由活动；④一个愉快的环境，几乎所有的东西都为儿童设置的，适合于儿童的年龄特点，对儿童有极大的吸引力。

（3）教师的作用

在蒙台梭利的教育中，教师是一个环境的创设者、观察者、指导者。教师为幼儿精心设计环境和学习材料，提供必要的发展手段，保证幼儿能展开自由的学习。

（4）幼儿的自由和作业组织相结合的原则

蒙台梭利认为，给予幼儿自由和教师对作业的组织是一个统一体的两个侧面。理想的作业组织给了幼儿自我发展的可能性，给了幼儿发泄能量的机会，才使每个幼儿获得了满足。教师在幼儿的自由发展创造条件的同时，当然也要设置必要的纪律。

（5）重视感觉教育

在蒙台梭利教育中，感觉教育是重要内容。她认为3~6岁是儿童身心迅速发展的时期，幼儿的各种感觉先后处于敏感期，因此必须对幼儿进行系统的和多方面的感官训练，使他们通过与外部世界的直接接触发展敏锐的感觉和观察力，为高级的智力活动和思维发展奠定基础。

【资料链接】

蒙台梭利的一套训练感知能力的教具

在一块木板上有10个大小不等的孔，每个孔对应着一个圆柱体，每个圆柱体直径之差1毫米。要求儿童把混放在一起的圆柱体正确地放进相应的孔中。儿童通过反复练习，不断比较，并纠正视觉感知错误，使其视觉感知能力的精确性和敏锐性得到训练和提高。

蒙台梭利的教育理论也受到不少批评，主要是指责他的教育理论偏重智能而忽视幼儿情感的陶冶，忽视幼儿的社会化活动；其感觉教育教具脱离幼儿的实际生活，过于狭隘、呆板，操作方法过于机械等，但蒙台梭利教育对世界幼儿教育的巨大贡献是不可否认的，他的理论的基本精神，特别是重视幼儿身心发展特点，重视幼儿的自主操作练习和学习，重视环境的作用，以及他对教师作用的观点等。

3. 陶行知（1891—1946）

陶行知先生是我国伟大的人民教育家。在教育实践中，他创立了生活教育理论，提出了教、学、做合一的教育方法。在幼儿教育方面，他主要的贡献和观点如下。

(1) 开拓农村幼儿教育事业

他坚决主张建立适合中国国情的、省钱的、平民的幼稚园。他积极推行平民的、乡村的教育，在南京郊区首创了中国第一所乡村幼儿园——南京燕子矶幼稚园，还创建了乡村幼稚师范教育、农村幼儿教育研究会等。

(2) 重视幼儿教育

陶行知先生高度评价幼儿教育的社会价值，向社会宣传幼儿教育的重要性。他说“幼儿教育实为人生之基础”，是“根本之根本”。

(3) 生活是教育的中心

陶行知先生认为，生活即教育，游戏即工作。让儿童从社会生活、自然现象中学习，自己解决问题，自己组织游戏，培养出“生龙活虎的体魄，活活泼泼的心灵的儿童来”。

(4) 教、学、做合一的教育方法

陶行知先生坚决反对教、学、做分家。他说：“教、学、做是一件事，不是三件事。我们要在做上教，在做上学。”

(5) 解放儿童的创造力

陶行知先生认为教育要启发、解放儿童的创造力，为他们提供手脑并用的条件和机会。具体包括五个方面：①解放儿童的头脑；②解放儿童的双手；③解放儿童的嘴；④解放儿童的空间；⑤解放儿童的时间。

陶行知先生的幼儿教育思想在今天仍然具有极大的现实意义。

4. 陈鹤琴(1892—1982)

陈鹤琴是我国著名的儿童教育家。他于 1923 年创办了我国最早的幼儿教育实验中心——南京鼓楼幼稚园，创立了“活教育”理论。他的幼儿教育理论和实践对我国幼儿教育产生了很大的影响，主要有如下几个方面。

(1) 反对半殖民地半封建的幼儿教育，提倡适合国情的中国化幼儿教育

他批评当时的幼儿园不是抄袭日本就是模仿欧美，生搬外国的教材、教法，全然不顾中国国情。同时，他积极地推进为中国平民服务的、培养民族的新生一代的幼儿教育。

(2) 反对死教育，提倡活教育

他创建了活教育，其教育的三大目标是：①做人、做中国人、做现代中国人；②做中教、做中学、做中求进步；③大自然、大社会是我们的活教材。

陈鹤琴先生活教育体系的主要观点：

① 教育观：“以自动代替被动”，“自动的学习、自发的学习”，教师必须尊重幼儿的自主性。

② 教育目的：幼儿园教育目标是育人，培养国家民族所需要的新生一代，培养身体健康、能建设、能创造、能合作、能服务的“现代中国人”。

③ 教育方法：实现活教育目标的教育方法，应当是“做中教，做中学”。

④ 教育内容：以大自然、大社会为活教材，与实际紧密地结合。

⑤ 教育原则：陈鹤琴提出活教育的 17 条原则，体现了尊重幼儿的主体性，重视幼儿动手动脑，重视直接经验的价值等思想，奠定了幼儿园教育原则的基础。

（3）幼儿园课程理论

① 课程的中心：陈鹤琴反对幼儿园课程脱离实际，主张将儿童的环境(自然环境和社会环境)作为幼稚园课程系统的中心，让儿童能充分地与实物和人接触，获得直接经验。

② 课程的结构：陈鹤琴把课程内容划分为健康活动、社会活动、科学活动、艺术活动、文学活动五项，被称为“五指活动”。

③ 课程的实施：强调以幼儿经验、身心发展特点和社会发展需要作为选择教材的标准；反对实行分科教学，提倡综合的单元教学，以社会自然为中心的“整个教学法”；主张游戏式的教学。

整个教学法就是把儿童所应该学习的东西整个地、有系统地去教儿童学。

（4）重视幼儿园与家庭的合作

陈鹤琴十分重视家庭对幼儿的影响，积极主张幼儿园与家庭合作起来教育幼儿。只有两方面配合，才会有大的效果。

陈鹤琴先生极其丰富的幼儿教育思想和实践是我国幼儿教育的宝贵财富。在幼儿教育深入改革发展的今天，学习和研究他的教育思想和教育理论，继承和发扬他为幼儿教育事业奋斗的精神，对建设有中国特色的幼儿教育理论体系具有重大的意义。

【范例精讲】

1.(单项选择题)被世界誉为“幼儿园之父”的是(　　)。

A. 福禄培尔　　B. 陶行知　　C. 蒙台梭利　　D. 陈鹤琴

【解析】答案：A　本题主要检测对福禄培尔对世界幼儿教育发展的重要作用的理解。德国幼儿教育家福禄培尔被世界誉为“幼儿园之父”，他于 1837 年创建了一所学前教育机构，并于 1840 年正式命名为“幼儿园”，成为世界上第一个幼儿园。

2.(单项选择题)广义的幼儿教育包括(　　)。

A. 幼儿园、托儿所和亲子班的幼儿教育

B. 家庭中、社会中、各类幼教机构中进行的所有这一类的活动

C. 学前班、幼儿园和家庭的幼儿教育

D. 社区、幼儿园和儿童游戏场的幼儿教育

【解析】答案：B　本题主要检测对幼儿教育概念的理解。从广义上说，幼儿教育是指能够影响幼儿身体成长和认知、情感、性格等方面发展的有目的的活动，包括在家庭中、社会中、各类幼教机构中进行的所有这一类的活动。如幼儿在成人的指导下看电视、做家务、参加社会活动等，都可以说是幼儿教育。

3.(单项选择题)在(　　)时期，幼儿教育是完全融合在生产和生活中，其主要任务是保证幼儿的存活。

A. 原始社会　　B. 奴隶社会　　C. 封建社会　　D. 资本主义社会

【解析】答案：A　本题主要检测对原始社会幼儿教育的理解。在原始社会，由于生产力低下，青壮年为勉强维持全部落人的生活而成天奔波，社会没有多余的人力、财力花在幼儿教育上，只能由妇女和年老体弱的成人在劳动和生活过程中哺育儿童，保证他们存活下来，并向他们传授维持生存所必需的基本的知识经验。在原始社会时期，幼儿教育是完全融合在

生产和生活中，其主要任务是保证幼儿的存活。

4.(多项选择题)幼儿园教育具有家庭教育和社会教育所没有的优点，如(　　)等。

A. 计划性　　B. 重要性　　C. 特殊性　　D. 系统性

【解析】答案：AD　本题主要检测对狭义的幼儿教育的理解。狭义的幼儿教育特指幼儿园教育和其他专门开设的幼儿教育机构的教育。幼儿园教育在我国属于学校教育系统，和学校教育一样，幼儿园教育具有家庭教育和社会教育所没有的优点，如计划性、系统性等。

5.(判断题)教育是指学校教育。(　　)

【解析】答案：×　本题主要检测对教育概念的理解。对教育有广义的和狭义的两种理解。广义的教育包括家庭教育、社会教育和学校教育；狭义的教育，即仅指学校教育。

6.(判断题)我国《幼儿园工作规程》是1989年正式颁布施行的。(　　)

【解析】答案：×　本题是检测对我国教育法规的颁布和施行的辨析。1989年6月，国家教委制定颁发了《幼儿园工作规程(试行草案)》，并于1996年6月正式施行。2016年3月，重新修订了《幼儿园工作规程》，并开始施行。

7.(简答题)简述国外幼儿教育机构的产生与发展。

【解析】本题是检测对国外幼儿教育机构的产生与发展的理解。

答案要点：(1)世界上第一个幼儿园的诞生。1840年，福禄培尔在德国布兰肯堡创办了世界上第一个幼儿园，他创建的幼儿园是世界上第一所真正意义上的幼儿教育机构。

(2) 国外幼儿教育机构的发展

① 幼儿教育机构数量的增加。随着现代化生产的发展，幼儿园数量增加很快，尤其是入小学前一年的教育。

② 幼儿教育机构的多样化。幼儿教育机构向着形式多样化、功能多样化、组织多样化、教育多样化的方向发展。如全日制、半日制、入托时间灵活机动的幼儿教育机构，假日儿童中心等；各派幼儿教育理论百花齐放，有不同教育主张的幼儿园，如福禄培尔式、蒙台梭利式、皮亚杰式幼儿园等纷纷出现。

③ 师资质量和教育质量的提高。这是幼儿教育机构发展的重要标志。由于教师水平的提高是高质量教育的重要条件，因此师资质量就成为教育质量提高的重要标志。

8.(论述题)简述在幼儿教育方面，陶行知先生主要的贡献和观点。

【解析】本题是检测对陶行知先生幼儿教育思想的现实意义的理解。

答案要点：陶行知先生是我国伟大的人民教育家。在教育实践中，他创立了生活教育理论，提出了教、学、做合一的教育方法。在幼儿教育方面，他主要的贡献和观点如下。

(1) 开拓农村幼儿教育事业。他坚决主张建立适合中国国情的、省钱的、平民的幼稚园。他积极推行平民的、乡村的教育，在南京郊区首创了中国第一所乡村幼儿园——南京燕子矶幼稚园，还创建了乡村幼稚师范教育、农村幼儿教育研究会等。

(2) 重视幼儿教育。陶行知先生高度评价幼儿教育的社会价值，向社会宣传幼儿教育的重要性。

(3) 生活是教育的中心。陶行知先生认为，生活即教育，游戏即工作。

(4) 教、学、做合一的教育方法。陶行知先生坚决反对教、学、做分家。他说："教、学、做是一件事，不是三件事。我们要在做上教，在做上学。"

(5) 解放儿童的创造力。陶行知先生认为教育要启发、解放儿童的创造力，为他们提供手脑并用的条件和机会。具体包括五个方面：解放儿童的头脑，解放儿童的双手，解放儿童的嘴，解放儿童的空间，解放儿童的时间。

陶行知先生的幼儿教育思想在今天仍然具有极大的现实意义。

9.(分析题)案例：有的家长说“我的孩子从没有上过幼儿园，也发展得很好。”

问题：请问孩子上幼儿园有什么好处？

【解析】本题是检测对幼儿教育的意义的理解。

答案要点：幼儿教育的意义包含两个方面，一方面是对个体发展的意义，一方面是对社会的意义。但在实际上这两方面的意义是不可分割的，对个体发展有意义就必然对社会有价值。

(1) 促进幼儿在德、智、体、美诸方面全面和谐的发展

幼儿教育可以促进幼儿身心的全面和谐发展，这个全面发展可以说是德、智、体、美诸方面的发展，也可以说是身体、认识能力、情感和社会性等方面的发展。早期阶段的教育，可以为个人终生发展打下良好的基础，因而也为全民素质的提高做出了贡献。

(2) 帮助幼儿适应学校生活，为入小学学习做好准备

幼儿教育作为入小学以前的“学前教育”，有责任帮助幼儿学习粗浅的知识和技能、在集体中生活、与人交往的社会行为规范以及形成学习兴趣、良好的学习习惯等，这些品质既能保证幼儿身心健康发展，又能帮助幼儿做好入学准备。

(3) 减轻父母教养孩子的负担并改善处境不利儿童的状况

幼儿教育机构可以在观念和方法上影响年轻的父母，而且还可以分担父母的教育责任。避免一部分幼儿由于家庭和周围环境的不利给发展带来缺憾，从而减少他们成人后带来的个人问题和社会问题。

总而言之，幼儿教育担负着保护幼儿，教育幼儿，促进他们身心全面和谐发展，协助家庭教育，为幼儿做好入小学的准备等多方面的责任。对于个体来说，可帮助幼儿顺利地成长发展，为其一生的发展打下良好的基础。对国家和社会来说，让每一个幼儿健康成长，可以提高社会新生一代的整体素质，为培养社会的有用人才打下基础。

【小试牛刀】

一、单项选择题(每小题选一个正确答案，每小题2分，共24分)

1. 人的一生按年龄可分为若干阶段，幼儿期是指(　　)岁。

A. 0—3　　B. 0—7　　C. 3—6　　D. 6—12

2. 幼儿教育是一个人教育与发展的(　　)阶段。

A. 重要而系统　　B. 重要而特殊

C. 有计划、系统性　　D. 有目的、有组织

3. 教育出现了阶级性和等级性是(　　)的幼儿教育的特点之一。

A. 原始社会　　B. 奴隶社会和封建社会

C. 资本主义社会　　D. 社会主义社会

4. (　　)的幼儿教育基本上不在家庭中进行。

A. 原始社会　　B. 奴隶社会和封建社会

C. 资本主义社会　　D. 社会主义社会

5. 幼儿教育机构产生的根本原因是(　　)。

A. 慈善家的恩赐　　B. 脑力劳动和体力劳动的分工

C. 社会的产物　　D. 近代大工业机器生产的迅速发展

6. 1989年6月，国家教育委员会为了加强幼儿园的科学管理，提高保育和教育质量，制定颁发了(　　)。

A.《幼儿园暂行规程》　　B.《幼儿园教育纲要》

C.《幼儿园工作规程(试行草案)》　　D.《幼儿园管理条例》

7. 新中国成立以来，经国务院批准颁发的第一个幼儿教育法规是(　　)。

A.《城市幼儿园工作条例》(1979年)

B.《幼儿园教育纲要》(1980年)

C.《幼儿园工作规程(试行草案)》(1989年6月)

D.《幼儿园管理条例》(1989年8月)

8. "走上规范化、法制化的轨道"是(　　)的幼儿教育发展的特点。

A. 旧中国　　B. 新中国　　C. 新时期　　D. 新时代

9. 第一个阐明游戏教育价值的人是(　　)。

A. 福禄培尔　　B. 蒙台梭利　　C. 维果斯基　　D. 裴斯泰洛齐

10. 我国第一所幼儿教育机构于1903年在湖北武昌诞生，名字叫(　　)

A. 燕子矶幼儿园　　B. 湖北幼稚园　　C. 鼓楼幼稚园　　D. 香山慈幼园

11. (　　)创立了"活教育"理论，一生致力于探索中国化、平民化、科学化的幼儿教育道路。

A. 张宗麟　　B. 陈鹤琴　　C. 陶行知　　D. 张雪门

12. 在教育实践中(　　)创立了生活教育理论和教、学、做合一的教育方法。

A. 陶行知　　B. 陈鹤琴　　C. 张之洞　　D. 张雪门

二、多项选择题(多选、漏选、错选均不得分，每小题3分，共15分)

13. 对幼儿教育理解正确的是(　　)。

A. 接受父母长辈的影响　　B. 在成人的带领下参加社区活动

C. 做家务　　D. 去旅游、看电影

E. 去"特长班"学习

14. 师资质量是提高教育质量的重要标志。将幼儿教育师资提高到了大专以上水平，并实行专门的教师资格制度的国家有(　　)。

A. 美国　　B. 日本　　C. 法国　　D. 英国

E. 朝鲜

15. 强调教育与幼儿实际生活的密切关系的有(　　)。

A. 福禄培尔　　B. 蒙台梭利　　C. 张雪门　　D. 陶行知

E. 陈鹤琴

16. 著名教育家陶行知先生尖锐抨击半殖民地半封建的旧中国幼儿教育存在的弊病有(　　)。

A. 外国病　　B. 照搬病　　C. 花钱病　　D. 抄袭病
E. 富贵病

17. 蒙台梭利认为教育就是给幼儿创造一个好的学习环境。这个环境具有以下特点：(　　)。

A. 一个自由发展的环境　　B. 一个有秩序的环境
C. 一个无拘无束的环境　　D. 一个生气勃勃的环境
E. 一个愉快的环境

三、判断题(在正确的打"√"，在错误的打"×"。每小题1分，共10分)

(　　)18. 新一代人的成长和发展离不开教育。
(　　)19. 教育既可能推动也可能阻碍社会的发展。
(　　)20. 家庭教育在奴隶社会末期就产生了。
(　　)21. 幼儿教育的社会化带来了生产的社会化。
(　　)22. 幼儿教育机构的多样化是国外幼儿教育机构发展的特点之一。
(　　)23.《关于进一步办好幼儿学前班的意见》对城乡发展学前教育提出新的要求。
(　　)24. 1951年我国幼儿教育机构定名为幼儿园，学制为3年。
(　　)25. 福禄培尔的幼儿教育理论体系带有浓厚的宗教色彩。
(　　)26. 蒙台梭利的教育理论偏重智能而忽视自我学习的法则。
(　　)27. 陶行知的幼儿教育思想在今天没有现实意义。

四、简答题(共21分)

28. 结合实践谈谈你对教育的理解。(6分)
29. 幼儿教育的意义是什么？(10分)
30. 简述蒙台梭利的教育理论要点。(5分)

五、论述题(共20分)

31. 试述我国幼儿教育机构的发展。(8分)
32. 试述陈鹤琴的主要幼儿教育思想。(12分)

六、分析题(共10分)

33. 案例：社会中正在萌发一种现象，有个别家长认为自己的孩子可以自己教育，不去幼儿园或是学校也一样发展得很好。

问题：请结合幼儿教育学理论谈谈你对于这类现象的看法。

【参考答案】

一、单项选择题(选择一个正确的答案。每小题2分，共24分)

1. C　2. B　3. B　4. C　5. D　6. C　7. D　8. C　9. A　10. B　11. B　12. A

二、多项选择题(多选、漏选、错选均不得分。每小题 3 分，共 15 分)

13. ABCDE　14. ABCD　15. ACDE　16. ACE　17. ABDE

三、判断题(在正确的打“√”，在错误的打“×”。每小题 1 分，共 10 分)

18. √　19. √　20. ×　21. ×　22. √　23. ×　24. √　25. √　26. ×　27. ×

四、简答题(共 21 分)

28. 对教育有广义和狭义两种理解。广义的教育是指有目的、有意识地对人身心施加影响并促进人向社会要求的方向发展的一种社会实践活动。它的任务就是把原本作为自然人而降生的孩子培养成合格的社会成员，这里的教育包括了家庭教育、社会教育和学校教育，范围很广。(2 分)

狭义的教育指的是在人们专门设置的教育机构中实施的教育，主要指的是学校教育，如幼儿园、小学、中学和大学教育。学校教育由专职的教师，对教育者进行有的目的、有计划、有组织、有系统的教育和培养，是一种专门的和规范的教育。(2 分)

需要注意两点：

(1) 教育必须按一定的教育目的来进行，要服务于一定的社会政治和经济的需求。(1 分)

(2) 教育的发展离不开社会政治、经济、文化条件，教育又反过来影响社会各方面的发展。(1 分)

29. 幼儿教育的意义包含两个方面，一方面是对个体发展的意义，一方面是对社会的意义。(1 分)

(1) 促进幼儿在德、智、体、美诸方面全面和谐的发展。幼儿教育可以促进幼儿身心的全面和谐发展，也可以说是身体、认识能力、情感和社会性等方面的发展。(2 分)

(2) 帮助幼儿适应学校生活，为入小学学习做好准备。幼儿教育作为入小学以前的“学前教育”，有责任帮助幼儿为入小学学习做好准备。(2 分)

(3) 减轻父母教养孩子的负担并改善处境不利儿童的状况。幼儿教育机构可以在观念和方法上影响年轻的父母，而且还可以分担父母的教育责任。(2 分)

总而言之，幼儿教育担负着保护幼儿，教育幼儿，促进他们身心全面和谐发展，协助家庭教育，为幼儿做好入小学的准备等多方面的责任。(1 分)对于个体来说，可帮助幼儿顺利地成长发展，为其一生的发展打下良好的基础；(1 分)对国家和社会来说，让每一个幼儿健康成长可以提高社会新生一代的整体素质，为培养社会的有用人才打下基础。(1 分)

30. 蒙台梭利教育理论要点：

(1) 幼儿自我学习的法则。(1 分)

(2) 重视教育环境的作用。(1 分)

(3) 教师的作用。(1 分)

(4) 幼儿的自由和作业组织相结合的原则。(1 分)

(5) 重视感觉教育。(1 分)

五、论述题(共 20 分)

31(1)我国近代第一所幼儿园的诞生。我国自己创办的第一所幼儿教育机构是 1903 年

在湖北武昌创办的湖北幼稚园。(2 分)

(2) 旧中国的幼儿园教育的发展。在旧中国，政府根本不重视幼儿教育，导致幼儿教育发展极为缓慢。可喜的是在这一时期，在中国共产党领导下的农村革命根据地、抗日民主根据地和解放区里，出现了各种类型的托幼组织，如边区儿童保育院和托儿所等。另外，有一批具有爱国思想和民主思想的幼儿教育家，积极提倡变革并躬行实践，创办了为平民子女服务的幼儿园。(2 分)

(3) 新中国幼儿教育的发展。(2 分)

① 历史的转折。新中国成立后，幼儿教育以老解放区教育经验为基础，借鉴苏联经验，进行了整顿、改造和发展。

② 曲折起伏的前进。随着我国社会主义建设的深入，幼儿教育虽然有起有伏，但总体是向前发展的。

(4) 幼儿教育在改革开放中腾飞。(2 分)

① 走上规范化、法制化的轨道。“文化大革命”结束后，为恢复和发展幼儿教育，首先恢复建立了从中央到地方的各级幼儿教育领导机构，其次，教育部制定并颁发了一系列拨乱反正的文件。

② 突破计划经济的束缚，多形式、多渠道发展。随着我国经济改革的深入，出现了由国家、企业、机关办园，转向各种社会力量办园，特别是农村、个人、法人团体等。灵活多样的非正规幼儿教育形式的作用日益增大。

32. 陈鹤琴的教育理论主要有：

(1) 反对半殖民地半封建的幼儿教育，提倡适合国情的中国化幼儿教育。(1 分) 他批评当时的幼儿园不是抄袭日本就是模仿欧美，生搬外国的教材、教法，全然不顾中国国情。同时，他积极地推进为中国平民服务的、培养民族的新生一代的幼儿教育。(1 分)

(2) 反对死教育，提倡活教育。陈鹤琴先生的活教育体系的主要要点如下：

① 教育观：必须“以自动代替被动”，必须是“自动的学习、自发的学习”，教师必须尊重幼儿的自主性。(1 分)

② 教育目的：幼儿园教育目标是育人，培养国家民族所需要的新生一代，陈鹤琴把教育目的划分为依次递进的三个层次。(1 分)

③ 教育方法：“做中学，做中教，做中求进步”。(1 分)

④ 教育内容：以大自然、大社会为活教材，与实际紧密地结合。(1 分)

⑤ 教育原则：陈鹤琴先生提出的活教育的 17 条原则，体现了尊重幼儿的主体性。(1 分)

(3) 提倡综合的、联系实际的幼儿园课程。(3 分)

① 课程的中心：陈鹤琴先生反对幼儿园课程脱离实际，主张根据儿童的环境——自然环境和社会环境作为幼稚园课程系统的中心。

② 课程的结构：陈鹤琴把课程内容划分为健康活动、社会活动、科学活动、艺术活动、文学活动五项，被称为“五指活动”。

③ 课程的实施：强调以幼儿经验、身心发展特点和社会发展需要作为选择教材的标准；反对实行分科教学，提倡综合的单元教学，以社会自然为中心的“整个教学法”；主张游戏式教学。

(4) 重视幼儿园与家庭的合作。(2 分) 陈鹤琴先生十分重视家庭对幼儿的影响，他认为，儿童早期所接受的家庭教育关系着人一生的发展，具有积极的奠基作用。因此他强调必须创设良好的家庭教养环境，同时，幼儿园与家庭必须合作起来教育幼儿，才会有大的教育效果。

六、分析题(共10分)

33. 这种现象是错误的认识。(1分)

幼儿园教育是在幼儿园实施的教育。幼儿园教育在我国归属于学校教育系统，是我国的基础教育的一部分。(2分)

幼儿园教育优于家庭教育、社会教育的特点：由专业、专职的幼教人员实施的，具有其他形式的幼儿教育所不具备的专业性；有目的、有计划地进行的，可控性强、有效性高等。而家庭教育和社会教育对人的影响则较零散、不系统、不规范，因此其效果有很大的偶然性、不确定性。(2分)

幼儿园教育具有自身的不同于中小学教育的特殊性。幼儿园教育的对象是3~6岁年龄阶段的幼儿，在教育形式、内容、方法等与小学完全不同，它具有保教结合、以游戏为基本活动、与家庭社区紧密配合、重视一日生活等特点。(2分)

幼儿园教育属于正规幼儿教育形式，(1分)在我国，幼儿园教育在整个幼儿教育系统中居于核心地位，具有导向、辐射作用，最能体现国家意志和社会要求，对其他各种形式的幼儿教育具有示范、指导、聚合的功能，对提高我国幼教的整体质量起着举足轻重的作用。(2分)

第二章　我国幼儿园教育目标、任务和原则

【内容索引】

- 我国幼儿园教育目标、任务和原则
  - 幼儿园教育的目标
    - 我国的教育目的
    - 我国幼儿园教育的目标
  - 幼儿园的任务
    - 幼儿园的双重任务
    - 新时期幼儿园双重任务的特点
  - 幼儿园教育的原则
    - 尊重儿童的人格尊严和合法权益的原则
    - 促进儿童全面发展的原则
    - 面向全体、重视个别差异的原则
    - 充分利用儿童、家庭、社会的教育资源的原则
    - 保教结合的原则
    - 以游戏为基本活动的原则
    - 教育的活动性和活动的多样性原则
    - 发挥一日活动整体教育功能的原则

【学习导航】

识记：教育目的、幼儿园教育目标、教育原则的概念，幼儿园的双重任务。

理解：幼儿园教育目标的结构；新时期幼儿园双重任务的特点；幼儿园教育的原则；幼儿园教育目标的分解层次。

应用：在教育活动中如何践行“尊重儿童的人格尊严和合法权益的原则”“保教结合的原则”“以游戏为基本活动的原则”。

【重中之重】

幼儿园教育目标；幼儿园的双重任务；幼儿园教育的原则。

【应知应会】

第一节　幼儿园教育的目标

一、我国的教育目的

教育目的是指一个国家、民族通过教育，把受教育者培养成为什么样的人。它是国家对

培养人才的质量和规格的总体要求。

在我国社会历史发展的不同阶段，其教育目的是各不相同的。自新中国建立以来，我国的教育目的有几次不同的表述。

1995 年颁布的《教育法》规定，我国的教育目的是：教育必须为社会主义现代化建设服务，必须与生产劳动相结合，培养德、智、体等方面全面发展的社会主义事业的建设者和接班人。

二、我国幼儿园教育的目标

1. 幼儿园教育目标的内涵

幼儿园教育目标是教育目的在幼儿园教育这一阶段的具体化，是国家对幼儿园提出的培养人的规格和要求，是全国各类型幼儿教育机构统一的指导思想。

我国幼儿园教育的目标是："对幼儿实施德、智、体、美等方面全面发展的教育，促进其身心和谐发展"。

2. 制订幼儿园教育目标的依据

(1) 教育目的。幼儿园教育目标是根据我国教育目的并结合幼儿园教育的性质和特点提出来的。我国幼儿园教育的目标是培养全面发展的幼儿，这体现了我国教育目的的基本精神，并兼顾幼儿园教育的性质和特点。

(2) 幼儿身心发展的特点和可能性。幼儿的发展有一定的年龄特征和规律，是一个按照一定顺序、不断地从低级到高级发展的过程。因此，教育目标的制订必须适应幼儿身心发展的规律与年龄特征。

3. 幼儿园教育目标的层次结构

幼儿园教育目标是宏观层次的目标。目标的层层分解就形成了幼儿园教育目标的金字塔结构。

(1) 教育目的。它是我国各级各类教育的总目标，是金字塔的顶端。

(2) 幼儿园教育的目标，即幼儿教育阶段目标。《幼儿园工作规程》所表述的幼儿园保育、教育目标就属于这一层次。

(3) 各个幼儿园具体的教育目标。幼儿园的具体教育目标是每个幼儿园根据国家对幼儿教育的要求，结合本园的具体情况制订的。

4. 制订幼儿园具体教育目标时应注意的问题

(1) 教育目标分解的方法要恰当

制订幼儿园具体教育目标的过程，实际上是将国家的教育目的、幼儿园教育目标层层分解，逐步具体化，并落实在幼儿发展上的过程。第三层次的具体教育目标如何确定，各个幼儿园可以根据实际情况，采用不同的分解方法。

如果按时间的范围划分，那么，幼儿园具体教育目标可分为四个层次：

第一层次：每一学年的教育目标；

第二层次：学期教育目标；

第三层次：一个月或一周的教育目标，也可以是单元活动目标；

第四层次：幼儿园一日活动、一个活动或一节作业课的教育目标。

如果从教育目标指导的范围来划分，则幼儿园具体教育目标可分为这样四个层次：

第一层次：指导本园的教育目标；

第二层次：指导一个班级的教育目标；

第三层次：指导不同活动组的教育目标；

第四层次：指导每个个体的教育目标，即根据每个幼儿发展情况确定目标。

（2）教育目标的涵盖面要全面

将幼儿园的教育目标层层具体化的过程，实际上是将教育目标的内容逐步具体化的过程。每一个层次内容的涵盖面一定要全面，即包括幼儿全面发展的各个方面和每个方面的全部内容。

（3）教育目标要有连续性和一致性

教育目标的实现是一个长期的过程，它由若干不同的阶段来完成。每个阶段性目标之间要互相衔接，体现幼儿身心发展的渐进性和连续性，体现实现教育效果的连续性和一致性。

5. 幼儿园教师是实现教育目标的重要保证

幼儿园教师是按照社会要求去促进幼儿发展的，是将教育目标真正落实为幼儿发展的实践者。这就要求教师首先必须正确、清楚、全面地理解和把握幼儿园教育目标的内涵，并将这种“外在”的教育目标转化为“内在”的正确的教育观念，并用以指导自己的行动；其次，教师必须掌握将教育目标转化为幼儿发展的技能；最后，在教育过程中，必须依据幼儿的实际水平，选择相适应的教育目标、教育模式、教育内容、活动方式、组织形式、指导方法等，去促进幼儿的发展。因此，在实现教育目标的过程中，教师有责任排除一切干扰，坚定地按照教育目标来规范自己的教育行为，以保证教育目标的真正实现。

第二节　幼儿园的任务

一、幼儿园的双重任务

我国幼儿园教育是基础教育的重要组成部分，使受教育者在德、智、体、美等方面得到全面发展，为社会主义事业培养建设者和接班人。但是，幼儿园又是社会保教机构，具有公益性，因此，它还担负着其他学校教育机构所没有的为家长服务的特殊任务。

（1）幼儿园对幼儿实施保育和教育

以幼儿园为代表的幼儿教育机构是我国对幼儿实施保育和教育的组织，幼儿园通过对幼儿实施德、智、体、美诸方面全面发展的教育，促进其身心和谐发展，来体现自身的社会价值，为社会主义建设服务。

（2）幼儿园为家长工作、学习提供便利条件

幼儿园不仅是一个教育机构，也是一个社会福利机构，负有为在园幼儿家长服务的任务。幼儿园保护和照顾幼儿有助于解决家长参加工作、学习而子女无人照顾的问题。通过完成这一任务，幼儿园显示出其他教育机构所不可替代的功能，充分体现出幼儿园的特殊价值。

二、新时期幼儿园双重任务的特点

（1）对幼儿身心素质的培养提出了更高的要求

幼儿教育担负着为培养21世纪的人才奠基的光荣而艰巨的任务，必须从素质教育入手，

从教育思想到教育的内容、形式、方法等全面地进行改革，使幼儿成长为社会所需要的一代新人。

(2) 为家长服务的范围不断扩大

要求各种幼儿教育机构在办园形式、管理制度、收托时间、保育范围、服务方式、运作机制等各方面更灵活、更方便、更多样化，以适应不同家长工作、学习、生活方面的特点和需要。

(3) 家长对幼儿教育认识不断提高，要求幼儿园具有更高的教育质量

家长不仅希望孩子在幼儿园吃得好、长得好，更希望孩子能接受好的教育，幼儿园质量的高低成为家长最关心的问题。提高保育和教育质量成了幼儿园生存和发展的关键。

总之，幼儿园要更好地完成双重任务，使家长满意、社会满意，必须关心、顺应社会的发展和变化，不断调整自身的运行机制，深入地进行改革，把幼儿园教育质量不断提高到新的水平。

第三节　幼儿园教育的原则

幼儿园教育的原则是教师在向幼儿进行教育时必须遵循的基本要求。

1. 尊重儿童的人格尊严和合法权益的原则

(1) 尊重儿童的人格尊严；

(2) 保障儿童的合法权利。

2. 促进儿童全面发展的原则

(1) 儿童的发展是整体的发展而不是片面的发展；

(2) 儿童的发展应是协调的发展；

(3) 儿童的发展是有个性的发展。

3. 面向全体，重视个别差异的原则

(1) 教育要促进每个儿童的发展；

(2) 教育要促进每个儿童在原有基础上的发展；

(3) 多种组织形式促进儿童的发展。

4. 充分利用儿童、家庭、社会的教育资源的原则

教育者必须认识到儿童自身、儿童群体以及家庭、社会都是宝贵的教育资源，要充分发挥它们的教育作用。

5. 保教结合的原则

(1) 保育和教育是幼儿园两大方面的工作；

(2) 保育和教育工作互相联系、互相渗透；

(3) 保育和教育是在同一过程中实现的。

6. 以游戏为基本活动的原则

(1) 重视幼儿的自发性游戏；

(2) 充分利用游戏组织幼儿园各类教育活动；

(3) 满足幼儿对多种游戏的需要。

7. 教育的活动性和活动的多样性原则

（1）教育的活动性

活动是幼儿发展的基础和源泉。幼儿必须通过活动去接触各种事物和现象，与人交往，实际操作物体，才能逐步积累经验，获得真知。

（2）教育活动的多样性

幼儿园的活动不应当是单一的。因为活动内容、形式不同，在幼儿发展中的作用是不一样的。教师要注意教育活动的多样性，才能有效地促进幼儿发展。

8. 发挥一日活动整体教育功能的原则

幼儿园一日活动是指幼儿园每天进行的保育、教育活动，它包括教师组织的活动和幼儿的自主自由活动。

（1）一日生活中的各种活动不可偏废

无论是幼儿吃喝拉撒睡一类的生活活动，还是集体教育活动、参观访问等；无论是有组织的活动还是幼儿自主自由的活动，都各具重要的教育作用，对幼儿的发展都是不可缺少的。因此不能顾此失彼，随意削弱或取消任何一种活动。

（2）各种活动必须有机统一为一个整体

每种活动会对幼儿的发展产生这样或那样的作用。一日活动必须统一在共同的教育目标下，形成合力，才能发挥整体教育功能。

上述幼儿园教育原则，前四项是教育的一般原则，是幼儿园、小学、中学教师均应遵循的，它反映了教育的一般要求。后四项是幼儿园教育的特殊原则，是根据幼儿园教育的特点提出来的，是幼儿园教育对教师的特殊要求。各条原则彼此密切联系、相互渗透，不可分割。因此，应当在深刻理解每条原则的基础上综合地运用它们。

【范例精讲】

1.（单项选择题）（　　）是我国各级各类教育的总目标，是金字塔的顶端。

A.《中华人民共和国教育法》　　B. 教育目的

C. 各个幼儿园具体的教育目标　　D. 幼儿园教育目标

【解析】答案：B　本题主要检测对幼儿园教育目标的结构的理解。教育目的是国家对各级各类教育事业培养人的统一的质量要求，但由于社会所需要的人是多层次、多规格的，教育对象的身心发展水平也各有特点，所以国家对各级各类教育提出了特殊的具体的要求，即各级各类教育的总目标，是金字塔的顶端。

2.（单项选择题）幼儿园两大方面的工作是（　　）。

A. 保育　　B. 教育

C. 保育和教育　　D. 照看孩子和保护孩子

【解析】答案：C　本题主要检测对保教结合的原则的理解。保育和教育是幼儿园工作的两大方面。保育侧重于照料幼儿的生活，教育则侧重于发展幼儿的能力，促进幼儿的精神成长。尽管这两方面各有其主要职能，但它们是相互融合、难以截然分离的。幼儿身心发展的这一特点决定了保育中渗透着教育，教育中包含着保育，二者在同一过程中实现。

3. (多项选择题)幼儿园教育目标是根据(　　)提出来的。

A. 教育目的　　B. 幼儿园教育的性质

C. 幼儿园教育的特点　　D. 幼儿园具体的教育活动

E. 幼儿身心发展的特点和可能性

【解析】答案：ABCE　本题主要检测对制订幼儿园教育目标的依据的理解。幼儿园教育目标是根据教育目的并结合幼儿园教育的性质和特点提出来的。教育目标是否合理除了要符合国家、社会的要求之外，还要看是否符合教育对象的身心发展规律和可能性。

4. (多项选择题)教育资源存在于(　　)中。

A. 社会　　B. 自然　　C. 儿童自身　　D. 儿童群体

E. 家庭

【解析】答案：ABCDE　本题主要检测充分利用儿童、家庭、社会的教育资源的原则的理解。教育资源存在于儿童的生活中。在家庭、社会、教育机构、街道、市场、田野，在儿童自身和儿童群体中，都存在着丰富的教育资源，都在对儿童发挥着强大的影响作用。

5. (判断题)实施集体、小组、个别教育与面向全体、照顾个别差异不是一回事。

【解析】答案：√　本题主要检测面向全体，重视个别差异的原则的理解。在教育过程中，教育者在关注全体受教育对象的同时，还需重视每个儿童的个别差异，因人施教，有针对性地采取最有效、最合理的方式促进每个儿童的发展。在教育中灵活地使用集体、小组、个别的教育组织形式。集体活动不是"面向全体"，小组和个别活动不是"照顾个别差异"。不重视个别差异的集体活动是不可能真正面向全体的。

6. (判断题)幼儿日常生活活动对应保育，作业课、游戏等活动对应教育。

【解析】答案：×　本题主要检测对发挥一日活动整体教育功能的原则和保教结合的原则的理解。无论是幼儿吃喝拉撒睡一类的生活活动，还是集体教育活动、参观访问等教学活动，无论是有组织地活动还是幼儿自主自由的活动，都各具重要的教育作用，对幼儿的发展都是不可缺少的。保育和教育，虽然各有其主要职能，但并不是截然分开的。教育中包含保育的成分，保育中也渗透教育的内容。

7. (简答题)简述幼儿园教育目标的层次结构。

【解析】本题主要检测对幼儿园教育目标的层级结构的理解。

答案要点：国家对幼儿园教育目标做了宏观的表述。目标的层层分解就形成了幼儿园教育目标的金字塔结构，这一结构从上到下由如下几个层次构成：(1)教育目的。它是我国各级各类教育的总目标，是金字塔的顶端。(2)幼儿园教育的目标，即幼儿教育阶段目标。(3)各个幼儿园的具体教育目标。它是每个幼儿园根据国家对幼儿教育的要求，结合本园的具体情况制订的。

8. (论述题)要保证教育目标的实现，幼儿教师应注意哪些问题?

【解析】本题是检测对幼儿教师是实现教育目标的重要保证的理解。

答案要点：幼儿园教师是按照社会要求去促进幼儿发展的，是将教育目标落实为幼儿发展的实践者。这就要求教师首先必须正确、清楚、全面地理解和把握幼儿园教育目标的内涵，并将这种"外在"的教育目标转化为"内在"的正确的教育观念，并用以指导自己的行动；其次，教师必须掌握将教育目标转化为幼儿发展的技能；最后，在教育过程中，必须依据幼儿的实际水平，选择相适应的教育目标、教育模式、教育内容、活动方式、组织形式、指导方法等，去促进幼儿的发展。因此，在实现教育目标的过程中，教师有责任排除一切干扰，坚定地按照教育目标来规范自己的教育行为，以保证教育目标的真正实现。

9.(案例分析题)案例：午睡时间，一名幼儿怎么也不睡，教师允许他到活动区角自己活动，并告诉他："轻轻地，不要影响别人午睡。"

问题：你赞同这位教师的做法吗？请用相关的教育原则分析教师的做法。

【解析】本题主要检测对幼儿园教育原则的理解与应用。

参考答案(1)赞同。因为这位老师的做法符合幼儿园教育的尊重儿童的人格尊严和合法权益的原则及面向全体、重视个别差异的原则。

(2)首先体现了"面向全体、重视个别差异"的教育原则。这条原则是指教育者在关注受教育对象的同时，还应尊重儿童的个别差异，因人施教，有针对性地采取最有效、最合理的方式促进每个儿童的发展。这名教师的做法就遵循了这一原则。首先她面向全体儿童，尊重全体儿童的休息；其次，她还照顾到个别幼儿的特殊情况，幼儿可能由于各种原因实在无法入睡，教师在要求他不影响别人午睡的前提下进行了区角活动。这样就有效、合理地保证了儿童的基本发展。

此外，教师的做法还体现了"尊重儿童的人格尊严和合法权益的原则"。尊重儿童的人格尊严和合法权益，一方面是指要将儿童作为具有独立人格的人来对待，要热爱与尊重他们，而且要注意倾听他们的想法，尊重他们的意愿；另一方面教师还要保障儿童的合法权利，比如生存权、受教育权、受抚养权、发展权、参与权、休息权等。教师允许个别幼儿进行区角活动，而不是强制幼儿午睡，就体现出对幼儿发展和其人格的尊重。教师要求幼儿"轻轻地，不要影响别人午睡"则体现出对其他儿童休息权的尊重。

【小试牛刀】

一、单项选择题(选择一个正确的答案。每小题2分，共24分)

1.(　　)是教育的根本问题。

A. 教育目的　　B. 幼儿园教育目标

C. 培养人才的规格和要求　　D. 教育活动

2. 教育必须为社会主义现代化建设服务，必须与生产劳动相结合，培养德、智、体等方面全面发展的社会主义事业的建设者和接班人。这是(　　)的教育目的。

A. 1980年邓小平同志提出

B. 1981年在《关于建国以来党的若干问题的决议》中提出

C. 1985年在《中共中央关于教育体制改革的决定》中提出

D. 1995年颁布的《中华人民共和国教育法》规定

3."对幼儿实施德、体、智、美等方面全面发展的教育，促进其身心和谐发展。"这是(　　)。

A. 我国的教育目的　　B. 我国幼儿园教育的目标

C. 各个幼儿园具体的教育目标　　D. 幼儿园教育活动的目标

4.《幼儿园工作规程》所表述的幼儿园保育、教育目标属于(　　)。

A. 教育目的　　B. 幼儿园教育的目标

C. 各个幼儿园具体的教育目标　　D. 一个活动的目标

5. 幼儿园各层次的教育目标中，最小、最具体的教育目标是(　　)。

A. 幼儿园教育目标

B. 幼儿园各年龄班的目标

C. 一个月或一周教育目标

D. 一日(一个)活动的教育目标或幼儿个体的教育目标

6. (　　)是实现教育目标的关键因素。

A. 幼儿园　　B. 保育员　　C. 幼儿园园长　　D. 幼儿教师

7. 尊重和保护幼儿的原则并没有明确要求(　　)。

A. 尊重并同意幼儿的主张、决定　　B. 尊重幼儿的人格尊严

C. 尊重幼儿的观点、意见　　D. 尊重幼儿的基本权利

8. 教育必须面向每个儿童，使每个儿童都能达到教育目标的要求。这是(　　)的原则要求。

A. 教育的活动性　　B. 尊重儿童人格尊严和合法权益

C. 以游戏为基本活动　　D. 面向全体、重视个别差异

9. (　　)是全面发展教育方针在幼儿期的具体体现，也是我国幼教实践工作的总结。

A. 保教结合　　B. 整体的发展

C. 有个性的发展　　D. 身心和谐发展

10. 有些教育者在教育儿童的过程中，随意呵斥、责备或惩罚儿童，使儿童受到委屈、羞辱。这违背了幼儿园教育的(　　)。

A. 面向全体，重视个别差异的原则

B. 促进儿童全面发展的原则

C. 尊重儿童的人格尊严和合法权益的原则

D. 保教结合的原则

11. “要知道梨子的滋味，你就得亲口尝一尝。”体现了(　　)。

A. 教育的多样性　　B. 活动的实践性

C. 教育的活动性　　D. 活动的多样性

12. 对幼儿来说，(　　)是他们的基本活动。

A. 游戏　　B. 工作　　C. 劳动　　D. 活动

二、多项选择题(多选、漏选、错选均不得分，每小题 3 分，共 15 分)

13. 制订幼儿园教育目标的依据有(　　)。

A. 教育目的　　B. 幼儿身心发展的特点和可能性

C. 教师水平　　D. 幼儿家庭成长环境

E. 幼儿园对幼儿发展的具体情况

14. 对我国幼儿园教育的目标理解正确的是(　　)。

A. 确定了幼儿园教育的任务　　B. 评估幼儿园教育质量的根本依据

C. 对全国幼儿教育进行领导　　D. 调控全国幼儿园教育
E. 规范幼儿教育行为

15. 儿童是不同于成人的正在发展中的社会成员，他们享有不同于成人的许多特殊的权利，如(　　)。
A. 生存权　　B. 受教育权　　C. 受抚养权　　D. 发展权
E. 参与权

16. 促进儿童全面发展的原则指的是教师在制订教育计划、设计和实施教育活动时，应当注意(　　)。
A. 儿童的发展是整体的发展　　B. 儿童的发展应是协调的发展
C. 儿童的发展是均衡的发展　　D. 儿童的发展是有个性的发展
E. 儿童的发展不是片面的发展

17. 把握保教结合的原则应明确(　　)。
A. 将保教结合的思想落实到幼儿园每一环节的工作中
B. 保育和教育是幼儿园两大方面的工作
C. 保育和教育工作互相联系、互相渗透
D. 利用师生关系和教师集体的强大教育力量
E. 保育和教育是在同一过程中实现的

三、判断题(在正确的打“√”，在错误的打“×”。每小题 1 分，共 10 分)

(　　)18. 幼儿的发展是有一定的身体特征和规律的，是一个按照一定顺序、不断地从低级到高级发展的过程。

(　　)19. 目标的层层分解就形成了幼儿园教育目标的倒金字塔结构。

(　　)20. 幼儿园质量的高低成为幼儿园生存和发展的关键。

(　　)21. 教育目标内容的不全面严重影响幼儿的全面发展。

(　　)22. 没有对儿童的爱与尊重，就谈不上真正的教育。

(　　)23. 保育是保育员的事，与幼儿教师无关，因而不将保育工作列为教育工作计划。

(　　)24. 儿童的发展允许根据每个儿童的特点和可能性，让不同的儿童在不同的方面能够实现自己的有特色的发展。

(　　)25. 幼儿园教育应从幼儿身心发展特点和水平出发，以活动为基础展开教育过程。

(　　)26. 给幼儿擦鼻涕纯属于保育的简单行为。

(　　)27. 在幼儿园不能利用季节气候、农业生产等开展教育活动。

四、简答题(共 21 分)

28. 制定幼儿园具体教育目标时应注意哪些问题？(6 分)
29. 我国幼儿园的双重任务和新时期幼儿园双重任务的特点是什么？(7 分)
30. 幼儿园教育的原则有哪些？(8 分)

五、论述题(每小题10分，共20分)

31. 试述发挥一日生活整体教育功能的原则。
32. 试述幼儿园教育目标的分解层次。

六、分析题(共10分)

33. 案例：教师为了鼓励幼儿进步，通常每星期给每个幼儿发一朵小红花。
问题：请分析教师发红花的做法是否正确？为什么？应注意什么问题？

【参考答案】

一、单项选择题(选择一个正确的答案。每小题2分，共24分)

1. A 2. D 3. B 4. B 5. D 6. D 7. A 8. D 9. A 10. C 11. C 12. A

二、多项选择题(多选、漏选、错选均不得分，每小题3分，共15分)

13. AB 14. ABCD 15. ABCDE 16. ABDE 17. ABCE

三、判断题(在正确的打“√”，在错误的打“×”。每小题1分，共10分)

18. × 19. × 20. √ 21. √ 22. √23. × 24. √ 25. √ 26. × 27. ×

四、简答题(共21分)

28. (1)教育目标分解的方法要恰当；(2分)
(2) 教育目标的涵盖面要全面；(2分)
(3) 教育目标要有连续性和一致性。(2分)
29. 幼儿园的双重任务：
(1) 幼儿园对幼儿实施保育和教育。(2分)
(2) 幼儿园为家长工作、学习提供便利条件。(2分)
新时期幼儿园双重任务的特点：
(1) 对幼儿身心素质的培养提出了更高的要求。(1分)
(2) 为家长服务的范围不断扩大。(1分)
(3) 家长对幼儿教育认识不断提高，要求幼儿园具有更高的教育质量。(1分)
30. (1)尊重儿童的人格尊严和合法权益的原则(1分)
(2) 促进儿童全面发展的原则(1分)
(3) 面向全体，重视个别差异的原则(1分)
(4) 充分利用儿童、家庭、社会的教育资源的原则(1分)
(5) 保教结合的原则(1分)
(6) 以游戏为基本活动的原则(1分)
(7) 教育的活动性和活动的多样性原则(1分)

（8）发挥一日活动整体教育功能的原则(1 分)

五、论述题(每小题 10 分，共 20 分)

31. 幼儿园一日活动是指幼儿园每天进行的保育、教育活动，它包括教师组织的活动和幼儿的自主自由活动。(2 分)

（1）一日生活中的各种活动不可偏废。(2 分)

无论是幼儿吃喝拉撒睡一类的生活活动，还是集体教育活动、参观访问等；无论是有组织的活动还是幼儿自主自由的活动，都各具重要的教育作用，对幼儿的发展都是不可缺少的。因此不能顾此失彼，随意削弱或取消任何一种活动。(2 分)

（2）各种活动必须有机统一为一个整体。(2 分)

每种活动会对幼儿的发展产生这样或那样的作用。一日活动必须统一在共同的教育目标下，形成合力，才能发挥整体教育功能。(2 分)

32. 各个幼儿园可以根据实际情况，采用不同的分解方法。

如果按时间的范围划分，(1 分)幼儿园具体教育目标可分为四个层次：

第一层次：每一学年教育的目标；(1 分)

第二层次：学期教育目标；(1 分)

第三层次：一个月或一周的教育目标，也可以是单元活动目标；(1 分)

第四层次：幼儿园一日活动、一个活动或一节作业课的教育目标。(1 分)

如果按教育目标指导的范围划分，(1 分)幼儿园具体教育目标也可分为四个层次：

第一层次：指导本园的教育目标；(1 分)

第二层次：指导一个班级的教育目标；(1 分)

第三层次：指导不同活动组的教育目标；(1 分)

第四层次：指导每个个体的教育目标，即根据每个幼儿发展情况确定目标。(1 分)

六、案例分析题(共 10 分)

33. 这种做法错误。(1 分)这种做法违反了重视个别差异性原则。(2 分)这里发小红花，是为了鼓励幼儿的进步，但是每个幼儿都发小红花，体现不出其个体差异性，那就调动不起幼儿的积极性。因为每人得到的小红花都一样多。(2 分)

应该重视幼儿的个别差异性，制订相应的评价标准，(2 分)结合幼儿的实际表现发小红花，表现越好，得的小红花越多。(2 分)如果表现差了小红花就会减少，这样就能激励幼儿不断地努力进步。(1 分)

第三章　婴儿教育

【内容索引】

- 婴儿教育
  - 婴儿教育概述
    - 婴儿教育的意义
    - 婴儿的发展特点
    - 婴儿教育的任务
    - 婴儿教育的原则
    - 婴儿教育的方式
  - 婴儿教育的内容与要求
    - 婴儿的喂养
    - 婴儿的生活护理
    - 婴儿的运动能力培养
    - 婴儿的语言能力培养
    - 婴儿的认知能力培养
    - 婴儿的情绪情感、社会性与个性培养
  - 托幼机构的保教活动
    - 托幼机构的生活作息制度
    - 托幼机构保教活动的设计与组织

【学习导航】

识记：婴儿的发展特点，婴儿教育的原则，婴儿教育的方式，婴儿的喂养，托幼机构的生活作息制度。

理解：婴儿教育的意义任务，婴儿的生活护理、婴儿的运动能力、语言能力、认知能力、情绪情感、社会性与个性培养。

应用：托幼机构保教日常生活活动、游戏活动和集体教学活动的设计与组织。

【重中之重】

婴儿的发展特点、婴儿教育的原则，婴儿的生活护理、婴儿的运动能力、语言能力、认知能力、情绪情感、社会性与个性培养，托幼机构保教日常生活活动、游戏活动和集体教学活动的设计与组织。

【应知应会】

第一节　婴儿教育概述

婴儿，也称小儿，其教育是学前教育阶段的开始部分，也就是0~3岁时的教育。0~3岁是孩子一生中最容易受外界影响的阶段，也是最需要对他们在身心各方面细致关怀、教育和保护的时期。

一、婴儿教育的意义

（1）婴儿阶段是儿童期生长和发展最迅速、变化最大的阶段，适宜的教育可保证孩子发展顺畅。

从初生到3岁是儿童生长变化最快的时期。适宜的教育对孩子脑功能和结构，无论是生理和生化方面均会有良好影响，可保证孩子身心的各个方面顺利地成长和发展。

（2）婴儿阶段是人的一生中许多方面发展的关键期，可塑性最强，适宜的教育可取得事半功倍的效果。

关键期是指学习或形成某种行为的最佳时期。脑科学研究表明，婴儿期是脑生理发育的关键期。面对孩子发展的多种关键期，成人若提供适宜的条件和教育引导，就可能取得事半功倍的效果。

（3）婴儿阶段是人一生中发展的初始时期，良好的环境和教育能够促进婴儿身心的发展有良好的开端并影响其未来的发展。

婴儿发展的关键在于教育的环境，决定婴儿之间个性差异的主要原因在于遗传素质与接受教育的时间和程度。对婴儿进行教育的环境和条件，即在其身心发展敏感期外界影响的状况，直接决定婴儿整体的发展水平。

二、婴儿的发展特点

从整体上来说，婴儿的发展具有主动性、有序性、阶段性、差异性和身心发展关联性等特点。具体可以参考课本68—69页表3-1。

三、婴儿教育的任务

婴儿教育的任务是结合婴儿发展的特点，通过婴儿的一日生活，促使婴儿身心得到全面和谐发展。主要包括以下几方面。

1. 身体发展

精心照料婴儿的起居饮食，培养婴儿在饮食、睡眠、衣着、盥洗、如厕、爱清洁等方面的文明卫生习惯及生活自理能力；做好卫生防疫、安全保健及疾病预防工作；增强婴儿的身体活动能力，发展婴儿的基本动作，培养身体各部分敏感性、灵活性、主动性以及动作的协调性，促进婴儿的生长发育；增强婴儿身体对疾病的抵抗力，提高婴儿的健康水平。

2. 认知发展

在活动中促进婴儿感知觉的发展，培养婴儿的注意力、观察力、记忆力、想象力以及初步的思维能力，培养婴儿积极探究周围环境的兴趣，增长婴儿适应环境的能力，积极与婴儿交流沟通，发展婴儿模仿、理解和运用语言的能力，培养婴儿良好的倾听、表达的习惯。

3. 情绪情感和社会性发展

培养婴儿的安全感和积极的情绪情感；培养婴儿礼貌、诚实、友爱、勇敢等良好的品德；培养婴儿的亲社会行为，塑造婴儿活泼开朗的良好性格。

4. 对美的感受与兴趣的发展

通过日常生活、自然景物以及故事、儿歌、音乐、舞蹈等艺术形式使婴儿获得初步的审美感受，陶冶婴儿的性情，萌发婴儿初步的审美情趣；培养婴儿初步审美兴趣和表现能力。

以上各方面的发展与教育是相互融合和相互促进的。

四、婴儿教育的原则

为确保教育能有效促进婴儿身心健康发展，应把握以下原则。

1. 保育为主、保教结合的原则

婴儿教育要以保育活动为主，在保育活动中适当结合教育是首要原则。

2. 注重感知与动作发展的原则

婴儿是处于初始发展阶段的人，其感觉与动作的发展是身心发展的起点和标志。婴儿发展从感知和动作开始，其发展方式有其自身的规律和需求，缺乏相应的条件可能使孩子的发展出现障碍。

3. 主动性原则

抚育者要创设适宜的环境，激发婴儿活动的积极性，有意识地放手让孩子通过他们自主的动作和感觉去反复地探究、尝试、重复、模仿、操作，与环境互动，使他们获得足够的经验，推动其正常发展。

4. 因材施教的原则

每个婴儿由于遗传和环境教育不同，各有自己发展的特点、水平和速度。抚育者要了解孩子的不同特点，按照其特点和水平，给予适宜的指导和培养，切忌用统一的模式去对待所有的婴儿。

五、婴儿教育的方式

3 岁以前婴儿教育的方式有家庭教育、托儿所或托班、社区亲子教育等。其中家庭教育占有主要地位，因为在家庭中比较容易为婴儿所需的个别的、关系亲密的、相对周全的养育提供条件，特别是在两岁以前。

第二节　婴儿教育的内容与要求

一、婴儿的喂养

1. 提倡母乳喂养

所谓母乳喂养通常是指 4 个月以内的婴儿不加任何辅食、代乳类食物，而是以纯母乳喂养。母乳中含有婴儿需要的营养，有利于儿童的体格、智力发育，增进母子交往及情感。

2. 及时添加辅食

（1）在母乳喂养的基础上由一种到多种，纯流质、半流质到固体食物的顺序添加辅食。

（2）营养搭配合理，并做到细、软、烂。

（3）单独烹调，做到色、香、味俱佳。

二、婴儿的生活护理

婴儿的生活护理，一方面要根据婴儿的生长发育规律科学地进行，另一方面要注意培养婴儿良好的生活习惯。

1. 为婴儿提供良好的物质环境和设备

要保证婴儿居住的室内环境光线充足、空气流通、温度适宜，要提供给婴儿环保、安全、卫生的活动场地和用具。

2. 保证衣着干净、整洁、舒适

婴儿的衣服和尿布应当干净、柔软和舒适，要选购质地柔软、前面有较宽开口或有开领的天然纤维制品。婴儿适合反穿衣，不适宜穿松紧带裤。

3. 培养良好睡眠习惯

睡眠能保护和发展婴儿的神经系统，使婴儿保持愉快的情绪。新生儿出生后经常在睡觉，从每天睡 18 个小时逐渐到每天睡 13 个小时左右。婴儿的睡眠姿势一般采用仰卧和侧卧，大一些后可以短时间练习俯卧。

4. 培养良好卫生习惯

从初生开始，尽量每天给婴儿洗澡以保持婴儿皮肤的清洁，养成清洁卫生的习惯。

5. 给婴儿进行预防接种

要按计划免疫程序及时给婴儿进行预防接种，同时要积极预防各种疾病，及早发现婴儿各种异常，并进行及时治疗。

三、婴儿的运动能力培养

0~3 岁是人类运动能力产生、发展的最重要时期，主要指的是大肌肉动作和精细动作的发展。

从大肌肉动作发展来说，3 个月到 3 岁分别是翻身、爬行、独自站立、独自行走、单腿站立、单脚跳跃、控制身体和平衡能力发展的关键期。

从精细动作发展来说，5 个月到 3 岁分别是双手协作、单手抓住多物、放物入孔、双手控制物品、垒叠平衡、用笔画直线、构思及建构能力发展的关键期。

四、婴儿的语言能力培养

自婴儿出生，各发音器官和听觉器官就开始逐渐发育成熟，在大脑中相应的语言运动区和听觉区的功能开始有明显的单侧化倾向，语言中枢已具备了初级语言的功能。从 0 岁开始就应对婴儿进行语言能力的培养，同时要根据婴儿不同成长期的特点，用不同的方法、途径进行训练。

五、婴儿的认知能力培养

婴儿期思维的特点是直觉行动性，与感觉和动作联系在一起，可在发展视觉、听觉、触觉等感觉的基础上逐步发展注意、记忆、观察、思维等认识和适应环境的能力。

六、婴儿的情绪情感、社会性与个性培养

0~3 岁是交往和情绪情感反应形成与发展的关键期。在婴儿期，可以通过日常生活中成人对婴儿的动作、表情、语言等做出积极愉快的反应，培养婴儿良好的情绪状态。

第三节　托幼机构的保教活动

一、托幼机构的生活作息制度

托幼机构制定生活作息制度的主要依据是：

(1) 符合婴儿身心发展特点及规律；

(2) 结合季节变化特点和本园所实际；

(3) 注意动静交替，智力活动与体力活动交替，室内外活动交替，有组织活动与自由活动交替；

(4) 生活、游戏和专门教育活动比例合适；

(5) 个人、小组和集体活动比例恰当；

(6) 酌情考虑家长的需要。

二、托幼机构保教活动的设计与组织

托幼机构婴儿一日生活保教活动的构成，通常可以分为日常生活活动、游戏活动和集体教学活动三大类。

1. 日常生活活动

日常生活活动是指婴儿一日生活中的生活环节和一些每天都要进行的日常活动，具体包括进餐、饮水、睡眠、盥洗、如厕、入(离)园(所)、过渡活动、自由活动以及散步等。

(1) 日常生活活动的设计要求

应根据婴儿的年龄特点和个别差异合理安排，从小注重婴儿良好的生活习惯的培养，应注意智力发展、品德培养以及其他各方面能力的发展的渗透。

(2) 日常生活活动的组织

① 进餐。为婴儿提供整洁卫生、光线柔和、秩序良好、宽松和谐的进餐环境，并以表情、语言引导婴儿，激发婴儿食欲，让婴儿保持良好的进餐兴趣。

② 睡眠。根据婴儿的年龄和体质，合理安排睡眠的次数，确定睡眠和起床的顺序，要为婴儿创设良好的睡眠环境。

③ 盥洗。根据不同的年龄和季节经常给婴儿洗头、洗澡，每天给婴儿洗脚、洗屁股，培养婴儿爱清洁、讲卫生的良好习惯，积极参加盥洗、能愉快配合。

④ 如厕。根据婴儿的年龄特点、个体差异以及气候、饮食和环境的变化，掌握婴儿大

小便规律，善于观察大小便情况，注意培养婴儿定时坐盆，大小便用语言进行指导。

⑤ 入、离园(所)。入园(所)时，应热情接待婴儿，主动向婴儿及其家长问好，与家长进行简单的交流，了解婴儿在家各方面的情况，稳定好婴儿的情绪。离园(所)时，应热情接待家长，主动问候并简短告知家长孩子在园(所)的情况，与孩子及家长道别。

2. 游戏活动

游戏是婴儿生活中最为重要的活动，通过游戏活动，能有效地促进婴儿身体动作、语言能力、观察力、注意力、记忆力以及情绪情感和社会性等各方面的发展。

(1) 婴儿游戏的特点

① 成人对婴儿游戏的安排和指导具有决定性的意义。

② 婴儿游戏的内容和性质在不同的年龄阶段有所不同。

③ 婴儿生活环境，特别是用于婴儿游戏的物品和玩具，对婴儿游戏的发展有非常重要的影响。

(2) 游戏活动的设计要求

① 应保证婴儿有充分的游戏时间。

② 应根据婴儿年龄特点选择合适的游戏形式和游戏内容。

③ 应为婴儿游戏创设适当的活动场地，并提供适合年龄的专用设备。

④ 应为婴儿提供适合年龄的玩教具，并保证种类和数量。

(3) 游戏活动的组织

在组织游戏活动时，要注意引发婴儿的兴趣，使婴儿保持情绪愉快，要告诉婴儿简单的游戏规则和要求并进行示范。

游戏活动常见的类型有：

① 活动性游戏，如练习走、跑、跳、投掷、平衡的游戏。

② 音乐游戏，如欣赏发声玩具、乐曲、歌曲等。

③ 桌面游戏，如摆积木、拼图、穿珠、捏橡皮泥等。

④ 娱乐游戏，如玩各种发声发光的玩具、吹泡泡、抓气球、踩影子、堆雪人等。

⑤ 智力游戏，如听声音辨声源，哪个多哪个少，比一比哪里不一样等。

(4) 游戏活动案例

体育游戏：钻山洞(2~3 岁)。

3. 集体教学活动

对 1 岁以下的婴儿，主要采取个别教育的方式。随着年龄的增长，1~2 岁的婴儿可以增加小组教育方式。对 2 岁以上的婴儿，可以每天安排 1~2 次集体教学活动。

(1) 集体教学活动的设计要求

① 应根据婴儿的年龄特点制订具体可行的集体教学活动计划，集体教学活动的目标要简单具体，活动的内容和途径要贴近婴儿的生活和实际需要。

② 应为婴儿创设适宜的活动情境，准备可供婴儿操作的、直观的活动材料。

③ 应注重婴儿活动兴趣的激发，宜采用启发、诱导等生动活泼的教学方法，体现游戏性。

(2) 集体教学活动的组织

在组织集体教学活动时，应让婴儿的身体和感官作用于客观材料。集体教学活动常见的类型有：语言活动、动作发展活动、数学活动、音乐活动、美工活动、社会活动等。

(3) 集体教学活动案例

语言活动：儿歌“春天到”(2~3岁)。

【范例精讲】

1. (单项选择题)儿童生长变化最快的时期是( )。

A. 0~3岁　　B. 3~4岁　　C. 3~5岁　　D. 3~6岁

【解析】答案：A　本题主要检测对婴儿教育的意义的理解。婴儿阶段是儿童期生长和发展最迅速、变化最大的阶段，适宜的教育可保证孩子发展顺畅。从初生到3岁是儿童生长变化最快的时期。第一年身长增加1.5倍，体重增加3倍。而在3~6岁时，每年身长和体重生长逐年减慢。

2. (单项选择题)母乳喂养通常是指( )的婴儿不加任何辅食、代乳类食物，而是以纯母乳喂养。

A. 刚出生　　B. 3个月以内　　C. 4个月以内　　D. 6个月以上

【解析】答案：C　本题主要检测对婴儿的喂养的理解。所谓母乳喂养通常是指4个月以内的婴儿不加任何辅食、代乳类食物，而是以纯母乳喂养。母乳中含有婴儿需要的营养，有利于儿童的体格、智力发育，增进母子交往及情感。

3. (多项选择题)婴儿认知发展教育的任务理解正确的是( )。

A. 促进婴儿感知觉的发展

B. 培养婴儿的注意力、观察力、记忆力等

C. 增长婴儿适应环境的能力

D. 发展婴儿模仿、理解和运用语言的能力

E. 培养婴儿良好的倾听、表达的习惯

【解析】答案：ABCDE　本题主要检测对婴儿教育的任务的理解。在活动中促进婴儿感知觉的发展，培养婴儿的注意力、观察力、记忆力、想象力以及初步的思维能力，培养婴儿积极探究周围环境的兴趣，增长婴儿适应环境的能力，积极与婴儿交流沟通，发展婴儿模仿、理解和运用语言的能力，培养婴儿良好的倾听、表达的习惯。

4. (判断题)孩子学走路时，可以用带子捆着孩子腰，驱动他到处走。

【解析】答案：×　本题主要检测婴儿教育的主动性原则的理解。婴儿初生时就有本能反应，可以发展到自主自立的能力，应当给婴儿提供条件，让婴儿主动地与周围环境中的物体和人们互相交往、互相作用。孩子学走路时，不要用带子捆着孩子腰，驱动他到处走，而应当给婴儿提供场地和器材，如宽敞可爬行的地面，低矮的台阶和可抓扶的围栏，让孩子可以自由爬、滚，逐渐自己学会站和走。

5. (判断题)婴儿生病，要合理用药，适时服药。

【解析】答案：√　本题主要检测对婴儿的生活护理的理解。给婴儿进行预防接种。要按计划免疫程序及时给婴儿进行预防接种，同时要积极预防各种疾病，及早发现婴儿各种异常，并进行及时治疗。婴儿生病，要合理用药，适时服药。不同年龄段的婴儿喂药时要用不同的器物和方法。

6.(简答题)简述婴儿游戏活动的特点。

【解析】本题主要检测对托幼机构婴儿一日生活保教活动的理解。

答案要点：(1)成人对婴儿游戏的安排和指导具有决定性的意义。

(2)婴儿游戏的内容和性质在不同的年龄阶段有所不同。

(3)婴儿生活环境，特别是用于婴儿游戏的物品和玩具，对婴儿游戏的发展有非常重要的影响。

7.(论述题)试述婴儿的运动、认知、情绪情感、社会性和个性的培养。

【解析】本题是检测对婴儿的运动、语言、认知、情绪情感、社会性和个性的培养的理解。

答案要点：(1)婴儿的运动能力培养。0~3岁是人类运动能力产生、发展的最重要时期，主要指的是大肌肉动作和精细动作的发展。从大肌肉动作发展来说，3个月到3岁分别是翻身、爬行、独自站立、独自行走、单腿站立、单脚跳跃、控制身体和平衡能力发展的关键期。从精细动作发展来说，5个月到3岁分别是双手协作、单手抓住多物、放物入孔、双手控制物品、垒叠平衡、用笔画直线、构思及建构能力发展的关键期。

(2)婴儿的认知能力培养。婴儿期思维的特点是直觉行动性，与感觉和动作联系在一起，可在发展视觉、听觉、触觉等感觉的基础上逐步发展注意、记忆、观察、思维等认识和适应环境的能力。

(3)婴儿的情绪情感、社会性与个性培养。0~3岁是交往和情绪情感反应形成与发展的关键期。在婴儿期，可以通过日常生活中成人对婴儿的动作、表情、语言等做出积极愉快的反应，培养婴儿良好的情绪状态。

8.(案例分析题)案例：苗苗两岁半了，苗苗妈妈最近开始和苗苗玩起了“小播音员”的游戏。苗苗妈妈用彩纸或者废旧的杂志卷一个“话筒”先示范怎样播音，然后鼓励苗苗拿着“话筒”扮演播音员，讲述当天发生的有趣的事。

问题：请对苗苗妈妈的教育方法进行评价，并分析婴儿语言能力开发的活动和游戏有哪些？

【解析】本题主要检测对婴儿的语言能力培养的理解与应用。

参考答案：苗苗妈妈教育孩子有法。

首先，利用游戏活动的方式引导玩“小播音员”游戏，发展婴儿语言创造条件。

其次，引导方法恰当，先示范，再鼓励。

最后，激发兴趣，会用简单的词句表达自己的愿望。

婴儿语言能力的活动和游戏有听讲故事、朗诵或唱儿歌、看图讲述、表演语言游戏等。

【小试牛刀】

一、单项选择题(选择一个正确的答案。每小题2分，共24分)

1. 婴儿，也称小儿，其教育是学前教育阶段的开始部分，也就是(　　)时的教育。
   A. 0~1岁　　B. 0~2岁　　C. 0~3岁　　D. 1~3岁
2. 从大脑的生长和发展来说，(　　)是大脑快速生长和发展的时期。

A. 孕期最后 3 个月　　B. 孕期最后 3 个月到出生后半年
C. 孕期最后 3 个月到出生后一年　　D. 孕期最后 3 个月到出生后一年半

3. (　　)是指学习或形成某种行为的最佳时期。这个概念来自奥地利生物学家劳伦茨的研究。
A. 发展期　　B. 关键期　　C. 生长期　　D. 变化期

4. 给婴儿添加辅食应根据(　　)按照由一种到多种、纯流质、半流质到固体食物的顺序。
A. 体格健壮　　B. 智力发育　　C. 年龄增长　　D. 骨骼生长

5. 婴儿的睡眠姿势一般采用(　　)。
A. 俯卧　　B. 仰卧　　C. 侧卧　　D. 仰卧或侧卧

6. 两个月以上的婴儿睡觉时间一般在(　　)。
A. 20 小时　　B. 18 小时　　C. 15 小时　　D. 13 小时左右

7. 0~3 岁是人类运动能力产生、发展的最重要时期，主要指的是(　　)的发展。
A. 大肌肉动作　　B. 小肌肉动作
C. 精细动作　　D. 大肌肉动作和精细动作

8. 带孩子玩“跟我学”“跟我这样做”的游戏，体验与人交往的乐趣，增强婴儿的(　　)。
A. 主动性　　B. 社会性　　C. 个性　　D. 情绪情感

9. 婴儿期思维的特点是(　　)，与感觉和动作联系在一起。
A. 感官触发性　　B. 间接性　　C. 直觉行动性　　D. 概括性

10. (　　)是指婴儿一日生活中的生活环节和一些每天都要进行的日常活动。
A. 日常生活活动　　B. 娱乐活动　　C. 集体教学活动　　D. 节日活动

11. 集体教学活动中对 1 岁以下的婴儿，主要采取(　　)的方式。
A. 集体教育　　B. 小组教育　　C. 游戏互动　　D. 个别教育

12. 婴儿发展的关键在于(　　)。
A. 教育的条件　　B. 教育的时间　　C. 教育的环境　　D. 遗传素质

二、多项选择题(多选、漏选、错选均不得分，每小题 3 分，共 15 分)

13. 婴儿的发展特点(　　)。
A. 主动性　　B. 有序性　　C. 阶段性　　D. 差异性
E. 身心发展关联性

14. 婴儿的生活护理，下列做法正确的是(　　)。
A. 要指导和培养婴儿自己能做的自己做
B. 要根据婴儿的生长发育规律科学地进行
C. 要培养饭前便后常洗手
D. 要注意培养婴儿良好的生活习惯
E. 对婴儿爱抚搂抱增进母子情感

15. 游戏活动常见的类型有(　　)。
A. 活动性游戏　　B. 音乐游戏　　C. 桌面游戏　　D. 娱乐游戏
E. 智力游戏

16. 3 岁以前婴儿教育的方式有(　　　)。

A. 家庭教育　　B. 托儿所　　C. 托班　　D. 社区亲子教育

E. 幼儿园

17. 托幼机构婴儿一日生活保教活动通常可以分为(　　)。

A. 日常生活活动　　B. 节日活动

C. 游戏活动　　D. 娱乐活动

E. 集体教学活动

三、判断题(在正确的打“√”，在错误的打“×”。每小题 1 分，共 10 分)

(　　)18. 脑科学研究表明，婴儿期是脑功能发育的关键期。

(　　)19. 婴儿在 2 岁左右，心理学家常称之为孩子“叽叽咕咕、滔滔不绝”的时期。

(　　)20. 作为社会保教机构的托儿所或其他专门服务婴儿的集体教育机构只有 0~3 岁婴儿教育的任务。

(　　)21. 婴儿的感觉与动作的发展是身心发展的起点和标志。

(　　)22. 0~3 岁的婴儿不存在个体差异。

(　　)23. 培养婴儿的语言能力应该从 1 岁开始。

(　　)24. 一般婴儿在 1 岁半左右要告别开裆裤，穿整裆裤。

(　　)25. 丢沙包、抛球等是活动性游戏中练习跑的游戏。

(　　)26. 对 2 岁以上的婴儿可以每天安排 3~4 次集体教学活动，每次时间在 10 分钟以上。

(　　)27. 在组织游戏活动时，要注意引发婴儿的兴趣。

四、简答题(共 21 分)

28. 婴儿教育的意义是什么?(6 分)

29. 托幼机构制定生活作息制度的主要依据有哪些?(7 分)

30. 游戏活动的设计要求有哪些?(8 分)

五、论述题(每小题 10 分，共 20 分)

31. 试述婴儿的生活护理。

32. 试述日常生活活动的组织。

六、分析题(共 10 分)

33. 案例：华华出生后，妈妈就辞掉了工作，在家做全职保姆，对华华照顾是全方位，十个月的时候就能识别一些颜色，认识不同的材料。到一岁时能抬头、拍手、站立，依物向前挪动，不服苦药等。到两岁左右时，走路的根子稳了，开始不听话了，处处和妈妈作对，爬上椅子到饭桌上自己取奶瓶，把茶几抽屉里的东西翻出来后，双脚站立在里面，示意自己高吗?……

问题：请结合婴儿教育的原则分析华华的成长历程。

【参考答案】

一、单项选择题(选择一个正确的答案。每小题2分，共24分)

1. C　2. D　3. B　4. C　5. D　6. D　7. D　8. B　9. C　10. A　11. D　12. C

二、多项选择题(多选、漏选、错选均不得分，每小题3分，共15分)

13. ABCDE　14. BD　15. ABCDE　16. ABCD　17. ACE

三、判断题(在正确的打"√"，在错误的打"×"。每小题1分，共10分)

18. ×　19. √　20. ×　21. √　22. ×23. ×　24. √　25. ×　26. ×　27. √

四、简答题(共21分)

28. (1)婴儿阶段是儿童期生长和发展最迅速、变化最大的阶段，适宜的教育可保证孩子发展顺畅。(2分)

(2) 婴儿阶段是人的一生中许多方面发展的关键期，可塑性最强，适宜的教育可取得事半功倍的效果。(2分)

(3) 婴儿阶段是人一生中发展的初始时期，良好的环境和教育能够促进婴儿身心的发展有良好的开端并影响其未来的发展。(2分)

29. (1)符合婴儿身心发展特点及规律；(2分)

(2) 结合季节变化特点和本园所实际；(1分)

(3) 注意动静交替，智力活动与体力活动交替，室内外活动交替，有组织活动与自由活动交替；(1分)

(4) 生活、游戏和专门教育活动比例合适；(1分)

(5) 个人、小组和集体活动比例恰当；(1分)

(6) 酌情考虑家长的需要。(1分)

30. (1)应保证婴儿有充分的游戏时间。(2分)

(2) 应根据婴儿年龄特点选择合适的游戏形式和游戏内容。(2分)

(3) 应为婴儿游戏创设适当的活动场地，并提供适合年龄的专用设备。(2分)

(4) 应为婴儿提供适合年龄的玩教具，并保证种类和数量。(2分)

五、论述题(每小题10分，共20分)

31. (1)为婴儿提供良好的物质环境和设备。要保证婴儿居住的室内环境光线充足、空气流通，温度适宜。要提供给婴儿环保、安全、卫生的活动场地和用具。(2分)

(2) 保证衣着干净、整洁、舒适。婴儿的衣服和尿布应当干净、柔软和舒适，要选购质地柔软、前面有较宽开口或有开领的天然纤维制品。婴儿适合反穿衣，不适宜穿松紧带裤。(2分)

(3) 培养良好睡眠习惯。睡眠能保护和发展婴儿的神经系统，使婴儿保持愉快的情绪。

新生儿出生后经常在睡觉，从每天睡 18 个小时逐渐到每天睡 13 个小时左右。婴儿的睡眠姿势一般采用仰卧和侧卧，大一些后可以短时间练习俯卧。(2 分)

(4) 培养良好卫生习惯。从初生开始，尽量每天给婴儿洗澡以保持婴儿皮肤的清洁，养成清洁卫生的习惯。(2 分)

(5) 给婴儿进行预防接种。要按计划免疫程序及时给婴儿进行预防接种，同时要积极预防各种疾病，及早发现婴儿各种异常，并进行及时治疗。(2 分)

32. (1) 进餐。为婴儿提供整洁卫生、光线柔和、秩序良好、宽松和谐的进餐环境，并以表情、语言引导婴儿，激发婴儿食欲，让婴儿保持良好的进餐兴趣。(2 分)

(2) 睡眠。根据婴儿的年龄和体质，合理安排睡眠的次数，确定睡眠和起床的顺序，要为婴儿创设良好的睡眠环境。(2 分)

(3) 盥洗。根据不同的年龄和季节经常给婴儿洗头、洗澡，每天给婴儿洗脚、洗屁股，培养婴儿爱清洁、讲卫生的良好习惯，积极参加盥洗、能愉快配合。(2 分)

(4) 如厕。根据婴儿的年龄特点、个体差异以及气候、饮食和环境的变化，掌握婴儿大小便规律，善于观察大小便情况，注意培养婴儿定时坐盆，大小便用语言进行指导。(2 分)

(5) 入、离园(所)。入园(所)时，应热情接待婴儿，主动向婴儿及其家长问好，与家长进行简单的交流，了解婴儿在家各方面的情况，稳定好婴儿的情绪。离园(所)时，应热情接待家长，主动问候并简短告知家长孩子在园(所)的情况，与孩子及家长道别。(2 分)

六、案例分析题(共 10 分)

33. 在实施婴儿教育的过程中，会受到很多因素的制约和影响，尤其是对婴儿的认识和看法。为确保教育能有效促进婴儿身心健康发展，应把握以下原则。(2 分)

(1) 保育为主，保教结合的原则。婴儿教育要以保育活动为主，在保育活动中适当结合教育是首要原则。(2 分)

(2) 注重感知与动作发展的原则。婴儿是处于初始发展阶段的人，其感觉与动作的发展是身心发展的起点和标志。婴儿发展从感知和动作开始，其发展方式有其自身的规律和需求，缺乏相应的条件可能使孩子的发展出现障碍。(2 分)

(3) 主动性原则。抚育者要创设适宜的环境，激发儿童活动的积极性，有意识地放手让孩子通过他们自主的动作和感觉去反复地探究、尝试、重复、模仿、操作，与环境互动，使他们获得足够的经验，推动其正常发展。(2 分)

(4) 因材施教的原则。每个婴儿由于遗传和环境教育不同，各有自己发展的特点、水平和速度。抚育者要了解孩子的不同特点，按照其特点和水平，给予适宜的指导和培养，切忌用统一的模式去对待所有的婴儿。(2 分)

第四章　幼儿园全面发展教育

【内容索引】

- 幼儿园全面发展教育
  - 幼儿园全面发展教育概述
    - 幼儿园全面发展教育的含义
    - 幼儿园全面发展教育的意义
  - 幼儿体育
    - 幼儿体育的概念
    - 幼儿体育的目标
    - 幼儿体育的内容
    - 幼儿体育的实施
  - 幼儿智育
    - 幼儿智育的概念
    - 幼儿智育的目标
    - 幼儿智育的内容
    - 幼儿智育的实施
  - 幼儿德育
    - 幼儿德育的概念
    - 幼儿德育的目标
    - 幼儿德育的内容
    - 幼儿德育的实施
  - 幼儿美育
    - 幼儿美育的概念
    - 幼儿美育的目标
    - 幼儿美育的内容
    - 幼儿美育的实施

【学习导航】

识记：幼儿全面发展教育的含义，幼儿体育、幼儿智育、幼儿德育、幼儿美育的概念；幼儿德、智、体、美四育的内容；非智力因素的概念。

理解：幼儿园全面发展教育的意义；幼儿德、智、体、美四育的目标及实施中应注意的问题。

应用：发展幼儿智力的方法；幼儿非智力品质的培养；实施幼儿德、智、体、美四育应注意的问题。

【重中之重】

幼儿德、智、体、美四育的目标、内容及实施途径；实施德、智、体、美四育应注意的问题。

【应知应会】

第一节　全面发展教育与幼儿的发展

一、幼儿园全面发展教育的含义

幼儿园全面发展教育是指以幼儿身心发展的现实与可能为前提，以促进幼儿在德、智、体、美诸方面全面和谐发展为宗旨，并以适合幼儿身心发展特点的方式、方法、手段加以实施的、着眼于培养幼儿素质的教育。

德、智、体、美是人发展的基本素质。德育、智育、体育、美育是全面发展教育的有机组成部分，它们一方面在全面发展教育中承担着相对独立的任务，对人的身心发展发挥着不同的作用；另一方面，由于人的发展是一个整体，它们又是紧密联系、相互促进的，偏重任何一方或削弱任何一方都不是全面发展教育。

二、幼儿园全面发展教育的意义

1. 对社会发展的意义

幼儿的全面发展教育关系到国家的未来与民族的兴旺发达。

重视幼儿体育有利于提高全民族的身体素质。幼儿教育是培养人的基础教育，健康的身体要从小抓起。

重视幼儿智育能为提高社会的文化科学水平奠定基础。只有充分发挥智育的作用，才能为社会主义现代化建设培养出具有良好智力结构的建设者和接班人，对幼儿进行智育是培养这种人才的开端。

德育是社会主义物质文明建设不断发展的保证。幼儿是未来社会的主人，他们的思想品质和道德素养将会在很大程度上代表未来社会文明程度和社会风貌，所以我们必须重视幼儿的德育。

重视美育有助于提高整个社会的审美能力，形成良好的社会风气，抵制陈腐的习俗。对幼儿实施美育，促进幼儿形成健全的人格，能为提高全民族的素质打下基础。

2. 对个体发展的意义

（1）体育能促进幼儿身体的正常生长发育，全面增强体质，并为幼儿其他方面的发展奠定良好的物质基础。

体育为幼儿的其他方面发展提供物质基础。幼儿园科学护理幼儿的生活，预防疾病，保护幼儿的生命和健康，并通过体育活动，促进幼儿生长发育，加强机体的机能及对外界的适应能力，增强体质，保证他们身体健康地成长，为其未来的发展打下良好的基础。

（2）智育可以满足幼儿的认知需要，促进幼儿智力的发展，并为以后的学习打下良好的知识与智力基础。

智育能有目的、有计划、有系统地满足幼儿认知需要，引导他们有顺序地认识周围事物，正确理解各种现象和因果关系，并在此过程中帮助幼儿逐步学会学习，提高其认知能力，培养幼儿良好的智力品质。

(3) 德育可以帮助幼儿适应社会生活，促进个性品质的健康发展。

良好的个性品质对人一生的成长和发展都起着十分重要的作用。从小加强德育，增强幼儿的是非观念，培养幼儿良好的个性品质是非常必要的。

(4) 美育可陶冶幼儿的心灵，促进其审美能力和智力的发展。

美育的实施过程，能促使幼儿对周围事物产生更广泛的兴趣，这不仅有益于开阔幼儿的视野，增长知识，还可以促进其智力发展。

体、智、德、美各育虽然在人的全面发展教育中起着相对不同的作用，但它们作为人的发展的各个方面的素质，是统一于一个人身上的，所以，体、智、德、美任何一方面的发展都与其他方面的发展相互促进、相互渗透、相互制约，不可分割。体、智、德、美四育融汇在一起，形成一种整体教育力量，推动幼儿的全面和谐发展。

第二节　幼儿体育

一、幼儿体育的概念

体育的概念有广义和狭义之分。广义的体育泛指人类社会的各种体育活动，而狭义的体育则专指在教育机构中进行的，保证受教育者的身体正常生长发育的一种有目的、有计划、有组织的教育活动。

幼儿体育是指在幼儿园进行的，遵循幼儿身体生长发育的规律，运用科学的方法，以增强幼儿的体质，保证幼儿健康为目的的一系列教育活动。

一个人是否健康，是从体质、体格、体能、适应能力、心理素质等方面的表现来综合考察与评价的。健康的人不但没有身体的缺陷和疾病，还应具有良好的生理、心理状态和社会适应能力。

二、幼儿体育的目标

幼儿体育旨在促进幼儿身体正常发育和机能协调发展，增强体质，培养良好的生活卫生习惯和参加体育活动的兴趣。

1. 保护幼儿的生命与健康，促进幼儿身体的正常生长发育和机能的协调发展

保护生命对于幼儿来说意义重大。生命的健康存在是其他一切学习活动的前提。科学地安排好幼儿的生活，促进幼儿身体的正常发育，提高身体各器官、各系统的生理机能，是十分重要的。

2. 培养幼儿良好的生活、卫生习惯

良好的生活、卫生习惯，有益于幼儿的身体健康和道德品质及文明行为的形成。

3. 锻炼幼儿身体，发展基本动作，增强体质，培养幼儿对体育活动的兴趣

幼儿体质的增强，不仅需要合理的生活安排，还需要积极的身体锻炼。幼儿身体锻炼主要是在日常生活和各项体育活动中进行的。幼儿体育的主要目的是通过体育提高幼儿参加体育活动的兴趣和发展基本活动能力，促进其身心健康成长。

三、幼儿体育的内容

1. 做好卫生保健工作

（1）建立良好的生活环境

在幼儿园为幼儿创设一个符合教育和安全卫生要求的物质环境，建立平等和谐的人际关系，尤其是师生关系，使幼儿在宽松、自由、愉快的生活氛围中，情绪积极，身体健康成长。

（2）制订、执行合理的生活制度和卫生保健制度

生活制度是指合乎科学的生活秩序。制订和执行符合幼儿身心特点的生活制度，可保证幼儿各器官、组织有节奏的活动，防止神经系统过度疲劳，使生活有条不紊。正确合理的卫生保健制度是贯彻“预防为主”的卫生工作方针的保证，也是提高幼儿对疾病的抵抗力，降低发病率，防止幼儿园传染病蔓延的重要措施。

（3）培养良好的生活卫生习惯

良好的生活卫生习惯，对于保护幼儿的生命和健康有重要的意义。幼儿良好的生活卫生习惯包括睡眠、饮食以及保持个人身体、服装及环境清洁的习惯等。

（4）增强自我保护意识

自我保护意识是保护幼儿生命的重要条件。在幼儿的各种活动中都会出现不安全因素，教师应对幼儿加强安全教育，增强幼儿的自我保护意识。

（5）重视幼儿的心理健康

心理健康会直接影响身体健康。教师应注意观察和研究幼儿动作发展的情况，关心幼儿的情绪状态，学会分析和评估幼儿心理健康状况，采取针对性措施，促使幼儿身心健康发展。

2. 积极开展体育活动

体育活动是幼儿体育的重要组成部分。通过体育活动可增强幼儿的体质，发展基本动作，培养勇敢、自信等优良品德和活泼开朗的性格。幼儿园体育活动的内容包括：

（1）体育游戏

体育游戏或称活动性游戏是幼儿园体育活动的主要内容，也是体育的方法和途径。

（2）基本动作练习

要重视发展幼儿的基本动作，使他们动作灵敏、协调，姿势正确。

（3）基本体操

基本体操包括操节、听口令做动作、简单的排队及队形变化等。幼儿园体操的形式有徒手操、轻器械操、听口令做动作、听信号走队形等。

四、幼儿体育的实施

幼儿园的体育主要通过创设良好的生活环境、科学护理幼儿的生活和积极开展各项体育活动来进行的。开展体育活动时应注意以下几点。

1. 锻炼与保护并重，注重幼儿的身体素质的提高

提高幼儿身体素质，是幼儿体育的重中之重。幼儿身体素质的提高主要是体质的增强。幼儿园体育应以增强幼儿体质为核心，放手让幼儿参加各种体育活动，并为幼儿锻炼身体创

造条件。

在幼儿园体育中，应做到锻炼与保护并重，一方面，教师要积极组织幼儿体育锻炼，以游戏为基本活动形式，用丰富多彩、轻松活泼的各种身体活动来增强幼儿的体质；另一方面，要注意保护幼儿的生命安全。

2. 重视培养幼儿对体育活动的兴趣和积极态度，为养成幼儿终身锻炼的习惯打基础

幼儿园重视培养幼儿对体育活动的兴趣和积极态度，在体育活动的难度、趣味性以及活动的设备条件等方面均考虑幼儿的特点和需要，使幼儿充分体验参与体育活动的成功和快乐。

3. 专门的体育活动与日常活动相结合

专门组织的体育活动是增强幼儿体质的有效途径，但并不是唯一的途径。要实现体育的目标，必须将专门的体育活动与日常活动结合起来，重视日常生活中的体育，通过多种途径，使幼儿健康成长。

第三节 幼儿智育

一、幼儿智育的概念

智育是指有目的、有计划地使受教育者掌握系统的科学基础知识和基本技能，促进受教育者智力发展的教育过程。

幼儿智育是按照幼儿认知发展的特点，有目的、有计划地增进幼儿对周围环境的认识，获得粗浅的知识与技能，发展智力，并培养其认识活动兴趣和良好的学习习惯的教育过程。

知识是人们在改造世界的实践中所获得的认识和经验的总和。

技能是人们运用知识和经验执行一定活动的方式。

智力是人认识事物的能力，它包括观察力、注意力、记忆力、思维力、想象力和创造力等要素，其中思维力是核心。

知识与智力的区别和联系。

(1) 知识与智力是不同的概念，但又紧密联系、相互依赖、彼此促进的。

(2) 知识是智力发展的基础，是思维的依据和源泉。

(3) 智力是掌握知识的武器，智力发展水平的高低影响着对知识的掌握。智力又是在掌握和运用知识、技能的过程中得到发展的。

二、幼儿智育的目标

1. 培养幼儿的学习兴趣和求知欲望

幼儿的学习兴趣包括探究的兴趣、创造的兴趣、动手的兴趣等。浓厚的学习兴趣和求知欲能引起幼儿的主动探索和细心观察，促进智力的发展。

广泛的兴趣和旺盛的求知欲是幼儿学习取得成功的条件，应有意识地加以培养。

2. 引导幼儿学习周围生活中的粗浅知识，形成对一些事物的初步概念

幼儿生活在社会中，不断地与周围的人和事物相互作用，因而也不断地在生活中学习各种知识和技能，这是生活的需要，也是发展的需要。

3. 发展幼儿的智力

幼儿智育的核心是发展幼儿的智力。幼儿教师必须从小培养幼儿的感知能力、操作能力、观察力、记忆力、思考力、想象力等，引导幼儿从事多种多样探索和实践活动，在这些活动中促进幼儿智力的发展。

4. 培养幼儿的口语表达能力

幼儿期是学习口头语言的重要时期。教师要创造条件，使幼儿有多种多样机会来进行口语的练习与表达，有计划地促进幼儿运用语言的能力的发展。

三、幼儿智育的内容

1. 保护和促进幼儿的学习兴趣，培养幼儿的学习主动性和良好的学习习惯

首先，要保护和促进幼儿的学习兴趣。

其次，要培养幼儿学习的主动性。

再者，要培养幼儿良好的学习习惯。

2. 培养幼儿的感知能力的动手操作能力

幼儿正处于感知能力迅速发展和不断完善的时期，感知能力的培养是幼儿园智育的基础和重要内容，教师可以采用一些专门的感觉训练的方法与组织多种多样的实际的感知与体验活动来促进幼儿感知能力的发展。

3. 引导幼儿学习周围生活中初步的知识和概念

（1）有关社会生活的常识。如，认识自己和别人；了解衣食住行等方面的知识；知道国家的名称等等。

（2）有关自然界的常识。如，了解天气和季节的变化；认识常见的动物、植物；认识交通工具及常见的交通规则等。

（3）有关数的初步知识。如，认识和比较物体的大小、多少、长短、高低等；认识几何形体、时间、空间；认识10以内的数等。

4. 发展幼儿的语言运用能力

幼儿期是口头语言发展的重要时期，发展幼儿的语言运用能力包括三个方面：一是指发展幼儿运用口头语言进行交往能力；二是发展语言理解能力；三是发展语言表达能力和思维能力。

四、幼儿智育的实施

1. 创设适宜的学习环境，提供多种多样的学习材料以激发幼儿的活动兴趣

幼儿智力的发展及其他方面的发展与环境有密切的关系。在幼儿园为幼儿提供适宜的学习环境和可操作的材料，是促进幼儿的智力发展和身心全面和谐发展的首要条件。

人的智力活动包含有智力因素和非智力因素。非智力因素是指不直接参与认识过程的心理因素，它包括情感、意志、性格、兴趣等方面，智力因素和非智力因素是智力活动的两个方面。它们虽有相对的独立性，但两者是相互联系、相互影响、相互制约的。只有二者都处在最佳状态，幼儿的智力活动才能取得成功。非智力因素对智力的发展起着促进和保证作用。

2. 组织多种多样的具体操作和实践活动以促进幼儿智力的发展

幼儿是在各种实践活动中主动学习、获得发展的，因此，幼儿园应将各种具体操作和实践活动作为实施幼儿智育的主要途径。根据幼儿的年龄特点，引导他们从事不同水平的游戏和操作活动，让他们在解决问题的实际操作和体验中丰富感性经验、更新认知结构、发展思维能力。

3. 利用一日生活中的各种生活情景引导幼儿学习和思考

将智育渗透在一日生活之中，引导幼儿在解决生活实际问题的操作活动中增进对周围环境的认识，发展思维能力，获得丰富的感性经验和直接知识，促进智力发展。

4. 引导幼儿应用语言来表述和归纳自己所获得的经验

幼儿在学习过程中，能通过自己的实践操作来不断丰富自己的经验，更新原有的认知结构，但他们在生活中获得的知识经验主要是感性的、比较零散。教师在教育中要重视引导幼儿通过语言来表述和归纳自己所获得的经验，帮助幼儿不断更新认知结构，提高其认识能力。

第四节　幼儿德育

一、幼儿德育的概念

德育在中小学教育中指的是政治教育、思想教育和道德品质教育。

幼儿德育是指根据幼儿身心发展的特点和实际情况，按照社会的要求，有目的、有计划地对幼儿施加教育影响，发展幼儿社会性，培养幼儿道德品质的教育过程。

幼儿社会性发展是通过社会化过程来实现的，幼儿德育实质上就是帮助幼儿社会化的过程。

二、幼儿德育的目标

幼儿德育的目标是：萌发幼儿爱家乡、爱祖国、爱集体、爱劳动、爱科学的情感，培养诚实、自信、好问、友爱、勇敢、爱护公物、克服困难、讲礼貌、守纪律等良好的品德行为和习惯，以及活泼、开朗的性格。

三、幼儿德育的内容

1. 萌发爱的情感

对幼儿从小进行爱的情感教育。培养爱家乡、爱祖国的情感由近及远，应从爱父母、老师、小伙伴，逐渐扩大到爱各行各业的劳动者等。幼儿园应引导幼儿喜欢并逐渐习惯幼儿园的集体生活，进而热爱幼儿园的集体生活，与小朋友友好相处；培养幼儿关心别人，关心集体，并服从集体，有初步的集体荣誉感；培养幼儿遵守集体活动的规则，养成守纪律的行为习惯等。同时吸引幼儿参加简单的自我服务和集体服务的劳动，掌握简单的劳动技能，体验劳动的愉快，逐渐对劳动产生感情。

2. 发展幼儿的交往能力，学习必要的社会行为规范

发展幼儿的交往能力，使他们在与他人的交往过程中，了解自己和别人，学会处理与同伴、教师及其他人的关系。对幼儿应当从小开始培养和学习必要的社会行为规范。社会行为规范主要有：讲文明、有礼貌，守纪律，讲卫生，爱护公物等。

3. 培养幼儿良好的个性品质

诚实、自信、勇敢、活泼开朗等都是良好的个性品质，它们推动幼儿积极地与周围环境中的人与物交往，有利于幼儿与周围的人建立良好的关系，从而健康快乐地成长。

四、幼儿德育的实施

1. 日常生活、游戏是实施幼儿德育最基本的途径

幼儿在日常生活与游戏中，在与同伴及成人交往的过程中，了解人、事、物之间的关系以及一定的行为准则，并且进行各种行为练习，日积月累，循序渐进，逐步形成某些良好的行为品质的。

2. 专门的德育活动是实施幼儿德育的有效手段

专门的德育活动是指教师根据幼儿的年龄特征与各年龄班德育的内容与要求，结合本班幼儿的实际情况、行为表现，有目的、有计划组织的德育活动，也就是为实现某项德育内容而组织的教育活动。

幼儿园应将日常生活、游戏和专门的德育活动结合起来，注意在生活中渗透德育内容与要求，同时发挥家庭和社区环境的合力，有效地实现幼儿德育目标。实施幼儿德育应注意以下几点。

（1）热爱与尊重幼儿

爱幼儿是向幼儿进行德育的前提，也是使幼儿身心健全发展的重要条件。

教师对幼儿的热爱不仅基于感情，也基于一种社会责任。教师应做到爱每一个幼儿，对所有的幼儿一视同仁，特别是不歧视那些有缺点或接受能力较差的幼儿，为幼儿创设一个道德成长的良好环境。

教师应尊重幼儿的人格，保护幼儿的自尊心，坚持正面教育，善于发现幼儿的优点并给予表扬。

教师应注意尊重并充分发挥幼儿的主体性。因为，幼儿是自身发展的主体，离开了幼儿自身的努力，德育是不会有效果的。

（2）遵循德育的规律

① 由近及远，由具体到抽象。对幼儿进行教育，必须按照幼儿的认识特点来进行。必须从培养幼儿对周围的人和事、对周围生活的爱入手，由近及远，逐步扩大范围。

② 直观、形象，切忌说教。由于幼儿思维能力的局限，德育内容和方法手段必须直观、形象、具体，才容易为幼儿所理解和接受。

③ 注意个别差异。幼儿道德认知的发展存在个别差异性和反复性的特点。德育中常用的方法和手段在不同性格的幼儿身上所产生的效应是不一样的，教师应在了解幼儿的基础上，有针对性地进行教育，尝试寻找最佳的适合每个幼儿的教育方案。

第五节　幼儿美育

一、幼儿美育的概念

美是客观事物的现象和属性之一。美具有两个特征：即具体形象、可为人感知；使人愉悦、使人动情，具有吸引力。美的基本形态包括自然美、社会美和艺术美。

美育即审美教育。

幼儿美育就是根据幼儿身心特点，利用美的事物，通过组织幼儿的审美活动来培育幼儿感受美、欣赏美、表现美、创造美的情趣和能力的教育活动。

二、幼儿美育的目标

幼儿美育的目标是培养幼儿初步感受美和表现美的情趣和能力。

三、幼儿美育的内容

1. 培养幼儿对美的事物和艺术活动的兴趣和爱好

幼儿园应根据幼儿美育的目标，有计划地培养幼儿的美感和审美能力。引导幼儿注意日常生活环境中、社会生活中、大自然中的美，选择一些内容简单、形象鲜明、易于幼儿理解的艺术作品供幼儿欣赏，以激发幼儿对美的事物的兴趣和爱好。

2. 发展幼儿对美的事物和艺术作品的感知和欣赏能力

教师有意识地引导幼儿去欣赏周围生活中的美，发展幼儿感知和欣赏能力，激发幼儿对周围生活、对家乡的眷恋和对祖国的热爱，培养幼儿最初的健康的审美情趣。

3. 培养幼儿艺术活动的想象力和初步的表现能力

教师在艺术教育活动中要引导和鼓励幼儿发挥创造性，淡化对知识技能的要求，以保护和促进幼儿艺术活动的兴趣，发展幼儿的审美能力和创造能力。

四、幼儿美育的实施

1. 创设和利用美的生活环境

幼儿的审美情趣是在环境的影响下逐渐形成的。美好的环境可给予幼儿最经常而持久的享受，使幼儿在潜移默化中形成健康的审美情趣，因此，为幼儿提供美的环境，是美育最基本的手段之一。

2. 大自然是幼儿美育的丰富源泉

自然界的美是真实的美，它以具体、直观生动形象的特点，很容易为幼儿所感知。教师应当充分利用大自然来进行美育，首先要以自己对自然的热爱来影响幼儿，引导幼儿学习观察和感受自然美景，并借助于艺术和文艺作品，帮助幼儿欣赏大自然的美。

3. 社会生活是幼儿进行美育的广阔天地

(1) 选择社会生活中的美好事物感染幼儿

现实生活中到处充满了美好的事物，教师要选择其中能为幼儿所理解的事物，引导幼儿去认识、去感受，从而培养幼儿对社会生活美的感受力、鉴别力，以激发对生活的热爱和追求。

(2) 教育幼儿注意仪表美、行为美、语言美

幼儿期是人的行为习惯初步形成的时期，应当把培养他们文明的举止作为美育的内容。语言美是心灵美的表现，更应当教育幼儿说话文雅、不说污秽语言。

4. 艺术教育是美育的有力手段

(1) 幼儿园美育是面向全体幼儿的

幼儿园美育的目的是培养每一个幼儿美的情感、美的心灵，促进每一个幼儿人格的健全发展。在美育中必须贯彻面向全体、注意个别差异的原则。

(2) 重视通过美育培养幼儿健全的人格

幼儿美育应当着眼于引导幼儿人格向积极方面发展，特别是幼儿情感的发展，这本来也是美育最重要的一种价值。

(3) 重视培养幼儿的想象力和创造力

幼儿表现美的过程体现他们的自由想象和创造，而绝不仅仅是依样画葫芦似地模仿。培养幼儿艺术创造的主动性是美育的重要目标。

【范例精讲】

1. (单项选择题)(　　)是我国幼儿教育的目标，也是我国幼儿教育法规所规定的幼儿教育的任务。

A. 对幼儿实施全面发展教育　　B. 对幼儿开发智力教育

C. 保护幼儿健康成长　　D. 对幼儿进行道德教育

【解析】答案：A　本题主要检测幼儿园全面发展教育的含义的理解。幼儿园全面发展教育是指以幼儿身心发展的现实与可能为前提，以促进幼儿在德、智、体、美诸方面全面和谐发展为宗旨，并以适合幼儿身心发展特点的方式、方法、手段加以实施的、着眼于培养幼儿素质的教育。对幼儿实施全面发展教育是我国幼儿教育的目标，也是我国幼儿教育法规所规定的幼儿教育的任务。

2. (单项选择题)“保护和促进幼儿的学习兴趣，培养幼儿的学习主动性和良好的学习习惯”是(　　)的内容之一。

A. 幼儿体育　　B. 幼儿智育　　C. 幼儿德育　　D. 幼儿美育

【解析】答案：B　本题主要检测对幼儿智育的内容的理解。现代社会对人类提出了终身学习的要求，而学习的兴趣、主动性和良好的学习习惯是终身学习的基础，因此，在幼儿期要保护和促进幼儿的学习兴趣，要培养幼儿学习的主动性，要培养幼儿良好的学习习惯。

3. (单项选择题)幼儿美育的重点在于培养幼儿(　　)。

A. 美学知识　　B. 感受美和表现美的情趣和能力

C. 表现美的技能　　D. 审美技巧

【解析】答案：B　本题主要检测对幼儿美育的目标的理解。感受美是审美能力的基础，培养幼儿对美的感受力，就是培养他们对自然美、社会美和艺术美的感知能力。在培养幼儿感受美、欣赏美的基础上，还应培养幼儿表现美、创造美的能力。

4. (多项选择题)一个人是否健康，是从(　　)等几方面的表现来综合考察与评价的。

A. 体格　　B. 体能　　C. 适应能力　　D. 心理因素

【解析】答案：ABCD 本题主要检测对体育的概念的理解。体质即人体的质量，是人体在体格、体能、适应能力和心理因素等各方面表现出来的相对稳定的特征，是身体发展状况的综合表现。一个人是否健康，是从体格、体能、适应能力和心理因素等方面的表现来综合考察与评价的。健康的人不但没有身体的缺陷和疾病，还应具有良好的生理、心理状态和社会适应能力。

5. (多项选择题)人的每一种品德都由(　　)四要素构成。

A. 道德认识　　B. 道德情感　　C. 道德意志　　D. 道德行为

【解析】答案：ABCD 本题主要检测对实施德育的规律的理解。人的每一种品德都由道德认识、道德情感、道德意志、道德行为四要素构成。在幼儿的品德形成过程中，各要素的发展不是同步的。幼儿的道德认识、道德意志等发展较差，因此，幼儿德育必须从情感入手，重点放在道德行为的形成上。

6. (判断题)专门组织的体育活动是增强幼儿体质的唯一途径。

【解析】答案：× 本题主要检测对幼儿体育的实施的理解。专门组织的体育活动是增强幼儿体质的有效途径，但并不是唯一的途径。幼儿良好的生活卫生习惯和体育锻炼习惯的形成，仅仅靠体育锻炼是不能实现的，还必须通过日常生活中的培养和训练。因此，要实现体育的目标，必须将专门的体育活动与日常活动结合起来，重视日常生活中的体育，保证户外体育活动时间，通过多种途径，使幼儿健康成长。

7. (判断题)幼儿美育不仅仅指艺术教育。

【解析】答案：√ 本题主要检测对幼儿美育的实施的理解。艺术教育是美育的有力手段，幼儿美育的实施不仅仅局限在艺术活动方面，还有日常生活、大自然、社会生活等。因为幼儿最初的美感是从日常事物开始的，日常生活中的美是幼儿最接近、最熟悉和最容易感知的，也是幼儿审美教育所必需的；大自然是幼儿美育的丰富源泉，它为幼儿提供的审美对象是真实的美，具体、直观、生动形象；社会生活的美育是引导幼儿去认识、感受、观赏社会中的美好事物，激发幼儿对生活的热爱和追求。

8. (简答题)如何引导幼儿学习周围生活中初步的知识和概念？

【解析】本题主要检测对幼儿智育的内容的理解。

答案要点：幼儿认识事物始于直接感知。引导幼儿获得的知识必须是有关于他们周围生活中常见的事物和现象的粗浅的、具体的知识，而且必须有科学性和教育性。这些知识包括以下几方面。

(1) 有关社会生活的常识。如，认识自己和别人；了解衣食住行等方面的知识；知道国家的名称等等。

(2) 有关自然界的常识。如，了解天气和季节的变化；认识常见的动物、植物；认识交通工具及常见的交通规则等。

(3) 有关数的初步知识。如，认识和比较物体的大小、多少、长短、高低等；认识几何形体、时间、空间；认识 10 以内的数等。

9. (论述题)为什么说幼儿园全面发展教育的各个方面是相互促进、相互渗透、相互制约，不可分割的？

【解析】本题是检测对幼儿园全面发展教育的四育关系的理解。

答案要点：幼儿园全面发展教育的各个方面是相互促进、相互渗透、相互制约、不可分割的关系，因为(1)体育、智育、德育、美育是全面发展教育的有机组成部分，它们一方面在全面发展教育中承担着相对独立的任务，对人的身心发展发挥着不同作用；另一方面由于人的发展是一个整体，它们又是紧密联系、相互促进的，偏重任何一方或削弱任何一方都是不对的，都不是全面发展教育。

(2) 德、智、体、美各育在人的全面发展教育中起着相对不同的作用，但它们作为人的发展的各个方面的素质，是统一于人身上的，所以，德、智、体、美任何一方面的发展都与其他方面的发展相互促进、相互渗透、相互制约，不可分割。德、智、体、美四育融汇在一起，形成一种整体教育力量，推动幼儿的全面和谐发展。

10.(案例分析题)案例：妈妈带着3岁的女儿在逛街，迎面过来一位留着长发的叔叔，女儿害怕地告诉妈妈说："妈妈，那个人肯定是个坏人，咱们小心点儿。"

看了这个片段后请你完成下面问题：

(1) 对这个现象进行分析。

(2) 提出教育建议。

【解析】本题主要检测对遵循的德育规律的理解。

参考答案：应从幼儿道德认识的发展特点及道德认识的形成与培养方面入手去分析。

(1) ①幼儿道德认识的发展水平较低，认识肤浅；概括能力差，往往和自己的直接经验或者和具体事物联系，从直觉的、具体的、表面的、个别的方面去理解和辨别是非，理解很片面，如上例中"一位留着长发的叔叔，那个人肯定是个坏人。"

② 幼儿道德是非观念处于不稳定状态，缺乏道德认识的一致性；

③ 幼儿道德评价活动带有很大的情绪性和受暗示性。

(2) 道德认识的形成与培养应采用以下措施：①教给幼儿相应的道德认识。

② 要选择符合幼儿心理特点的、能感染人的、生动的内容，将道德渗透到有趣的故事、童话、图片等文学艺术作品中，提高他们的道德认识。

③ 对幼儿行为应及时提出要求并进行评价。

【小试牛刀】

一、单项选择题(每题只有一个答案，每小题2分，共24分)

1.(　　)能为幼儿的其他方面发展提供物质基础。毛泽东曾比作"载知识之车"和"寓道德之舍"。

A. 体育　　B. 智育　　C. 德育　　D. 美育

2.(　　)是其他一切学习活动的前提。

A. 培养良好的生活、卫生习惯　　B. 培养幼儿基本的生活能力

C. 培养幼儿参加活动的兴趣和习惯　　D. 生命的健康存在

3. 幼儿园户外体育活动时间要求每天不少于(　　)。

A. 1小时　　B. 1小时半　　C. 2小时　　D. 3小时

4. 在幼儿体育中所提的(　　)主要指动作发展正常、情绪积极向上，保持心情的愉快、舒畅。

A. 身体健康　B. 生活习惯　C. 心理健康　D. 适应能力

5. 幼儿园应将(　　)作为实施幼儿智育的主要途径。

A. 日常生活活动　B. 各种具体操作和实践活动

C. 集体教学活动　D. 重视培养幼儿的学习品质

6. 教师鼓励幼儿大胆、清楚地表达自己的想法和感受，尝试说明、描述简单的事物或过程，这是幼儿智育目标中(　　)。

A. 培养幼儿的求知欲望和学习兴趣

B. 引导幼儿学习周围生活中的粗浅知识，形成对一些事物的初步概念

C. 发展幼儿智力

D. 培养幼儿的口语表达能力

7. 幼儿在生活中获得的知识经验主要是(　　)。

A. 教师讲授的知识　B. 感性的、比较零散

C. 成人潜移默化的影响　D. 自己摸索

8. 下列不属于儿童的非智力品质(　　)。

A. 勤于思考　B. 热爱学习　C. 勇于探索　D. 意志坚强

9. 民间流传着“三岁看大，七岁看老”的说法，这说明必须重视(　　)。

A. 培养幼儿良好的学习品质　B. 萌发幼儿爱的情感

C. 培养幼儿良好的个性品质　D. 培养幼儿的社会适应能力

10. 专门的德育活动是实施幼儿德育的有效手段。下面不是专门的德育活动是(　　)。

A. 参观图书馆，看到管理员的辛勤劳动，爱惜图书

B. 品尝家乡的风味特产，欣赏家乡的民间工艺品

C. 到农庄了解农作物的生长过程，懂得不能浪费

D. 利用远足、郊游，让幼儿与自然接触的机会

11. 美的基本形态包括(　　)。

A. 自然美、环境美和音乐美　B. 自然美、语言美和绘画美

C. 自然美、环境美和艺术美　D. 自然美、社会美和艺术美

12. 引导幼儿欣赏日出日落、云彩变幻等自然风光，这是幼儿美育内容中的(　　)。

A. 培养幼儿对美的事物和艺术活动的兴趣和爱好

B. 发展幼儿对美的事物和艺术作品的感知和欣赏能力

C. 培养幼儿艺术活动的想象力

D. 培养幼儿初步的表现能力

二、多项选择题(多选、漏选、错选均不得分，每小题 3 分，共 15 分)

13. 做好卫生保健工作，需要(　　)。

A. 建立良好的生活环境

B. 制订、执行合理的生活制度和卫生保健制度

C. 培养良好的生活卫生习惯

D. 增强自我保护意识

E. 重视幼儿的心理健康

14. 幼儿期是口头语言发展的重要时期，发展幼儿的语言运用能力包括(　　)。
A. 发展幼儿运用口头语言进行交往能力　B. 发展语言理解能力
C. 发展幼儿的前阅读和前书写能力　D. 发展语言表达能力
E. 发展幼儿的思维能力

15. 良好的个性品质有(　　)。
A. 任性　B. 诚实　C. 自信　D. 勇敢
E. 活泼开朗

16. 幼儿美育的目标是培养幼儿初步的(　　)的情趣和初步能力。
A. 感受美　B. 观察美　C. 想象美　D. 表现美
E. 发现美

17. 幼儿美育的途径理解正确的是(　　)。
A. 幼儿用绘画、手工及结构材料表现自己心中的家乡风貌
B. 绿化、美化、儿童化幼儿园室内外环境
C. 培养幼儿尊老爱幼、先人后己等良好的社会风尚
D. 教育幼儿说话文雅、举止文明
E. 培养爱家乡、爱祖国的名胜古迹、自然风景

三、判断题(在正确的打“√”，在错误的打“×”。每小题 1 分，共 10 分)

(　　)18. 幼儿全面发展教育关系到民族的复兴与幼儿的未来。

(　　)19. 幼儿的健康水平从一定程度上影响着一个国家和民族的健康水平。

(　　)20. 幼儿良好的生活卫生习惯包括个人卫生习惯、在公共场所应有的卫生习惯及良好的饮食、睡眠、排泄的习惯。

(　　)21. 幼儿体育的主要目的是通过体育活动提高幼儿参加体育活动的兴趣和发展基本活动能力，促进其身心健康成长。

(　　)22. 幼儿在生活中，“打破砂锅问到底”这是他对周围世界充满好奇心和求知欲。

(　　)23. 在幼儿的品德形成过程中，道德认识、道德情感、道德意志、道德行为等各要素的发展是同步的。

(　　)24. 幼儿表现美的核心是幼儿的感受和欣赏，培养审美情感。

(　　)25. 幼儿适应环境和抗疾病能力的强弱是体质好坏的主要标志。

(　　)26. 幼儿教育的全部意义就在于开发幼儿智力。

(　　)27. 幼儿美育就是指幼儿艺术教育。

四、简答题(共 21 分)

28. 简述幼儿体育的实施。(7 分))

29. 知识与智力的区别与联系。(8 分)

30. 幼儿德育的内容有哪些？(6 分)

五、论述题(共 20 分)

31. 试述德、智、体、美四育对幼儿个体发展的意义。(8 分)

32. 试述实施幼儿德育时应注意的问题。(12 分)

六、分析题(10 分)

33. 案例：目前，我国由于升大学竞争和就业竞争的现实性矛盾，学校教育陷入应试教育的模式中，而这种竞争也影响到学前教育阶段，如社会上风行的“零岁方案”“神童方案”。一些家长和幼教机构难以摆脱这种短视的教育做法，表现为重知识灌输轻能力培养、重智力培养轻人格因素培养等错误倾向。一些幼儿园迫于家长压力或经济利益的驱动，办起了各式各样的兴趣班、特长班。

问题：请你从如何正确理解我国学前教育目标这一角度分析以上现象。

【参考答案】

一、单项选择题(每题只有一个答案，每小题 2 分，共 24 分)

1. A　2. D　3. C　4. C　5. B　6. D　7. B　8. A　9. C　10. D　11. D　12. B

二、多项选择题(多选、漏选、错选均不得分，每小题 3 分，共 15 分)

13. ABCDE　14. ABCDE　15. BCDE　16. AD　17. BCD

三、判断题(在正确的打“√”，在错误的打“×”。每小题 1 分，共 10 分)

18. ×　19. √　20. ×　21. √　22. √　23. ×　24. ×　25. √　26. ×　27. ×

四、简答题(共 21 分)

28. 幼儿园的体育主要通过创设良好的生活环境、科学护理幼儿的生活和积极开展各项体育活动来进行的。(1 分)开展体育活动时应注意以下几点。

(1) 锻炼与保护并重，注重幼儿的身体素质的提高。(2 分)

(2) 重视培养幼儿对体育活动的兴趣和积极态度，为养成幼儿终身锻炼的习惯打基础。(2 分)

(3) 专门的体育活动与日常生活相结合。(2 分)

29. (1)知识与智力是不同的概念，但又紧密联系、相互依赖、彼此促进的。(2 分)知识是人们在改造世界的实践中获得的认识和经验的总和。(1 分)智力是人认识事物的能力，它包括观察力、注意力、记忆力、思维力、想象力和创造力等要素，其中思维力是智力的核心。(1 分)

(2) 知识是智力发展的基础，是思维的依据和源泉。(2 分)

(3) 智力是掌握知识的武器，智力发展水平的高低影响着对知识的掌握。智力又是在掌握和运用知识、技能的过程中得到发展的。(2 分)

30. (1)萌发爱的情感。(2 分)

(2) 发展幼儿的交往能力，学习必要的社会行为规范。(2 分)

(3) 培养幼儿良好的个性品质。(2 分)

五、论述题(共20分)

31. (1)体育能促进幼儿身体的正常生长发育，全面增强体质，并为幼儿其他方面的发展奠定良好的物质基础。幼儿园科学护理幼儿的生活，预防疾病，保护幼儿的生命和健康，并通过体育活动，促进幼儿生长发育，加强机体的机能及对外界的适应能力，增强体质，保证他们身体健康地成长，为其未来的发展打下良好的基础。(2分)

(2) 智育可以满足幼儿的认知需要，促进幼儿智力的发展，并为以后的学习打下良好的知识与智力基础。智育能有目的、有计划、有系统地满足幼儿认知需要，引导他们有顺序地认识周围事物，正确理解各种现象和因果关系，并在此过程中帮助幼儿逐步学会学习，提高其认知能力，培养幼儿良好的智力品质。(2分)

(3) 德育可以帮助幼儿适应社会生活，促进个性品质的健康发展。良好的个性品质对人一生的成长和发展都起着十分重要的作用。从小加强德育，增强幼儿的是非观念，培养幼儿良好的个性品质是非常必要的。((2分)

(4) 美育可陶冶幼儿的心灵，促进其审美能力和智力的发展。美育的实施过程，能促使幼儿对周围事物产生更广泛的兴趣，这不仅有益于开阔幼儿的视野，增长知识，还可以促进其智力发展。(2分)

32. 实施幼儿德育应注意：

(1) 热爱与尊重幼儿。(2分)

爱幼儿是向幼儿进行德育的前提，也是使幼儿身心健全发展的重要条件。教师对幼儿的热爱不仅基于感情，也基于一种社会责任。教师应尊重幼儿的人格、保护幼儿的自尊心，还应注意尊重并充分发挥幼儿的主体性。(2分)

(2) 遵循德育的规律(2分)

① 由近及远，由具体到抽象。对幼儿进行教育，必须按照幼儿的认识特点来进行。必须从培养幼儿对周围的人和事、对周围生活的爱入手，由近及远，逐步扩大范围。(2分)

② 直观、形象，切忌说教。由于幼儿思维能力的局限，德育内容和方法手段必须直观、形象、具体，才容易为幼儿所理解和接受。(2分)

③ 注意个别差异。幼儿道德认知的发展上存在个别差异性和反复性的特点。德育中常用的方法和手段在不同性格的幼儿身上所产生的效应是不一样的，教师应在了解幼儿的基础上，有针对性地进行教育，尝试寻找最佳的适合每个幼儿的教育方案。(2分)

六、案例分析(10分)

33. (1)我国幼儿园教育的目标是“对幼儿实施德、智、体、美等方面全面发展的教育，促进其身心和谐发展”。这一目标是确定幼儿园教育任务，评估幼儿园教育质量的根本依据，国家通过这一目标对全国幼儿园教育进行领导和调控。(2分)

(2) 幼儿园教育目标是根据教育目的并结合幼儿园教育的性质和特点提出来的。(2分)我国幼儿园教育的目标是培养全面发展的幼儿，它体现了我国教育目的的基本精神，并兼顾幼儿园教育的性质和特点。(2分)

(3) 教育从根本上说就是培养人，所以教育目标是否合理除了符合社会要求之外，还要看是否符合教育对象的身心发展规律。因此，教育目标的制订必须适应幼儿身心发展的年龄

特征。(2 分)

(4) 上述案例中提到的“神童方案”“零岁方案”和兴趣班、特长班，这些都是当前家庭乃至全社会都十分关心然而并不十分清楚的问题，一味地追求某个方面发展，忽视幼儿的全面发展，可能严重损伤儿童生长发育的自然进程，损伤儿童潜能发育，造成儿童期、青少年期乃至成人期体力、心智、能力、性格和气质发展迟缓、压抑和伤害。由于对这些问题认识模糊，加之商业大潮的干扰和冲击，给我国幼儿教育造成了一定程度的混乱，教育的人文精神和科学精神出现了严重的缺失。(2 分)幼儿园坚持践行全面发展教育，以正确的教育价值观、质量观引导社会、引导家长，促进全社会的文明与进步。一方面需要在全社会大力宣传全面发展教育的理念和观点，提高社会对教育的科学认识，另一方面需要以促进幼儿全面发展的教育实践去引导社会、引导家长。(2 分)

第五章　幼儿园教育的基本要素

【内容索引】

- 幼儿园教育的基本要素
  - 幼儿教师
    - 幼儿教师的职能和社会地位
    - 幼儿教师职业的特点
    - 幼儿教师的社会权利和义务
    - 幼儿教师的专业素养要求
    - 幼儿教师的专业发展
  - 幼儿
    - 幼儿的特性
    - 幼儿在教育过程中的地位
    - 幼儿的发展
  - 幼儿园环境
    - 幼儿园环境的含义
    - 幼儿园环境的功能
    - 幼儿园环境创设的原则
    - 创设幼儿园环境应注意的问题

【学习导航】

识记：幼儿教师职业的特点；幼儿教师的能力素质；沟通能力；幼儿的特性；幼儿园环境的含义及分类；幼儿环境的功能；幼儿参与的原则；开放性原则；经济性原则。

理解：幼儿教师的地位、权利和义务；幼儿园教师的专业素质；幼儿在教育过程中的地位；幼儿的发展；幼儿教师的专业素养要求；幼儿教师的专业发展；幼儿园环境创设的原则。

应用：为什么幼儿教师必须学会观察；幼儿教师的专业素养要求；幼儿园环境创设的原则；创设幼儿园环境应注意的问题。

【重中之重】

幼儿教师与幼儿及家长沟通的技巧；幼儿教师的多方面能力素质；幼儿教师的专业素养要求；幼儿的特性；实践活动与幼儿的发展；幼儿园环境创设的原则；创设幼儿园环境应注意的问题。

【应知应会】

第一节　幼儿教师

一、幼儿教师的职能和社会地位

在教育学意义上，幼儿教师是专门的职业和专业人员。

幼儿教师是作为专业教育工作者，承担着培养合格的社会成员，延续人类社会发展的重要职责。幼儿教师承担的是保证和促进幼儿发展的重要任务。

幼儿教师对于社会培养人才起着重大的奠基作用，是“太阳底下最崇高的职业”。

二、幼儿教师职业的特点

1. 幼儿教师职业的劳动特点

(1) 幼儿教师的劳动复杂而富有创造性

幼儿教师劳动的对象是幼儿。幼儿生长发育迅速，但身体、行为稚嫩，对外界的适应能力和对疾病的抵抗力较差，易受损伤、易感染疾病。幼儿教师不仅要根据幼儿年龄特征和个别差异，合理安排幼儿一日生活，精心组织各项活动，使幼儿吃好、睡好、玩好、学习好，而且要严密观察防止集体教养中传染病的发生等，做好卫生保健工作，因此幼儿教师的教育任务是多方面的、复杂的。

幼儿具有不同的个性和发展潜力，教师要因人而异，寻找适合每个幼儿、新的更有效的教育内容、方法和形式，因材施教，才能让幼儿在各自的基础上得到最大限度发展。可见教师的劳动是具有科学性和创造性的。

(2) 幼儿教师的劳动具有示范性

模仿是幼儿重要的学习方式，在幼儿的心目中，教师的形象是高大的，是学习的典范，教师的一举一动无时无刻不是在向幼儿进行示范，常常引起幼儿不自觉的模仿。

(3) 幼儿教师的劳动具有长期性

教育的产品是人，培养人是一个长期的过程。一个人能够成才，需要幼儿园、小学、中学、大学等各个教育阶段的教育者共同的集体劳动，幼儿教师做的是人才培养的奠基性工作。

2. 幼儿教师职业的角色特点

幼儿教师职业的角色是多元性的。

(1) 教师是幼儿生活的照料者

由于幼儿自主性、独立性较弱，幼儿教师不仅要对幼儿生活进行精心料理，还要在幼儿情感上呵护和关心，使幼儿在生理、心理方面得到和谐发展。

(2) 教师是幼儿学习的支持者

教师的任务是为幼儿的学习创造适宜的环境，激发幼儿的学习欲望，同时放手让幼儿自主活动、自主学习、主动发展。

（3）教师是幼儿与社会沟通的中介者

幼儿园是幼儿最早接触的家庭以外的社会环境，教师是幼儿学习社会行为规范和人际交往，体验社会角色和彼此的情感，初步学习适应社会生活的引路人。

三、幼儿教师的社会权利和义务

我国《教育法》《教师法》规定："教师享有法律规定的权利，履行法律规定的义务，忠诚于人民的教育事业。"

我国幼儿园教师的权利是：

（1）进行保育教育活动，开展保育教育改革和实验的权利；

（2）从事科学研究、学术交流，参加专业的学术团体，在学术活动中充分发表意见的权利；

（3）指导幼儿的学习和发展，评定幼儿成长发展的权利；

（4）按时获取工资报酬，享受国家规定的福利待遇以及寒暑假带薪休假的权利；

（5）参与幼儿园民主管理的权利；

（6）参加进修或者其他方式的培训的权利。

我国幼儿教师的义务是：

（1）遵守宪法、法律和职业道德，为人师表；

（2）贯彻国家教育方针，遵守规章制度，执行幼儿园保教计划，履行聘约，完成工作任务；

（3）按国家规定的保教目标，组织、带领幼儿开展有目的、有计划的教育活动；

（4）关心、爱护全体幼儿，尊重幼儿人格，促进幼儿的全面发展；

（5）制止有害于幼儿的行为或其他侵犯幼儿合法权益的行为，批评和抵制有害于幼儿健康成长的现象；

（6）不断提高思想政治觉悟和教育教学业务水平。

四、幼儿教师的专业素养要求

1. 事业心

事业心是教师从事教育教学工作的根本动力，事业心是个体对自己所从事事业的热爱和努力把工作做好的执着追求。幼儿教师的事业心表现在以下几个方面。

（1）热爱幼儿教育事业

对事业的爱是建立在对事业的认识的基础上的。幼儿教育质量的提高，关系到国家的兴旺、民族素质的提高。有了这种认识，幼儿教师才会产生高度责任感，也才会增强对幼儿教育事业的情感，对工作才会倾注满腔的爱和热情。

（2）热爱幼儿

教师对幼儿的关心和爱护是幼儿身心健康发展的重要条件。成人的爱抚，能使幼儿得到情感上的满足，产生积极的情绪体验，增强自信心、安全感。爱也是做好教育工作的前提条件。

2. 具有健康的身心素质

健康的身体是搞好幼儿教育工作的重要保证。教师的心理素质影响幼儿个性品质的形成。幼儿教师必须加强身心修养，在幼儿面前，展现出自身的人格魅力，以获得幼儿的信赖和喜爱。

身体素质：健康，精力充沛，工作效率高。

心理素质：情绪稳定、心胸开朗、思维敏捷、情绪稳定、善于自制、对幼儿充满热情，工作主动、处事机智灵活等。

3. 具有较为扎实的教育和文化科学知识

幼儿教师在就职前，必须了解和掌握幼儿教育的基础知识，了解幼儿教育发展的动向和最新研究成果。幼儿教师担负着幼儿全面教育工作，对幼儿的教育内容涉及自然、社会、语言、艺术、健康等各个领域，教师需要有比较广阔的多学科知识和教育艺术，才能满足幼儿发展的需要，才能胜任幼儿园的工作。

4. 具有多方面的能力素质

(1) 观察和了解幼儿的能力

教育幼儿是一门科学，只有了解幼儿，才能教好幼儿。观察是了解幼儿最重要的途径之一。由于幼儿自控能力差，情绪外露，其内心活动、身体状况常通过表情、动作或简短语言表现出来。

幼儿教师需要具有观察的技能。教师观察的技能表现在随机的观察和有计划的观察中。

随机观察时，教师应尽可能准确而又客观地察看幼儿，要不断提高观察的敏锐度，尽快捕捉到幼儿最细微的动作，探知到幼儿最细微的需要，了解幼儿某个行为的意义，并做出及时反馈；即捕捉信息——做出正确的判断——正确的反应。

有计划的观察时，可先拟定观察项目，列出观察要点，选出有代表性的场景进行观察并详尽地做下记录。观察一段时间后，要仔细地思考分析这些记录材料，综合归纳每个幼儿的优点和缺点，为幼儿设计出适宜的学习方案。即拟定观察项目——列出观察要点——选出有代表性场景——观察并记录——分析——因材施教的方案(教育的个性化)。

(2) 组织管理班级的能力

① 制订班级教育工作计划的能力；

② 创设与本班幼儿发展相适宜的环境的能力；

③ 建立班级常规的能力；

④ 组织集体教学和分组、指导活动的能力；

⑤ 组织开展教育活动并进行评价的能力。

(3) 沟通的能力

沟通是人与人之间通过信息交流，彼此相互理解，彼此接纳对方观点和行为，彼此协调，达到默契的过程。沟通的方式主要有语言沟通、非语言沟通等，教师与幼儿、家长之间的沟通能力是教师重要的基本功。

① 教师与幼儿的沟通，其沟通的方式有言语的和非言语的两种。

教师与幼儿的言语沟通，通常是围绕一个话题开展的。

谈话的策略：

a. 观察发现幼儿感兴趣的话题；

b. 将幼儿引入交谈主题中，适时提问，保持幼儿谈话兴趣；

c. 幼儿发言时，教师应倾听并给予鼓励，表现出耐心和热情。

教师的语言技能：

a. 符合幼儿的接受水平；

b. 应讲究语言艺术，语言生动形象，引人入胜，伴有表情和体态语言；

c. 要用积极的语言与幼儿谈话，告诉幼儿应当做什么，而不是指出他不应当做什么。

教师与幼儿的非言语沟通，主要是指教师运用微笑、点头、抚摸、搂抱、蹲下与幼儿交谈等方式与幼儿沟通。这种方式比言语更容易表达对幼儿的尊重、关心、爱护和肯定，符合幼儿的心理需要。

② 教师与家长的沟通。

家园之间互相沟通、关系和谐，是协调各种教育因素，形成教育合力的重要保证。家园关系建构中，教师处于主动的一方，教师对家长的了解和尊重是沟通的前提。

a. 本着关心孩子成长的目的，确立平等信任的态度。

b. 掌握沟通的技巧。在与家长沟通时，掌握沟通的技巧很重要，如与家长面对面交谈时聆听的技巧；适宜不同家长个性的交谈技巧；向不同个性的家长汇报孩子发展情况的技巧等。

c. 利用多种形式与家长沟通，如：可利用家长接送孩子的时间短暂交谈，或利用家访、家园联系手册、短信、便条、微信、QQ 信息、电话等方式沟通。

（4）教育监控的能力

教师的教育监控能力是指教师对自己组织的教育教学活动进行积极主动的自我认识、自我调节和自我反思的能力。包括以下几方面的内容：

① 计划与准备；

② 反馈与评价；

③ 控制与调节；

④ 反思与校正。

教师教育监控能力是教师综合素质的具体体现，教师对自己的教育过程进行监控，是教师运用专业知识和教育观念，审视教育实践，发现、分析、解决问题的过程。

（5）教育研究能力

幼儿教师的教育研究以解决教育中的实际问题为主，其研究的步骤主要是：学习教育理论；运用教育理论对自己的教育实践进行诊断，发现问题；制定解决问题的方案；实施方案直到问题解决。

五、幼儿教师的专业发展

幼儿教师的专业发展是教师个体不断接受新信息，增长专业能力，成为相对成熟的幼儿教育专业人员的过程。

相对成熟的幼儿教育专业人员主要表现：

（1）有教育理想，能对自己的教育生涯作出规划并根据环境变化及时调整；

（2）热爱、尊重幼儿，有积极的师生互动；

（3）能通过不断学习，获得新的专业知识和技能；

（4）能参与设计专业发展规划，进行教育教学研究，具有反省的习惯；

（5）能敏感地觉察到周围环境中有意义的事物，利用其作为教育素材；

(6) 能协调各方面的关系，具有较强的适应性。

幼儿教师的专业发展主要通过以下三个途径实现：

(1) 接受幼儿师范教育。在3~5年的幼儿师范学校专门训练中，学习未来从教必需的知识和技能。

(2) 新教师培训。新教师在进入教育岗位前，需要有经验的教师对新教师的生活、学习、教育教学内容与方法等方面进行系统而专门的辅导。

(3) 在职进修。教师的业务进修主要包括自学、定期脱产进修、参加教研活动，如观摩、相互研讨、参加教育专题研究、去幼儿园调查研究，运用教育理论审视自己的教育实践，发现问题、分析问题、解决问题等。

第二节 幼 儿

一、幼儿的特性

1. 幼儿是完整的人

把儿童看成完整的人，包含以下两个方面的含义。

(1) 幼儿是整体发展的人

幼儿是具有丰富个性的完整的人，是有思想、有认识、有感情的个体，是所在社会的成员，是国家新生的一代。

幼儿作为人的权利应该受到尊重，同时幼儿的身心发展是互相联系、不可分割的整体，任何一方面的发展都可能影响到其他方面的发展。所以，幼儿有人的完整性，在教育中给幼儿施以全面发展教育。

(2) 幼儿是具有主观能动性的人

幼儿是活生生的、有意识的人，他的一切行为受自己意识的支配，具有主观能动性。

2. 幼儿是独特的人

(1) 幼儿是具有巨大发展潜能的人

幼儿和婴儿期是一个人生理心理发育和形成时期，是一个人生长特别旺盛的时期，他们的身心发展潜藏着极大的发展可能性，其所具有的巨大的学习潜力与其他年龄阶段都是无法比拟的。婴幼儿所具有的巨大的学习潜力还体现在他们的发展具有极大的可塑性，使他们可以适应各种环境，具有最大的发展可能性。

(2) 幼儿是处于发展过程中的人

幼儿是一个不成熟的人，是未成年人。

(3) 幼儿是发展中的个人

各个幼儿的遗传因素不同，先天特点不同，又受到出生后社会环境的不同影响，因而具有各自的特点和独立人格。

二、幼儿在教育过程中的地位

1. 幼儿是教育的客体

在教育过程中，教师根据一定的教育目的，按照一定的教育计划，有组织地对幼儿施加影响，是“教”的活动的主体，而幼儿则是“教”的对象，是教育的客体。

2. 幼儿是自身学习的主体

幼儿是具有主观能动性的人，是教育过程中的主动参与者，是客观世界的探索者、发现者，是自身学习的主体。

3. 幼儿是自身权利的主体

幼儿虽然年龄小，但有着独立的社会地位，是行使权利的主体，享有法律所规定的各项社会权利。

三、幼儿的发展

1. 实践活动与幼儿的发展

幼儿的发展包括身体和心理两方面。幼儿的身心发展是通过幼儿自身的实践活动，即个体与外界环境相互作用的过程实现的。

幼儿机体的生长发育是幼儿机体不断地与外界环境进行物质交换，摄取食物、空气，排除废料、废气，循环往复，新陈代谢的过程。

幼儿的心理是在与外界环境中的人、事、物接触的过程中不断吸收各种信息，不断加工整理，改变原有认知结构而发展起来的。

因此，没有幼儿个体与环境的相互作用，就没有幼儿身心的发展。

幼儿与环境相互作用的过程实际是幼儿主动参与实践活动的过程，也是幼儿认知、情感、社会性等不断提高的过程。

幼儿发展也受个体因素，其中主要是遗传素质的影响，对于遗传素质所形成的个体的某些特征，环境的影响有大有小。

2. 早期教育与幼儿的发展

在儿童发展的早期，教育应提供适宜儿童生长发育和发展需求的环境和条件，保障儿童生命和健康，排除不良的影响和刺激。在儿童的各种主动活动中，给予适宜的指导和帮助，以促成儿童早期的最佳发展。

第三节　幼儿园环境

一、幼儿园环境的含义

幼儿园是以环境为中介对幼儿进行教育的。

狭义的幼儿园环境是指在幼儿园中，对幼儿身心发展产生影响的物质与精神要素的总和。

广义的幼儿园环境是指幼儿园教育赖以进行的一切条件的总和，它包括幼儿园、家庭、社会中一切对幼儿身心发展产生影响的外部因素。

幼儿园环境按其性质可分为物质环境和精神环境两大类。

物质环境指对幼儿园教育产生影响的一切天然环境和人工环境中物的要素的总和，如自然风光、设备材料、园舍及装饰、各种游戏材料和教具等。

精神环境是指对幼儿园教育产生影响的社会中精神因素的总和，如道德、风俗习惯、生活方式、文化氛围、师生关系等。

二、幼儿园环境的功能

幼儿身心发展的各方面无一不受环境的作用的影响。幼儿园、家庭和社区都是对幼儿的发展起重要作用的环境因素。

幼儿园是一种特别的社会环境，幼儿园环境给予幼儿的影响是有目的、系统性的。

家庭是幼儿成长最自然的生态环境。家长是幼儿园环境中重要的教育因素。

幼儿家庭所在的社会生活小区，即社区的自然环境和富有教育的人文景观、革命历史和人物，以及社区的教育设施和教育活动等都影响幼儿的发展。

三、幼儿园环境创设的原则

幼儿园环境创设的原则是教师在创设幼儿园环境时应遵循的基本要求。

幼儿园环境创设必须遵循以下基本原则：

1. 环境与教育目标一致的原则

(1) 环境创设要有利于教育目标的实现

幼儿园教育目标是促进幼儿的全面发展。在环境创设时对幼儿德、智、体、美四育不能重此轻彼。

(2) 依据幼儿园教育目标，对环境设置做系统规划

在制订学期、月、周、日及每一个活动计划时，都应该考虑需要有怎样的环境与之配合，哪些因素有利于教育目标的实现。

2. 适宜性原则

幼儿园环境创设应与幼儿身心发展的特点和发展需要相适宜。

环境创设应适应处于不同年龄阶段幼儿的身心发展特点、兴趣、能力、学习方式等方面的差异。

幼儿的身心特点和发展需要还会随着其年龄增长而发展变化，因此环境创设不是一次就可以完成的，它是一个设计→实施→修正→再实施→再修正的螺旋式发展过程。

3. 幼儿参与的原则

环境创设的过程是幼儿与教师共同参与合作的过程。

教育者要有让幼儿参与环境创设的意识，认识到幼儿园环境的教育性不仅蕴含于环境之中，而且蕴含于环境创设的过程中。

教师应将幼儿参与环境创设融入课程，以便对幼儿有针对性地进行教育。通过活动让幼儿参与全过程，使幼儿由单纯的倾听者变成了计划者、参与者，充分认识到自己的能力，意识到了自己是环境的主人，人人出谋划策，人人都来承担自己的一份责任，真正展示和发展了任务意识、有目的学习知识和技能的能力，以及分工合作、讨论、决策的能力和发现、解决问题的能力。

4. 开放性原则

开放性原则是指创设幼儿园环境，不仅要考虑幼儿园内环境要素，同时也要重视园外环境的各要素，两者有机结合，协同一致地对幼儿施加影响。

利用开放的教育环境对幼儿进行教育，是教育者应该树立的大教育观。面对外界环境的

复杂影响，幼儿园主动与外界结合，让家庭、社区成员更进一步了解幼儿和幼儿园，使幼儿园教育获得家庭、社区的支持和配合，有针对性地对幼儿进行教育。

5. 经济性原则

经济性原则是指创设幼儿园环境应考虑幼儿园自身经济条件，勤俭办园，因地制宜办园。

幼儿园应当发扬艰苦奋斗的精神，勤俭办教育，给幼儿提供物质条件时，应以物质条件对幼儿发展的功能大小和经济实用性为依据。此外，根据本园需要，就地取材，一物多用，也能够少花钱，多办事，办好事。

四、创设幼儿园环境应注意的问题

幼儿园环境是教师根据既定的教育目标，有目的、有计划地运用环境中的各种要素，创设出来的具有教育功能的环境。教育工作者在环境创设时需要注意以下问题。

1. 重视精神环境的创设

精神环境是制约教育质量的更为重要的因素，尤其是精神环境中师生关系和幼儿同伴关系。

（1）建立良好的师生关系

① 正确理解教师与幼儿之间的关系。

从社会角度来说，教师和幼儿是平等的社会成员关系，在师生互动中，教师的角色是良好互动环境的创设者，是幼儿主体性发展的帮助者、指导者和促进者，只有尊重幼儿在教育者的主体地位，才能建立起平等、和谐的师生关系。

从幼儿园的角度来说，教师与幼儿的相互关系是师生关系，在师生互动中，教师按照国家要求教育好幼儿，是教育者，幼儿是受教育者。教师是幼儿合法权益的保护者，幼儿则是被保护者，教师有职责和义务保障幼儿在教育过程中的主体地位并维护其相应的权利，按照社会培养人才要求教育幼儿，使他们健康成长。

② 建立师生之间良好的情感关系。

教师对幼儿的教育和保护，是建立在对幼儿爱的基础上的。教师要爱护、尊重信任幼儿，与幼儿平等协商或对话，关注幼儿和幼儿的活动，了解他们的需要和意愿，理解和宽容他们的错误，幼儿才会感到教师是他们的朋友，是合作的伙伴。

（2）帮助幼儿建立良好的同伴关系

同伴关系是幼儿生活中重要的人际关系，良好的同伴关系有利于幼儿的情感、品德、个性的发展，教师应明确同伴关系对幼儿发展的价值，积极创设幼儿交往的有利条件。

2. 重视教师在幼儿园环境创设中的作用

（1）教师是幼儿环境的设计者

为了使幼儿园的环境促进幼儿身心各方面和谐发展，教师必须对环境进行精心设计与准备，考虑和分析应开展哪些活动，设置哪些环境来引发幼儿活动，这些环境是否能使幼儿从心里认同；环境中，应蕴含哪些教育信息和要求，周围的人际关系和物质条件哪些可以利用，所设置的环境以什么样的形式与幼儿“对话”更为合适。

教师对环境的准备不是一次可以完成的，随着幼儿的兴趣、需要、能力的变化及季节、单元内容的进度或临时性变化，已经准备好的环境或者已经做好的计划要进行调整。

每次活动后教师要反思环境创设的优点和不足，想想还有什么办法使之能符合幼儿需要，这样不断设计、调整环境，环境与幼儿的发展才能适应并共同达到一个新的水平。

(2) 教师是幼儿与环境相互作用的引导者

教师设计与准备环境的根本目的是引发幼儿的活动，在幼儿活动时，教师的主要任务是引导幼儿与环境相互作用，利用环境激发幼儿活动的积极性，帮助幼儿利用环境条件获得发展。

① 引导幼儿观察、体验事物性质及关系。

观察中的引导可以随时随地进行。只要教师、家长引导幼儿观察，细心去感受、体验，幼儿对事物的感知和观察能力就能进一步增强。

② 引导幼儿思考、发现和解决问题。

在幼儿与环境相互作用时，教师应有针对性地提出问题，使幼儿面临问题情境，并鼓励幼儿自己去寻求解决问题的途径。

教师对幼儿与环境相互作用的引导体现在幼儿活动的全过程中，主要通过边观察、边采用直接或间接提供帮助的形式进行。

【范例精讲】

1. (单项选择题)幼儿教师对于社会(　　)起着重大的奠基作用，是“太阳底下最崇高的职业”。

A. 专门职业　　B. 专业人员　　C. 培养人才　　D. 促进发展

【解析】答案：C　本题主要检测对幼儿教师的社会地位德的理解。幼儿教师是作为专业教育工作者，承担着培养合格的社会成员，延续人类社会发展的重要职责。幼儿教师职业和其他教师职业一样，是培养人，造就合格社会成员的职业。幼儿教师对于社会培养人才起着重大的奠基作用，是“太阳底下最崇高的职业”。

2. (单项选择题)上课时，个别幼儿喊口渴想喝水，老师正确的做法是(　　)。

A. 立即让该幼儿离座去喝水　　B. 让该幼儿坚持到下课

C. 批评后再让其喝水　　D. 停止教育活动，督促所有幼儿喝水

【解析】答案：A 本题主要检测对幼儿教师能力的理解。教师在遇到个别幼儿口渴想喝水时，要做的便是立即让该幼儿单独去喝水，尽量不要影响其他小朋友。如果不能立即处理，很可能引起其他幼儿的反应，将其当作榜样，嚷着要喝水。

3. (单项选择题)(　　)是指幼儿园教育赖以进行的一切条件的总和，它包括幼儿园、家庭、社会中一切对幼儿身心发展产生影响的外部因素。

A. 广义的环境　　B. 狭义的环境

C. 广义的幼儿园环境　　D. 狭义的幼儿园环境

【解析】答案：C　本题主要检测对幼儿园环境的含义的理解。幼儿园是以环境为中介对幼儿进行教育的。狭义的幼儿园环境是指在幼儿园中，对幼儿身心发展产生影响的物质与精神要素的总和。广义的幼儿园环境是指幼儿园教育赖以进行的一切条件的总和，它包括幼儿园、家庭、社会中一切对幼儿身心发展产生影响的外部因素。

4. (多项选择题)影响幼儿的发展因素有(　　)。

A. 心理因素　　　B. 环境因素　　　C. 人际关系因素　　D. 幼儿个体因素

【解析】答案：BD　本题主要检测对幼儿的发展的理解。幼儿的发展包括身体和心理两方面。幼儿的身心发展是通过幼儿自身的实践活动，即个体与外界环境相互作用的过程实现的。没有幼儿个体与环境的相互作用，就没有幼儿身心的发展。幼儿发展也受个体因素，其中主要是遗传素质的影响。

5. (多项选择题)幼儿教师需要具有观察的技能。教师观察的技能表现在(　　)中。

A. 随便的观察　　B. 有计划的观察　　C. 随机的观察　　D. 无计划的观察

【解析】答案：BC　本题主要检测对幼儿教师观察能力的理解。由于幼儿自控能力差，情绪外露，其内心活动，身体状况常通过表情、动作或简短语言表现出来。往往幼儿的一个小动作，一刹那的活动，常反映一个真实的内心活动。只有了解幼儿，才能教好幼儿。而观察是了解幼儿最重要的途径之一。因此，幼儿教师需要具有观察的技能，具体表现在随机的观察和有计划的观察中。

6. (判断题)按维果茨基的观点，3 岁以前的儿童是按他们自己的大纲学习的过渡阶段。

【解析】答案：×　本题主要检测对早期教育与幼儿的发展的理解。按维果茨基的观点，3 岁以前的儿童是按他们自己的大纲学习的。所谓自己的大纲就是一个生命体初期发展的自然规律，而 3~6 岁儿童则处于按自身的大纲转向按学校的大纲学习的过渡阶段。

7. (简答题)简述幼儿教师的专业发展。

【解析】本题主要检测对幼儿教师的专业发展的理解。

答案要点：幼儿教师的专业发展是教师个体不断接受新信息，增长专业能力，成为相对成熟的幼儿教育专业人员。

幼儿教师的专业发展主要通过以下三个途径实现。

(1) 接受幼儿师范教育。在 3~5 年的幼儿师范学校专门训练中，学习未来从教必需的知识和技能。

(2) 新教师培训。新教师在进入教育岗位前，需要有经验的教师对新教师的生活、学习、教育教学内容与方法等方面进行系统而专门的辅导。

(3) 在职进修。教师的业务进修主要包括自学、定期脱产进修、参加教研活动，如观摩、相互研讨、参加教育专题研究、去幼儿园调查研究，运用教育理论审视自己的教育实践，发现问题、分析问题、解决问题等。

8. (简答题)简述幼儿园环境的功能。

【解析】本题主要检测对幼儿园环境的功能的理解。

答案要点：(1) 幼儿园是一种特别的社会环境，幼儿园环境给予幼儿的影响是有目的、系统性的。

(2) 家庭是幼儿成长最自然的生态环境。家长是幼儿园环境中重要的教育因素，家长与幼儿园教育配合，能使教育幼儿的目标、内容和要求达到一致，增强教育效果。

(3) 社区的自然环境和富有教育的人文景观、革命历史和人物，以及社区的教育设施和教育活动等都影响幼儿的发展。

综上所述，幼儿园、家庭和社区都是对幼儿的发展起重要作用的环境因素，幼儿园教育则是环境中的自觉因素。幼儿园只有主动、积极地组织多方面的力量，促进家庭、社区的配合，才能取得良好的教育效果。

9.(论述题)试述重视教师在幼儿园环境创设中的作用。

【解析】本题主要检测对创设幼儿园环境应注意的问题的理解。

答案要点：教师在幼儿园环境创设中的作用表现在：

(1) 教师是幼儿环境的设计者。为了使幼儿园的环境促进幼儿身心各方面和谐发展，教师必须对环境进行精心设计与准备，考虑和分析应开展哪些活动，设置哪些环境来引发幼儿活动，这些环境是否能使幼儿从心里认同；环境中，应蕴含哪些教育信息和要求，周围的人际关系和物质条件哪些可以利用，所设置的环境以什么样的形式与幼儿“对话”更为合适。

教师对环境的准备不是一次可以完成的，随着幼儿的兴趣、需要、能力的变化及季节、单元内容的进度或临时性变化，已经准备好的环境或者已经作好的计划要进行调整。

每次活动后教师要反思环境创设的优点和不足，想想还有什么办法使之能符合幼儿需要，这样不断设计、调整环境，环境与幼儿的发展才能适应并共同达到一个新的水平。

(2) 教师是幼儿与环境相互作用的引导者。教师设计与准备环境的根本目的是引发幼儿的活动，在幼儿活动时，教师的主要任务是引导幼儿与环境相互作用，利用环境激发幼儿活动的积极性，帮助幼儿利用环境条件获得发展。

① 引导幼儿观察、体验事物性质及关系。只要教师、家长引导幼儿观察，细心去感受、体验，幼儿对事物的感知和观察能力就能进一步增强。

② 引导幼儿思考、发现和解决问题。在幼儿与环境相互作用时，教师应有针对性地提出问题，使幼儿面临问题情境，并鼓励幼儿自己去寻求解决问题的途径。

教师对幼儿与环境相互作用的引导体现在幼儿活动的全过程中，主要通过边观察、边采用直接或间接提供帮助的形式进行。

10.(案例分析题)案例：在幼儿园中，教师要学会与幼儿沟通。比如，要熟记每个幼儿的名字，这样幼儿会感到非常亲切，对教师的话作出积极反应；说话的语速和语调要恰当，最好能引发幼儿的好奇心；与幼儿交谈时，语言要简单明确，容易被幼儿接受；说话的态度要友善，比如：“我很喜欢听你的描述，相信每位小朋友都会喜欢。”“你这一次比上一次说得更清楚了。”在交流的时候，教师还要注意与幼儿的目光接触，要耐心倾听幼儿的谈话，作出积极反馈。现实生活中，有的老师能灵活运用其交流技能，有的老师则因为与幼儿缺乏有效沟通而苦恼。

问题：请你从幼儿教师需要具有多方面的能力出发，谈谈教师如何提高与幼儿沟通的策略和语言技能。

【解析】本题主要检测对幼儿园教师与幼儿沟通能力的理解。

答案要点：沟通是人与人之间通过信息交流，彼此相互理解，彼此接纳对方观点和行为，彼此协调，达到默契的过程。沟通的方式主要有语言沟通、非语言沟通等。教师与幼儿、家长之间的沟通能力是教师重要的基本功。

教师与幼儿的沟通。其沟通的方式有言语的和非言语的两种。

(1) 教师与幼儿的言语沟通，通常是围绕一个话题开展的。

谈话的策略：①观察发现幼儿感兴趣的话题。②将幼儿引入交谈主题中，适时提问，保持幼儿谈话兴趣。③幼儿发言时，教师应倾听，表现出耐心和热情。

教师的语言技能：①符合幼儿的接受水平。②应讲究语言艺术，语言生动形象，引人入胜，伴有表情和体态语言。③用积极的语言谈话，告诉幼儿应当做什么，而不是指出他不应当做什么。

(2) 教师与幼儿的非言语沟通主要是指教师运用微笑、点头、抚摸、搂抱、蹲下与幼儿交谈等方式与幼儿沟通。这种方式比言语更容易表达对幼儿的尊重、关心、爱护和肯定，符合幼儿的心理需要。

【小试牛刀】

一、单项选择题(每题选一个正确答案，每小题2分，共24分)

1. 在幼儿园教育实践中，(　　)是最重要、最关键的人的要素，教育也主要在这二者之间展开，通过二者的相互作用来进行。

A. 幼儿和家长　B. 教师和幼儿　C. 教师和家长　D. 保育员和幼儿

2. 我国(　　)规定：“教师享有法律规定的权利，履行法律规定的义务，忠诚于人民的教育事业。”

A.《教育法》和《教师法》　B.《幼儿园工作规程》

C.《义务教育法》　D.《专业标准》

3. “十年树木，百年树人”。这说明幼儿教师的劳动具有(　　)的特点。

A. 科学性　B. 复杂性　C. 示范性　D. 长期性

4. 教师在幼儿教育工作中要身体健康、精力充沛，心胸开朗，思维敏捷，情绪稳定，善于自制，对幼儿充满热情，这体现了幼儿教师应具有(　　)

A. 健康的身心素质　B. 扎实的教育和文化科学知识

C. 多方面的能力素质　D. 教育监控能力

5. 曾有人将幼儿比喻为一部摆在教师面前的难读的作品，理解它很不容易，而(　　)就是读懂这部作品的必由之路。

A. 交谈　B. 沟通　C. 观察　D. 分析

6. 教师的微笑、点头、抚摸、搂抱、蹲下与幼儿交流、看着幼儿的眼睛倾听他们说话的态度与行为等，这是教师与幼儿(　　)方式。

A. 动作的沟通　B. 言语的沟通　C. 手语的沟通　D. 非言语的沟通

7. 伟大的俄罗斯文学家高尔基说过：“教育儿童的事业是要求对儿童有伟大爱抚的事业。”这里强调的是幼儿教师(　　)。

A. 热爱教育事业　B. 热爱幼儿

C. 具有健康的身体　D. 具有扎实的学识

8. 幼儿的身心发展是通过幼儿自身的(　　)，即个体与外界环境相互作用的过程实现的。

A. 生理活动　B. 心理活动　C. 实践活动　D. 内部活动

9. “幼儿在教育过程中的地位”描述不正确的是(　　)。

A. 幼儿是教育的主体　B. 幼儿是自身学习的主体

C. 幼儿是自身权利的主体　D. 幼儿是自我发展的主体

10. (　　)处于按自身的大纲转向按学校的大纲学习的过渡阶段。

A. 3 岁以前　　B. 3 岁以后　　C. 3~6 岁　　D. 6 岁以后

11. 幼儿园是以(　　)为中介对幼儿进行教育的。

A. 社会　　B. 环境　　C. 教师　　D. 家庭

12. 取几根木条，做成可以放书的许多小格，钉在墙上当图书架放置图书，幼儿易拿易放，方便阅读。这是利用(　　)原则。

A. 环境与教育目标一致　　B. 适宜性

C. 开放性　　D. 经济性

二、多项选择题(多选、少选、错选均不得分，每小题 3 分，共 15 分)

13. 幼儿园教育的基本要素包括(　　)。

A. 教师　　B. 幼儿　　C. 家长　　D. 幼儿园环境

E. 活动室

14. 下列属于幼儿园教师的组织管理能力的是(　　)。

A. 创设与幼儿发展相适宜的环境的能力

B. 建立一个良好班集体的能力

C. 制订班级教育工作计划的能力

D. 指导或组织幼儿开展各类教育活动并进行评价的能力

E. 反思与发展的能力

15. 教师与家长沟通的形式有(　　)。

A. 家访　　B. 家园联系手册　　C. 短信　　D. 微信

E. 电话

16. "人心不同，各如其面。"从幼儿的特性角度理解正确的是(　　)。

A. 幼儿具有各自的特点　　B. 幼儿有独立的人格

C. 尊重幼儿的独特性　　D. 幼儿是完整的人

E. 幼儿有个别差异性

17. 幼儿是社会的人，幼儿的成长不可避免要受到社会各因素，包括(　　)等因素的影响，脱离社会大环境对幼儿进行教育是不现实的。

A. 园内的　　B. 园外的　　C. 社会的　　D. 物质的

E. 精神的

三、判断题(正确的打"√"，错误的打"×"，每小题 1 分，共 10 分)

(　　)18. 在教育学意义上，教师是幼儿的第一任老师。

(　　)19. 幼儿进入小学后，对幼儿园的教师没有印象了。

(　　)20. 教师的心理素质影响幼儿的个性品质形成。

(　　)21. 在社会发展中，幼儿有幼儿的地位，如同成人有成人的地位一样。

(　　)22. 在"教"的活动中，幼儿是"教"的对象，是教育的主体。

(　　)23. 环境因素对幼儿发展的影响是一个常量而不是一个变量。

(　　)24. 幼儿园的环境就是指幼儿园内的空间。
(　　)25. 为促进幼儿身心的健康发展，幼儿园必须从精神方面创设良好的环境。
(　　)26. 幼儿园是幼儿成长最自然的生态环境。
(　　)27. 在创设幼儿园环境时，不仅要考虑它的教育性，还需要目标意识。

四、简答题(共 21 分)

28. 幼儿教师的专业素养要求有哪些？(8 分)
29. 怎样理解教师与家长的沟通？(6 分)
30. 幼儿的特性有哪些？(7 分)

五、论述题(每小题 10 分，共 20 分)

31. 幼儿教师具有哪些能力素质？
32. 教师创设幼儿园的精神环境应注意哪些问题？

六、案例分析(共 10 分)

33. 案例：我班的墙面拼图很有特色，拼起图来也很简单，孩子们首先把形形色色的吹塑纸剪成大大小小的方块、圆、三角或其他形状，然后在水中一浸，往墙面瓷砖上一贴，就会拼出自己想象出来的图案来。

明天就要到“开放日”了，为了给参观的同行们留下一个好印象，我决定自己亲自动手，把墙面拼图搞好。整整一个上午，我一会儿剪，一会儿贴，忙得不亦乐乎。孩子们在旁边眼巴巴地瞅着，有几个小朋友忍不住要上来帮忙，被我制止了，因为我不放心他们。一幅幅得意的作品出来了，看上去很大方，很得体，但老觉得欠缺点什么，而且拼着拼着就不知所措了，无非是用三角做房顶，方块做房身……越看越直观、越浅显。这时，孩子们开始叽叽喳喳地评论起来，小薇小朋友站起来，怯生生地说：“老师，我觉得你拼的小女孩不好看。”立刻，孩子们你一言我一语地议论开了。我转过身来，去看那拼出来的小女孩，还真是有些呆板呢，我一下子哑口无言了。孩子们说的确实有道理，这拼图活动区本来就是他们大显身手的地方，我为什么要独揽呢？

听说让他们自己干，孩子们顿时活跃起来。我在旁边不时地指点一下，鼓励那些拿不定主意的孩子想拼什么就拼什么。大家的兴致高，动作也就特别快。

不一会儿，我就能看出高楼、大树、太阳、小草，还有各种各样漂亮的小花。小薇把我拼的小女孩扯下后，自己重新拼，没想到，她用这么简单的图形拼出了这样活泼可爱的女孩形象来，小方块加上一个小三角居然那么像小辫！森森拼出一列长长的火车，我问他：“你的火车要开到哪儿？”他兴奋地说：“不是要给那些受灾的小朋友捐衣服吗？火车装衣服。”芳芳小朋友拼的图案，我感觉像汽车，又不太像，她一本正经地告诉我：“这就是汽车，一辆小汽车，是给老师上班用的，你的车子太慢了，这辆车可快了！”

问题：上面这个案例教师贯彻了幼儿园环境创设中的哪个原则？教师的前后做法有什么不同？哪一种做法合理？为什么？

【参考答案】

一、单项选择题(每题选一个正确答案，每小题2分，共24分)

1. B　2. A　3. D　4. A　5. C　6. D　7. B　8. C　9. A　10. C　11. B　12. D

二、多项选择题(多选、少选、错选均不得分，每小题3分，共15分)

13. ABD　14. ABCD　15. ABCDE　16. ABCE　17. ABDE

三、判断题(正确的打“√”，错误的打“×”，每小题1分，共10分)

18. ×　19. ×　20. √　21. √　22. ×　23. ×　24. ×　25. ×　26. ×　27. √

四、简答题(共21分)

28. (1)事业心。事业心是教师从事教育教学工作的根本动力，事业心是个体对自己所从事事业的热爱和努力把工作做好的执着追求。幼儿教师的事业心表现在热爱幼儿教育事业和热爱幼儿两个方面。(2分)

(2) 具有健康的身心素质。健康的身体是搞好幼儿教育工作的重要保证。教师的心理素质影响幼儿个性品质的形成。幼儿教师必须加强身心修养，在幼儿面前，展现出自身的人格魅力，以获得幼儿的信赖和喜爱。(2分)

(3) 具有较为扎实的教育和文化科学知识。幼儿教师在就职前，必须了解和掌握幼儿教育的基础知识，了解幼儿教育发展的动向和最新研究成果。幼儿教师担负着幼儿全面教育工作，对幼儿的教育内容涉及到自然、社会、语言、艺术、健康等各个领域，教师需要有比较广阔的多学科知识和教育艺术，才能满足幼儿发展的需要，才能胜任幼儿园的工作。(2分)

(4) 具有多方面的能力素质，如观察和了解幼儿的能力、组织班级管理的能力、
沟通的能力、教育监控的能力、教育研究的能力等。(2分)

29. 家园之间互相沟通，关系和谐，是协调各种教育因素，形成教育合力的重要保证。家园关系建构中，教师处于主动的一方，教师对家长的了解和尊重是沟通的前提。

① 本着关心孩子成长的目的，确立平等信任的态度。

② 掌握沟通的技巧。在与家长沟通时，掌握沟通的技巧很重要，如与家长面对面交谈时聆听的技巧；适宜不同家长个性的交谈技巧；向不同个性的家长汇报孩子发展情况的技巧等。

③ 利用多种形式与家长沟通，如：可利用家长接送孩子的时间短暂交谈，或利用家访、家园联系手册、短信、便条、微信、QQ信息、电话等方式沟通。

30. (1)幼儿是完整的人。(1分)包含以下两个方面的含义。

①不幼儿是整体发展的人。(1分)幼儿是具有丰富个性的完整的人，是有思想、有认识、有感情的个体，是所在社会的成员，是国家新生的一代。

② 幼儿是具有主观能动性的人。幼儿是活生生的、有意识的人，他的一切行为受自己意识的支配，具有主观能动性。(1分)

（2）幼儿是独特的人。（1分）

① 幼儿是具有巨大发展潜能的人。（1分）他们的身心发展潜藏着极大的发展可能性，他们在这个年龄阶段所具有的巨大的学习潜力是其他阶段都无法比拟的。

② 幼儿是处于发展过程中的人。（1分）幼儿是一个不成熟的人，是未成年人。

③ 幼儿是发展中的人。（1分）各个幼儿的遗传因素不同，先天特点不同，又受到出生后社会环境的不同影响，因而具有各自的特点和独立人格。

五、论述题（每小题10分，共20分）

31.（1）观察和了解幼儿的能力。只有了解幼儿，才能教好幼儿。观察是了解幼儿最重要的途径之一。幼儿教师需要具有观察的技能。教师观察的技能表现在随机的观察和有计划的观察中。（2分）

（2）组织管理班级的能力。制订班级教育工作计划的能力；创设适宜环境的能

力；建立班级常规的能力；组织集体教学和分组、指导活动的能力；组织开展教育活动并进行评价的能力。（2分）

（3）沟通的能力。沟通是人与人之间通过信息交流，彼此相互理解，彼此接纳对方观点和行为，彼此协调，达到默契的过程。沟通的方式主要有语言沟通、非语言沟通等。教师与幼儿、家长之间的沟通能力是教师重要的基本功。（2分）

（4）教育监控的能力。教师的教育监控能力是指教师对自己组织的教育教学活动进行积极主动的自我认识、自我调节和自我反思的能力。包括以下几方面的内容：计划与准备，反馈与评价，控制与调节，反思与校正。（2分）

（5）教育研究的能力。幼儿教师的教育研究以解决教育中的实际问题为主，其研究的步骤主要是：学习教育理论；运用教育理论对自己的教育实践进行诊断，发现问题；制定解决问题的方案；实施方案直到问题解决。

32. 与物质环境相比较，精神环境是制约教育质量的更为重要的因素，尤其是精神环境中师生关系和幼儿同伴关系问题。（2分）

（1）建立良好的师生关系。（1分）

首先，正确理解教师与幼儿之间的关系。从社会角度来说，教师和幼儿是平等的社会成员关系。从幼儿园的角度来说，教师与幼儿的相互关系是师生关系。教师有职责和义务保障幼儿在教育过程中的主体地位并维护其相应的权利，按照社会培养人才要求教育幼儿，使他们健康成长。（2分）

其次，建立师生之间良好的情感关系。教师对幼儿的教育和保护，是建立在对幼儿爱的基础上的。教师要爱护、尊重、信任幼儿，与幼儿平等协商或对话，关注幼儿和幼儿的活动，了解他们的需要和意愿，理解和宽容他们的错误，幼儿才会感到教师是他们的朋友，是合作的伙伴。（2分）

（2）帮助幼儿建立良好的同伴关系。（1分）

同伴关系是幼儿生活中重要的人际关系，良好的同伴关系有利于幼儿的情感、品德、个性的发展，教师应明确同伴关系对幼儿发展的价值，积极创设幼儿交往的有利条件。（2分）

六、案例分析(共 10 分)

33. 答案要点：贯彻幼儿参与的原则。(1 分)刚开始，教师自己独自创设环境，后来让幼儿主动参与环境的创设。(2 分)后来的做法合理。(1 分)在此过程中，教师由单纯的创设者变成了观察者、倾听者、合作者、决策者；(2 分)幼儿由单纯的倾听者变成了计划者、参与者，充分认识到了自己的能力，意识到了自己是幼儿园环境的主人，人人出谋划策、个个参与创设(主体意识和主动性)；(1 分)人人都来承担自己的一份责任(责任感)；(1 分)大家在分工合作、共同讨论和决策(合作精神)中发现、解决问题。(2 分)

第六章　幼儿园课程

【内容索引】

- 幼儿园课程
  - 课程概述
    - 课程的含义
    - 课程的基本要素
  - 幼儿园课程的性质和特点
    - 幼儿园课程的性质
    - 幼儿园课程的特点
  - 幼儿园课程方案
    - 幼儿园课程目标的制订
    - 幼儿园课程内容的选择与确定
    - 幼儿园课程的组织
    - 幼儿园课程的评价

【学习导航】

识记：课程、幼儿园课程的概念；课程的基本要素；幼儿园课程性质；幼儿园课程目标的制订；幼儿园课程内容的形态；幼儿园编制课程内容的方式；幼儿园教育活动组织与指导方式。

理解：幼儿园课程的特点；幼儿园教育目标和课程目标的关系；幼儿园课程内容的选择与确定；幼儿园课程的组织；幼儿园课程评价的内容与原则。

应用：教案的设计；学会制订幼儿园教育计划；学会指导幼儿园教育教学活动；掌握幼儿园课程实施的手段、方法和途径；幼儿园课程评价的注意点。

【重中之重】

课程的基本要素；幼儿园课程目标的制订；幼儿园课程的特点；教案的设计；学会制订幼儿园课程计划；学会指导幼儿园教育教学活动；掌握幼儿园课程实施的手段、方法和途径。

【应知应会】

第一节　课程概述

一、课程的含义

“课程”内涵的传统看法就是“教学科目”。随着社会的发展，特别是教育研究和实践的发展与变化，课程被赋予了更为深刻、丰富的内涵与外延，主要表现在：

(1) 课程包括静态的结构化、系统化的学科方面的知识，也包括受教育者动态的活动和在活动中汲取的知识技能及态度、情感、价值观等非学科方面的经验。

(2) 课程是师生双向互动的实践活动过程。

(3) 课程强调受教育者是课程的主体，是课程学习活动的主体。

(4) 课程是教育者有计划、有目的提供的知识经验，也包括课程实施中可能出现的各种教育影响和受教育者可能获得的难以预测的经验。

(5) 课程实施的工具或条件不仅仅是教材教具，也包括受教育者与之相互作用的教育的其他因素。

综上所述，课程是指在学校教师的直接和间接指导之下出现的学习者与教育环境相互作用的学习活动的总体。它不仅包括教育机构中课程表上所列教师有计划组织的各学科的教学活动，还包括有计划组织的和学生自动自发的所有活动(包括课间活动)。

幼儿园课程是实现幼儿园教育目标的手段，是帮助幼儿获得有益的学习经验，以促进幼儿身心全面和谐发展的各种活动的总和。

幼儿园教育活动是幼儿在园内参与的所有活动，包括专门组织的教学活动、游戏、日常生活和节日、娱乐活动，它是幼儿园课程实施的具体途径。

教师要明白幼儿园所进行的一切活动，不论是专门的教学活动，还是幼儿自选或自发的各种游戏活动，以及幼儿的日常生活活动等，都是幼儿园课程的组成部分。

二、课程基本要素

作为将教育目标转化为学习者发展的中间环节，课程的基本要素通常包括课程目标、课程内容、课程组织、课程评价。

1. 课程目标

课程目标是教育目标在教育过程中的具体化，是课程的其他要素的抉择依据和标准，并对整个教育过程起着导向作用。

2. 课程内容

课程内容是课程目标的载体，是学习者应该学、能够学并适宜学的有关知识和经验。

3. 课程组织

课程组织是对课程实施的各种因素包括教育内容、活动、材料和环境、教育者和学习者的互动方式等加以编排、组合、平衡，以使课程活动有序化、结构化、适宜化，从而产生最优的教育效应，最大化实现课程目标的工作。

4. 课程评价

课程评价是为制定课程目标，以及为检测课程目标实现的程度，在课程实施之前、课程实施过程中及课程实施某阶段终结时，对学习者的学习过程和结果进行测量和描绘，并对课程各要素的适宜性进行评估的工作。

课程评价为课程实践者完善课程、提高课程的适宜性提供调整的信息，并为教育行政部门鉴定课程方案提供决策依据。

总之，课程目标、课程内容、课程组织、课程评价等基本要素构成了一套完整课程方案。在课程实践过程中，它们相互作用、相互制约并相互调节，缺一不可，从而使课程处于循环的动态发展过程之中。

第二节 幼儿园课程的性质和特点

一、幼儿园课程的性质

幼儿园课程是整个教育课程系统的子系统，它除了拥有课程的基本含义外，还具有自己独特的个性。

1. 幼儿园课程是终生教育的根基课程(启蒙性和奠基性)

课程的启蒙性是指幼儿园课程要与幼儿的现实发展需要联系起来，要启于未发、适时而教、循序而育。

课程的奠基性是指幼儿园课程要与幼儿的未来发展需要联系起来，为幼儿奠定良好的素质基础。

2. 幼儿园课程是基础素质教育课程(素质性)

发展是儿童最根本的需要，幼儿园课程要以幼儿为本，以幼儿的发展需要和发展特点为出发点。主要在体现“素质”教育。

(1) 素质的含义：素质是人内在的身心组织结构及其质量水平，包括生理素质和心理素质。

(2) 素质的特性：基础性，整体性，潜在性，相对的稳定性，可变性或发展性等，素质的这些特性决定了教育促进人的素质发展成为可能。

(3) 幼儿园课程素质教育的意义：幼儿园课程促进幼儿素质发展，其关键在于促进幼儿身心的全面和谐的发展，培养他们的独立性、主动性、创造性和自制能力。

3. 幼儿园课程是基础教育课程基础部分(基础性)

一是从教育体制的角度来看，幼儿园教育是基础教育的基础阶段。《幼儿园工作规程》总则第二条规定：“幼儿园是对三周岁以上学龄前幼儿实施保育和教育的机构，是基础教育的有机组成部分，是学校教育制度的基础阶段。”

二是从人的发展的角度来看，幼儿阶段是人生发展的起始阶段。这一阶段所获得的学习经验，不仅影响着幼儿当时的发展，更影响到他们的一生。而为幼儿提供学习经验的幼儿园课程，因此具有基础性。

4. 幼儿园课程是非义务教育课程(非义务性)

由学前教育的性质决定了幼儿园课程的这一性质。

由于学前教育本身是非义务的，所以幼儿园课程也就具有了非义务性，即它不是适龄儿童必须学习和完成的“任务”，不具有强制性和普遍性。

二、幼儿园课程的特点

幼儿园课程的内容和形式是受幼儿身心发展的特点决定的，它与小学课程相比，具有以下区别。

1. 幼儿园课程融合于幼儿在园内一日活动之中，具有生活化的特点，并以游戏为基本形式

幼儿园课程必须包括幼儿在园的所有活动，融合于幼儿园的一日活动之中。游戏是幼儿园课程实施的基本形式，幼儿园应该保证以游戏为基本活动。

2. 幼儿园课程以促使幼儿获得对生活环境的直接经验为主要目的

在幼儿园课程中，幼儿学习的主要是来源于生活环境的直接经验。

由于幼儿的认知水平较低，知识经验欠缺，他们认识事物主要是通过感官和动作，与周围生活环境中的事物直接接触，进行感知和操作，获取直接经验。

第三节　幼儿园课程方案

目前，我国基础教育实行国家、地方和学校三级课程管理体制，这种体制确立了地方和学校参与课程管理的权利主体地位。

一个幼儿园的课程工作主要涉及两方面，一是课程设计；二是课程实践。

课程设计是以编制课程方案包括确立课程目标、选择教育内容、选择组织和呈现课程的方法及制定评价和调整课程的策略等为工作内容的，相当于绘画教育教学蓝图。

课程实践主要指开展教育活动，即按照蓝图施工。

一、幼儿园课程目标的制订

1. 幼儿园课程目标的表述

教育目标和课程目标都是教育目的的具体化。由于课程体现的是教育的具体过程，因此，课程目标与教育目标实质上是一回事，只不过是把它们放在教育学科的不同范畴加以讨论时冠以了不同的名称而已。实践中，人们一般习惯于只使用“教育目标”这个词来进行表述。

教育目标的表述一般有两个角度。

一是从教师的教育出发，表述期望通过教育活动帮助幼儿获得的学习成果。常用的关键词有：激发、发展、培养、帮助等。

二是从幼儿的学习出发，指出幼儿在学习以后应该知道的和能够做到的表现。常用的关键词有：学会、养成、积极主动、认识、增强等。

对教育目标的表述又分为两种情况。这些(幼儿园教育目标、年龄班教育目标、学期教育目标、月周教育目标)阶段性目标，是分层次来描述幼儿的全面发展要求，具有全面性和概括性。全面性是每个阶段性层次都必须保证的，而概括性是阶段性层次越高，概括程度越高，只需指出目标涵盖的范围和方向。

2. 制订幼儿园课程目标的依据

(1) 国家关于幼儿园的教育目标

国家在关于幼儿园教育工作的文件中提出了幼儿园的教育目标，它是幼儿园制订课程目标的根本依据，如《幼儿园工作规程》(1996 年 6 月颁发)、《幼儿园教育指导纲要(试行)》(2001 年 7 月颁发)。

(2) 幼儿的身心发展规律和特点

幼儿园课程目标是要通过幼儿的学习落实到幼儿的发展上的，因而幼儿的身心发展规律和特点直接限制着幼儿园课程目标。

（3）幼儿园的环境条件

幼儿园本身的园内环境条件和幼儿园园外环境条件制约着教育效果，因此，幼儿园制订课程目标不能不考虑环境条件。不同环境条件的幼儿园应提出不同的课程目标。

3. 幼儿园课程目标的作用

课程目标决定课程的方向和状态，是课程的轴心。其作用表现在如下方面：

（1）是选择和确定幼儿园课程内容的依据

课程内容是课程目标的载体。课程目标应适合幼儿的学习，并有利于他们朝着社会的期望发展。幼儿园课程目标对课程内容进行了两方面的规定，一是规定了课程内容的范围，二是规定了课程内容的深度。

（2）是制订教育活动计划的依据

教育活动是课程的具体体现。课程实施时要与各层次的课程目标相对应，制订出各层次的教育活动计划。教育活动计划一般分为某年龄班（全年）计划、学期计划、月（周）计划、一日活动安排和具体教育活动计划。

（3）引导教育活动过程的方向

具体的教育活动过程是将课程目标转化为幼儿发展的最直接环节，课程目标对它的展开起着导向作用。

首先，具体的活动过程要符合全面发展的整体目标要求。

其次，在具体教育活动过程中，其内容、组织形式、方法、手段等相互之间的协调配合要靠目标的指引和调节。

（4）是评价教育活动效果的依据

幼儿园教育活动的评价即检验课程目标是否达成。课程目标是建立教育活动评价体系的标准。

二、幼儿园课程内容的选择与确定

幼儿园课程内容就是指幼儿园的教育活动的内容。

1. 幼儿园课程内容的形态

目前，对幼儿园课程内容大致有如下三种理解：

（1）知识与经验

知识是人类认识的产物，既包括人类积累、传承下来的知识，也包括个人直接认识的产物。知识一般分为两大类，一类是关于事物的特征、结构、本质、规律等等的知识，另一类是涉及如何认识事物以便掌握学习新知识的方法性知识。

经验是与知识相关的概念，具有个人性、具体性和过程性，既包括知识——人的认识活动产生的结果，也包括在认识过程中所产生的一切内心体验和思想感情。在幼儿园课程中，“经验”应该受到更多的重视，即要重视幼儿积极主动地获得知识及各种体验的过程。

（2）人、事、物的现象与情境

人、事、物的现象包括树木、山川、日月星辰、飞禽走兽、风雨雷电、一年四季等自然现象，各种人工制造的物品、社会文化和风俗等社会现象，以及人自身的身心状况及其变化。

情境是情和境的统一体，是由主体的人出于具体的人、事、物现象中，以之为对象而构成的一种相互作用关系。作为幼儿园课程内容，情境分现实生活情境和人为创设的教育情境两种，其中前者是幼儿最主要的学习情境。

(3) 活动

幼儿在情境中发挥主体性，与人、事、物相互作用便构成活动。幼儿的活动分为两大类，一是指向于物的实物操作活动；一是指向于人的交往活动。

总体上说，幼儿是通过活动，在情景中与人、事、物相互作用，最终获得知识和经验，实现发展的。

2. 选择与确定幼儿园课程内容的原则

(1) 满足幼儿全面发展的整体需要，有效发挥各领域内容的教育作用

在选择幼儿园课程内容时，要注意整体的范围，考虑各领域内容的平衡，每一领域的内容对幼儿身心的相关方面的发展具有特殊的教育作用，彼此不能代替，所以不能偏重于某一领域而忽视其他领域。

(2) 符合幼儿的发展规律与特点，对幼儿来说是必要的和有效的学习内容

幼儿学习的内容，应当符合幼儿期的年龄特点和幼儿期的生活。保证幼儿园课程内容为幼儿所必需，同时也是为了使幼儿的学习具有有效性。

幼儿园课程内容首先应帮助幼儿解决生命延续、生理机能增长、健康心理获得、人格品行奠基、智慧生长等当前人生及今后发展的基本问题，具有启蒙和奠基的特性；其次应以对关于个体自己、个体与他人、个人与自然、个人与社会的关系的认识和体验为基本构成；再者应该是最粗浅的具有形象性、贴近幼儿生活的知识，是最基本的经验，最常见而表面的事物和现象，最简单的活动。

(3) 联系幼儿的实际生活，符合幼儿的兴趣，有利于形成一定的知识结构

幼儿园课程的内容只要密切联系幼儿的实际生活，就可以达到内容的时代性与丰富性，而且有助于幼儿的学习、理解和应用。

(4) 适合幼儿的发展需要，对幼儿的学习具有挑战性

课程内容的选择与安排应既能满足幼儿当前发展的需要，又能促进幼儿能力的提高，为其以后的学习奠定基础。对幼儿具有挑战性的学习内容，才能激起他们的学习兴趣，才具有促进幼儿发展的价值。

三、幼儿园课程的组织

幼儿园课程的组织包括编制幼儿园课程内容，制订幼儿园教育计划、选择幼儿园教育活动的组织与指导方式。

1. 幼儿园课程内容的编制

课程内容的编制是指对课程内容进行组合，形成一定结构的工作，其目的是利用幼儿的已有经验，使幼儿获得的知识经验系统化。

幼儿园所采用的编制课程内容的方式一般有三种。

(1) 分科课程

分科课程是以科目为单位对课程内容进行编制的一种方式。这种方式有利于幼儿获得系统的知识，但由于科目分化容易造成忽视各科目间的联系以及组织教育教学活动时忽视幼儿的生活经验和兴趣。

（2）核心课程

核心课程又称生活中心课程或单元课程，是指在一定时期内，幼儿的学习有一个中心，所有学习活动都围绕着这个中心来进行，这个中心即“核心”。核心课程有利于幼儿获得完整的生活经验，但不利于幼儿掌握系统的知识。

（3）活动课程

活动课程又称经验课程，在课程内容组织方面，它强调以幼儿的活动为中心，以幼儿的兴趣、需要和能力为编制的起点，重视依据幼儿的兴趣、需要和能力的变化不断调整和组织课程内容。活动课程有利于幼儿个人的直接经验的发展，但通常容易忽视学习内容本身的知识体系以及传统文化的价值。

2. 幼儿园教育计划的制订

制订幼儿园教育计划即指依据课程目标，对一定时段内的教育工作系统地进行设计和安排。

幼儿园教育计划应包括以下几方面的内容：

（1）教师按课程要求有目的、有计划设计和组织的教育活动；

（2）幼儿在园一日生活的安排与组织；

（3）幼儿自选活动的组织与指导；

（4）幼儿园教育环境的创设与利用；

（5）幼儿园家长工作和与社区的联系等。

幼儿园教育计划的层次：年龄班（全年）计划、学期计划、月（周）计划、具体教育活动计划。

（1）年龄班（全年）计划

年龄班（全年）计划是一个整体性规划，一般由园领导组织有关教师集体制订，是各年龄班全年的课程范围和活动主题的顺序计划。

（2）学期计划

学期计划由班级教师共同制订，它是依据年龄班的课程目标和年龄班计划订出学期的课程目标和学期各月（周）的活动安排。实质上它是对全年计划按学期进行划分。

（3）月（周）计划

月（周）计划同样由班级教师共同制订，它是在学期计划的指导下，订出月（周）的教育要点，并将教育教学活动安排到月（周）内的每天当中。

（4）具体教育活动计划

具体教育活动计划包括一日活动安排和活动设计，也由班级教师共同制订。一日活动安排是对一天的各个具体时段上的活动作出安排，可以通过周计划表体现。

活动设计是对具体教育活动的展开过程进行设计。活动设计以教案呈现，具体内容包括：活动目标、活动内容、活动环境创设、活动步骤和方法及教师指导。

活动设计工作一般由确定目标、设计活动、观察或评价三个环节组成，他们彼此联系，构成一个完整的计划过程。具体进行活动设计时，可以选择从对幼儿的观察或评价入手，其计划过程是：“观察或评价→确定目标→设计活动”；也可以选择从系统的课程目标入手，其计划过程是：“确定目标→设计活动→分析评价”；还可以选择从幼儿已有的活动入手，其计划过程是：“（前）设计活动→观察或评价→确定目标→再设计活动”。

3. 幼儿园教育活动组织与指导方式的选择

(1) 依据教师的指导方式，幼儿园教育活动分为直接教学活动和间接教学活动

直接教学包含教师的直接教和幼儿的接受学习。教师直接教是指教师按照教育目标，直接把教育的内容传递给幼儿。

幼儿的接受学习是指幼儿主要通过教师的言语讲授获得知识的学习方式。

直接教学的优点：

① 这种方式清楚明确、系统有序、省时经济；

② 能很好地起到促进幼儿的学习与发展作用。

直接教学的缺点：

① 因为知识和理解能力缺乏，幼儿对“教”的内容难以真正理解和运用；

② 教师与幼儿之间难以双向交流，容易形成教师向幼儿单向灌输；

③ 幼儿自主学习机会少，其主动性、创造性难以发挥。

间接教学包含教师的间接教和幼儿的发现学习。

间接教是指教师不把教育内容直接讲给幼儿听，而是通过物质环境和人际环境，利用其适当的中介，比如榜样、材料、事件等，让幼儿与它们相互作用，迂回地达到教育目的。

幼儿发现学习是指幼儿通过动手操作、亲自实践、与人交往等去发现自己原来不知道的东西，从而获得各种直接经验、体验以及思维方法的学习方式。

间接教学的优点：

① 充分发挥幼儿的自主性，通过尝试主动学习和发展；

② 幼儿获得的都是有意义的直接经验，有利于从根本上发展幼儿的兴趣、情感、能力；

③ 教师以平等的姿态参与幼儿活动，不但丰富了幼儿的交往，也有利于提高活动的效果；

④ 以自然的方式接近幼儿的生活，甚至与幼儿的生活完全融合，幼儿不知不觉地接受教育影响。

间接教学的缺点：

① 幼儿获得的知识、经验容易陷入零乱，缺乏系统，有时甚至会得出错误的结论；

② 与直接教学相比，间接教学的指导困难得多，其虽有规律可循，但没有固定、统一的模式可套。

(2) 依据组织形式，幼儿园教育活动分为集体活动、小组活动和个别活动

幼儿园课程的组织形式主要有三种：集体活动、小组活动、个别活动。课程组织形式变化的根本目的在于提高课程有效性，以使每个幼儿获得最大的发展可能性。

集体活动是指全班幼儿在同一时间以统一要求、统一步骤和方法进行同一内容的活动。它是一种最为经济的组织形式，但集体活动难以照顾到每个幼儿的需要，难以让每个幼儿都积极地参与，因此，在幼儿园过多采用集体活动是不合适的。

小组活动是指由少数幼儿组成小组进行活动。在小组活动中，以幼儿的主动学习为主，教师的责任更多的是观察了解幼儿，并给予适当和必要的引导及帮助。

个别活动是指幼儿单独或一两个幼儿在一起进行的活动。个别活动是幼儿的个别化程度最高的活动，教师应根据个别幼儿的特殊情况进行专门指导。

对幼儿园教育活动进行划分还可以有其他的维度。如：

① 依据活动的地点，可以把教育活动分为室内活动、室外活动、园外活动；

② 依据活动中的教育结构性程度，可以分为教师有计划安排并专门组织的活动、通过创设环境组织和引导的幼儿自选活动、幼儿的自发自主活动。

四、幼儿园课程评价

1. 幼儿园课程评价的目的

为现有课程的发展与完善，或为开发新的课程提供依据，是课程评价的总目的。表现在两个方面：第一，了解幼儿的实际发展状况，使教师能够针对幼儿的需要、特点及个体差异，决定教育活动的目标、内容及活动形式、指导方式等；第二，了解课程的目标、内容、实施过程，以及幼儿整体的发展状况，从而评价课程是否符合教育目的和适合幼儿。

2. 幼儿园课程评价的整体范围

（1）对照教育目标，检查和评估教育活动计划在目标、内容、实施方法等方面是否合适。

（2）在课程实施中及时记录幼儿在教育过程中的行为反应，并以此定期对照教育计划中的预定目标，检查和评估该目标本身以及所实施的教育内容、方法、手段等是否合适。

（3）在课程实施过程中，定期对照有关要求，检查评估教师的行为、态度，教师与幼儿的关系和互动方式是否有利于课程教育目标的实现。

（4）对照课程目标，测查评估幼儿身心各方面发展的整体性与均衡性，包括身体、认知、语言、社会性与情感等几个方面。

3. 幼儿园课程评价的内容

（1）对幼儿的评价

对幼儿的评价不只是评价他们掌握与课程有关具体知识的情况，更重要的是评价他们在学习过程中的态度、方法、行为方式和习惯等。

（2）对教育活动和教师的评价

对教育活动的评价其重点是：

① 是否为幼儿提供了与目标相一致的经验，所提供的经验是否与幼儿的生活经验及已有的经验相联系，使幼儿有效地进行学习；

② 是否既适合大多数幼儿的发展与需要，又体现了对个体差异的尊重和照顾；

③ 是否适合幼儿的兴趣和学习特点，有助于形成他们的积极学习态度；

④ 是否有利于幼儿的心理健康，使他们感到安全、自信、快乐；

⑤ 是否重视幼儿思维方法和学习方法的指导。

对教师的评价主要着眼于评价教师从设计、准备直到实施每一个阶段所进行的各项教育工作，包括工作的态度和技巧。

4. 幼儿园课程评价的原则

（1）评价有利于改进和发展课程

对幼儿园教育计划执行情况以及教育效果进行测量与评估，要侧重于发挥诊断与改进课程的作用。评价是为了发现问题和解决问题，是为了改进工作，促进幼儿发展，达到预期的教育目标。

(2) 评价中要发挥教师的主体性

一方面，激发教师对评价的自我需要。课程评价主要是检查教师所采取的教育措施是否有效地实现预定的目标，因此，教师是主要的被评价者。

另一方面，发挥教师作为评价者的主体性。外部评价者要参与幼儿园的课程评价，但教师是课程计划与实施的主体，因而教师也是主要的课程评价者。

在评价过程中，要尊重教师的主体地位，因为任何评价所提出的改进措施或建议是要通过教师的活动才得到落实。

(3) 评价要有利于幼儿的发展

首先，在涉及对课程目标、课程内容、教育计划、课程实施等方面的评价时，要把"对幼儿的发展是适宜的""有效促进幼儿的发展"作为根本目标。

其次，教师在对幼儿的学习和发展进行评价时要特别注意以下几点：

① 评价目标要符合幼儿身心整体发展原则。

② 评价内容及方法要符合幼儿的年龄特点。

③ 要认识到幼儿的发展是各具特点的，评价是要找出幼儿的优点，发现和发挥幼儿的潜能，以提供适宜的教育方案。

④ 评价时要给予幼儿足够的参与机会，要接纳幼儿的看法，发展幼儿的自我评价能力。

⑤ 评价要收集不同方面的资料，包括对幼儿的定期观察和记录、家长提供的资料、幼儿的作品等，客观地加以整理和分析。

⑥ 评价的结果要清楚、有系统，并正面地告诉家长，以利家园合作。

(4) 评价要具有客观性

客观地进行评价就是不抱成见，没有偏见，以评价的标准平等地对待人和事，把通过观察、测量、访谈、调查等方法从各方面所收集的资料和数据，如实地加以描述，并以正确的教育观作出分析和判断。

要作出客观的评价，首要的就是收集的资料和数据要真实。

此外，要保证评价的客观性，所收集的资料和数据要具体而全面。

总之，评价的主要目的就是为了改进和完善课程，为幼儿提供更适宜的教育机会和条件，促进幼儿健康和谐地发展。

【范例精讲】

1. (单项选择题)不属于幼儿园课程的组成部分的是(　　)。

A. 专门的教学活动　　B. 幼儿自选或自发的各种游戏活动

C. 幼儿的日常生活活动　　D. 在家长的带领下参观游艺宫

【解析】答案：D　本题主要检测对幼儿园课程的含义的理解。幼儿园所进行的一切活动都是幼儿园课程的组成部分，都对幼儿的全面和谐发展起重要的作用，应该全面兼顾，精心设计与指导，使幼儿在各种活动得到真正的发展。A、B、C 三项是幼儿园的活动，D 项是幼儿教育活动，但不是幼儿园课程的组成部分。

2. (单项选择题)依据教师的指导方式，幼儿园教育活动分为(　　)。

A. 直接教学活动和间接教学活动　　B. 教师的"教"

C. 直接地“教”和间接地“教”　　　　D. 幼儿的“学”

【解析】答案：A　本题主要检测对幼儿园教育活动组织与指导方式的选择的理解。依据教师的指导方式，幼儿园教育活动分为直接教学活动和间接教学活动。直接教学包含教师的直接教和幼儿的接受学习，间接教学包含教师的间接教和幼儿的发现学习。

3. (单项选择题)具体进行活动设计时，活动的计划过程可以从不同角度入手。计划过程“观察或评价→确定目标→设计活动”是从(　　)入手的。

A. 观察或评价幼儿在活动中的反应　　　　B. 系统的课程目标

C. 对幼儿的观察或评价　　　　D. 幼儿已有的活动

【解析】答案：C　本题主要检测对具体教育活动计划的理解。活动设计工作一般由确定目标、设计活动、观察或评价三个环节组成，他们彼此联系，构成一个完整的计划过程。具体进行活动设计时，可以选择从对幼儿的观察或评价入手，其计划过程是：“观察或评价→确定目标→设计活动”；也可以选择从系统的课程目标入手，其计划过程是：“确定目标→设计活动→分析评价”；还可以选择从幼儿已有的活动入手，其计划过程是：“(前)设计活动→观察或评价→确定目标→再设计活动”。

4. (多项选择题)幼儿园教育活动包括(　　)。

A. 专门组织的教学活动　　　　B. 游戏

C. 日常生活活动　　　　D. 节日、娱乐活动

【解析】答案：ABCD　本题主要检测对幼儿园课程与“幼儿园教育活动”“幼儿园教学”等概念的理解。我们认为幼儿园教育活动指的是幼儿在园内参与的所有活动，包括：专门组织的教学活动、游戏、日常生活活动和节日、娱乐活动，它是幼儿园课程实施的具体途径。

5. (多项选择题)对教育活动的评价重点理解正确的是(　　)。

A. 是否为幼儿提供了与目标相一致的经验

B. 是否适合幼儿的兴趣和学习特点

C. 是否有利于幼儿的心理健康

D. 是否重视幼儿思维方法和学习方法的指导

【解析】答案：ABCD　本题主要检测对幼儿园课程评价的内容的理解。对教育活动的评价其重点是：是否为幼儿提供了与目标相一致的经验，所提供的经验是否与幼儿的生活经验及已有的经验相联系，使幼儿有效地进行学习；是否既适合大多数幼儿的发展与需要，又体现了对个体差异的尊重和照顾；是否适合幼儿的兴趣和学习特点，有助于形成他们的积极学习态度；是否有利于幼儿的心理健康，使他们感到安全、自信、快乐；是否重视幼儿思维方法和学习方法的指导。

6. (判断题)具体教育教学活动计划是与幼儿发生直接关系的计划，是幼儿园教育计划的重点。(　　)

【解析】答案：√　本题主要检测对幼儿园教育计划制订的理解。幼儿园教育计划分为：年龄班(全年)计划、学期计划、月(周)计划、具体教育活动计划。而具体教育活动计划是把月(周)计划中具有指向性的内容框架转化为可操作的具体教育活动，是与幼儿发生直接关系的计划，是幼儿园课程计划的重点。具体教育计划往往与一日活动的设计与安排结合起来。

7. (判断题)幼儿园是对3周岁学龄儿童实施保育和教育的机构，是学校教育的前期准

备阶段。(　　)

【解析】答案：× 本题主要检测对幼儿园课程的性质的理解。我国《幼儿园工作规程》规定："幼儿园是对3周岁以上学龄儿童实施保育和教育的机构，是基础教育的有机组成部分，是学校教育制度的基础阶段。"这样，就把幼儿园教育纳入统一的基础教育制度之内。

8.(简答题)做好幼儿园课程与小学课程衔接工作的基本原则有哪些?

【解析】本题主要检测对幼儿园课程的性质的理解。

答案要点：(1)衔接工作应该由双方共同完成。幼儿园课程必然要考虑小学课程的需要，为幼儿入小学做准备；而小学低年级课程，必须考虑以幼儿园课程为基础。

(2)两者都必须站在整个基础教育甚至整个终身教育的高度，把价值追求共同指向于人的今后的发展。

(3)幼儿园教育为小学做准备，最根本的是素质方面的准备，以有利于幼儿进入小学之后持续学习和发展。

(4)幼儿园课程要促进幼儿各方面全面发展，这种全面性，既包括身体方面的，也包括心理方面的，是德、智、体、美各方面的，是知、情、意、行各方面的。

9.(论述题)试述课程的基本要素。

【解析】本题主要检测对幼儿园课程基本要素的理解。

答案要点：作为将教育目标转化为学习者发展的中间环节，课程的基本要素通常包括课程目标、课程内容、课程组织、课程评价。

(1)课程目标是教育目标在教育过程中的具体化，是课程的其他要素的抉择依据和标准，并对整个教育过程起着导向作用。

(2)课程内容是课程目标的载体，是学习者应该学、能够学并适宜学的有关知识和经验。

(3)课程组织是对课程实施的各种因素包括教育内容、活动、材料和环境、教育者和学习者的互动方式等加以编排、组合、平衡，以使课程活动有序化、结构化、适宜化，从而产生最优的教育效应，最大化实现课程目标的工作。

(4)课程评价是为制定课程目标，以及为检测课程目标实现的程度，在课程实施之前、课程实施过程中及课程实施某阶段终结时，对学习者的学习过程和结果进行测量和描绘，并对课程各要素的适宜性进行评估的工作。课程评价为课程实践者完善课程、提高课程的适宜性提供调整的信息，并为教育行政部门鉴定课程方案提供决策依据。

总之，课程目标、课程内容、课程组织、课程评价等基本要素构成了一套完整课程方案。在课程实践过程中，它们相互作用、相互制约并相互调节，缺一不可，从而使课程处于循环的动态发展过程之中。

10.(案例分析题)案例：在一所幼儿园中，我们发现存在下列一些现象：(1)除了有一般幼儿园的教育内容外，还增加了英语、速算和计算机课程；(2)在大班还要求幼儿学习拼音和练习写字的笔画和顺序，等等。

问题：请分析当前如何选择幼儿园课程内容。

【解析】本题主要检测对选择与确定幼儿园课程的原则的理解。

答案要点：(1)满足幼儿全面发展的整体需要，有效发挥各领域内容的教育作用。在选择幼儿园课程内容时，要注意整体的范围，考虑各领域内容的平衡，每一领域的内容对幼儿身心的相关方面的发展具有特殊的教育作用，彼此不能代替，所以不能偏重于某一领域而忽视其他领域。

（2）符合幼儿的发展规律与特点，对幼儿来说是必要的和有效的学习内容。幼儿学习的内容，应当符合幼儿期的年龄特点和幼儿期的生活。保证幼儿园课程内容为幼儿所必需，同时也是为了使幼儿的学习具有有效性。

幼儿园课程内容首先应帮助幼儿解决生命延续、生理机能增长、健康心理获得、人格品行奠基、智慧生长等当前人生及今后发展的基本问题，具有启蒙和奠基的特性；其次应以对关于个体自己、个体与他人、个人与自然、个人与社会的关系的认识和体验为基本构成；再者应该是最粗浅的具有形象性、贴近幼儿生活的知识，是最基本的经验，最常见而表面的事物和现象，最简单的活动。

（3）联系幼儿的实际生活，符合幼儿的兴趣，有利于形成一定的知识结构。幼儿园课程的内容只要密切联系幼儿的实际生活，就可以达到内容的时代性与丰富性，而且有助于幼儿的学习、理解和应用。

（4）适合幼儿的发展需要，对幼儿的学习具有挑战性。课程内容的选择与安排应既能满足幼儿当前发展的需要，又能促进幼儿能力的提高，为其以后的学习奠定基础。对幼儿具有挑战性的学习内容，才能激起他们的学习兴趣，才具有促进幼儿发展的价值。

【小试牛刀】

一、单项选择题（每题选一个正确答案，每小题2分，共24分）

1. 对课程的含义理解不正确的是（　　）。
   A. 课程不仅包括学科知识，也包括态度、情感、价值观等非学科方面的经验
   B. 课程是师生双向互动的实践活动过程
   C. 课程的内涵涉及学校、家庭、社会的一切内容
   D. 课程是指在学校教师的指导下出现的学习者与教育环境相互作用的学习活动的总体
2. （　　）是教育目标在教育过程中的具体化，是课程的其他要素的抉择依据和标准，并对整个教育过程起着导向作用。
   A. 课程目标　　B. 课程内容　　C. 课程组织　　D. 课程评价
3. 幼儿园课程要与幼儿的未来发展需要联系起来，为幼儿奠定良好的素质基础。这指的是（　　）。
   A. 课程的启蒙性　　B. 课程的奠基性
   C. 课程的发展性　　D. 课程的稳定性
4. 幼儿园课程实施的基本形式是（　　）。
   A. 上课　　B. 作业课　　C. 游戏　　D. 运动会
5. 由于幼儿的认识水平低，知识经验欠缺，他们的思维方式是（　　）。
   A. 抽象逻辑思维　　B. 具体形象思维
   C. 理性具象思维　　D. 概括顿悟思维

6. 幼儿园教育者在编制课程方案时要考虑的最根本的因素是(　　)。
   A. 地方教育行政部门关于幼儿园课程的规范管理
   B. 其他幼儿园的典型课程方案
   C. 家长方面的意见
   D. 国家的教育目的和幼儿园的教育目标

7. “人在认识过程中所产生的一切内心体验和思想感情。”从幼儿园课程内容的形态角度理解，属于(　　)。
   A. 知识　　B. 经验　　C. 情境　　D. 活动

8. (　　)是以科目为单位对课程内容进行编制的一种方式，有利于幼儿获得系统的知识。
   A. 分科课程　　B. 核心课程　　C. 活动课程　　D. 经验课程

9. 学期计划由(　　)制订，它是依据年龄班的课程目标和年龄班计划订出学期的课程目标和学期各月(周)的活动安排。
   A. 园领导　　B. 班级教师共同
   C. 班主任　　D. 教师与幼儿共同

10. (　　)是指全班幼儿在同一时间以统一要求、统一步骤和方法进行同一内容的活动。
   A. 集体活动　　B. 小组活动　　C. 个别活动　　D. 生活活动

11. 对直接教学的缺点理解不正确的是(　　)
   A. 幼儿自主学习机会少
   B. 幼儿对“教”的内容难以真正理解和运用
   C. 教师与幼儿之间难以双向交流
   D. 清楚明确、系统有序、省时经济

12. 幼儿园课程评价的总目的(　　)。
   A. 了解幼儿的实际发展状况
   B. 了解课程的目标、内容、实施过程
   C. 为现有课程的发展与完善，或为开发新的课程提供依据
   D. 了解幼儿整体的发展状况

二、多项选择题(多选、少选、错选均不得分，每小题3分，共15分)

13. 素质是人内在的身心组织结构及其质量水平，包括生理素质和心理素质。它具有如下特性(　　)。
   A. 基础性　　B. 整体性　　C. 潜在性　　D. 相对的稳定性
   E. 可变性或发展性

14. 一个幼儿园的课程工作主要涉及(　　)。
   A. 组织活动　　B. 课程设计　　C. 课程选择　　D. 课程开发
   E. 课程实践

15. 制订幼儿园课程目标的依据因素有(　　)。
   A. 国家关于幼儿园的教育目标　　B. 幼儿的身心发展规律

C. 幼儿的身心发展特点　　D. 幼儿的身心发展关联性
E. 幼儿园的环境条件

16. 幼儿园课程组织包括(　　)三个层面的工作。
A. 编制幼儿园课程内容
B. 制订幼儿园教育计划
C. 设计教案
D. 选择幼儿园教育活动的组织与指导方式
E. 评价教育活动

17. 依据活动地点，可以把幼儿园教育活动分为(　　)。
A. 教师组织的活动　　B. 室内活动
C. 室外活动　　D. 园外活动
E. 幼儿自发的活动

三、判断题(正确的打“√”，错误的打“×”。每小题1分，共10分)

(　　)18. 课程定义有多样化的特点，也有发展性的特点。
(　　)19. 课程目标是课程内容的载体，是学习者应该学的有关知识和经验。
(　　)20. 幼儿园课程促进幼儿素质发展，关键在于促进幼儿身体的和谐发展。
(　　)21. 幼儿园不存在考试，幼儿园的教育可以说是素质教育。
(　　)22. 幼儿园课程是义务教育课程。
(　　)23. 如果幼儿园以教学活动来代替幼儿游戏，幼儿园课程就会“小学化”。
(　　)24. 课程目标与教育目标实质上是一回事。
(　　)25. 核心课程有利于幼儿掌握系统的知识。
(　　)26. 在评价过程中要发挥幼儿和家长及教育主管部门的主体作用。
(　　)27. 评价要尊重幼儿的个体差异，可以对幼儿进行相互比较。

四、简答题(共21分)

28. 幼儿园课程的特点是什么？(6分)
29. 幼儿园课程目标的作用有哪些？(8分)
30. 间接教学的优点有哪些？(7分)

五、论述题(每小题10分，共20分)

31. 试述幼儿园课程的性质。
32. 试述幼儿园课程评价的原则。

六、案例分析题(10分)

33. 案例：一次大班集体教学中，教师出示了一张画着一只老虎在吃几只兔子的图画，请小朋友想办法帮助兔子。当一个小朋友说“赶快给猎人打电话，让猎人来打老虎”时，一个男孩马上站起来反对：“不行！老虎是一级保护动物，不能打！兔子还不是一级保护动物呢！连二级也不是！”“对！应该让老虎吃一只兔子，不然，老虎会饿死的！”另一个男孩大声附和。这一下班里就像炸了锅，孩子们的情绪一下子就高涨起来，围绕“该不该让老虎吃兔子”的辩论热烈地展开了。这时，老师大声说：“好了！好了！都别争了！咱们刚才的任务是什么来着？想办法帮助兔子！我看谁想的办法好！××，你来说！”教室里的声音小了下来，但争论却没有停息。挑起论战的孩子一直在嘟囔“老虎是吃肉的，必须吃小动物，什么都不让吃还不饿死了，怎么保护？!”……

问题：(1)上面的事实反映了课程实施中存在的什么矛盾？(5分)

(2)试分析这一现象并谈谈你的看法。(5分)

【参考答案】

一、单项选择题(每题选一个正确答案，每小题2分，共24分)

1. C　2. A　3. B　4. C　5. B　6. D　7. B　8. A　9. B　10. A　11. D　12. C

二、多项选择题(多选、少选、错选均不得分，每小题3分，共15分)

13. ABCDE　14. BE　15. ABCE　16. ABD　17. BCD

三、判断题(正确的打“√”，错误的打“×”，每小题1分，共10分)

18. √　19. ×　20. ×　21. ×　22. ×　23. √　24. √　25. ×　26. ×　27. ×

四、简答题(共21分)

28. 幼儿园课程的内容和形式是受幼儿身心发展的特点决定的，它与小学课程相比，具有以下区别。

(1) 幼儿园课程融合于幼儿在园内一日活动之中，具有生活化的特点，并以游戏为基本形式。幼儿园课程必须包括幼儿在园的所有活动，融合于幼儿园的一日活动之中。游戏是幼儿园课程实施的基本形式，幼儿园应该保证以游戏为基本活动。(3分)

(2) 幼儿园课程以促使幼儿获得对生活环境的直接经验为主要目的。在幼儿园课程中，幼儿学习的主要是来源于生活环境的直接经验。

由于幼儿的认知水平较低，知识经验欠缺，他们认识事物主要是通过感官和动作，与周围生活环境中的事物直接接触，进行感知和操作，获取直接经验。(3分)

29. 课程目标决定课程的方向和状态，是课程的轴心。其作用表现在如下方面。

(1) 是选择和确定幼儿园课程内容的依据。课程内容是课程目标的载体。课程目标应适合幼儿的学习，并有利于他们朝着社会的期望发展。幼儿园课程目标对课程内容进行了两方面的规定，一是规定了课程内容的范围，二是规定了课程内容的深度。(2分)

(2) 是制订教育活动计划的依据。教育活动是课程的具体体现。课程实施时要与各层次的课程目标相对应，制订出各层次的教育活动计划。教育活动计划一般分为某年龄班(全年)计划、学期计划、月(周)计划、一日活动安排和具体教育活动计划。(2分)

(3) 引导教育活动过程的方向。具体的教育活动过程是将课程目标转化为幼儿发展的最直接环节，课程目标对它的展开起着导向作用。(1分)

首先，具体的活动过程要符合全面发展的整体目标要求。其次，在具体教育活动过程中，其内容、组织形式、方法、手段等相互之间的协调配合要靠目标的指引和调节。(1分)

(4) 是评价教育活动效果的依据。幼儿园教育活动的评价即检验课程目标是否达成。课程目标是建立教育活动评价体系的标准。(2分)

30. (1)充分发挥幼儿的自主性，通过尝试主动学习和发展；(2分)

(2) 幼儿获得的都是有意义的直接经验，有利于从根本上发展幼儿的兴趣、情感、能力；(2分)

(3) 教师以平等的姿态参与幼儿活动，不但丰富了幼儿的交往，也有利于提高活动的效果；(1分)

(4) 以自然的方式接近幼儿的生活，甚至与幼儿的生活完全融合，幼儿不知不觉地接受教育影响。(2分)

五、论述题(每小题10分，共20分)

31. 幼儿园课程是整个教育课程系统的子系统，它除了拥有课程的基本含义外，还具有自己独特的个性。(2分)

(1) 幼儿园课程是终生教育的根基课程。课程的启蒙性是指幼儿园课程要与幼儿的现实发展需要联系起来，要启于未发、适时而教、循序而育。课程的奠基性是指幼儿园课程要与幼儿的未来发展需要联系起来，为幼儿奠定良好的素质基础。(2分)

(2) 幼儿园课程是基础素质教育课程。发展是儿童最根本的需要，幼儿园课程要以幼儿为本，以幼儿的发展需要和发展特点为出发点。主要在体现"素质"教育。幼儿园课程促进幼儿素质发展，其关键在于促进幼儿身心的全面和谐的发展，培养他们的独立性、主动性、创造性和自制能力。(2分)

(3) 幼儿园课程是基础教育课程的基础部分。一是从教育体制的角度来看，幼儿园教育是基础教育的基础阶段。二是从人的发展的角度来看，幼儿阶段是人生发展的起始阶段。这一阶段所获得的学习经验，不仅影响着幼儿当时的发展，更影响到他们的一生。而为幼儿提供学习经验的幼儿园课程，因此具有基础性。(2分)

(4) 幼儿园课程是非义务教育课程。由学前教育的性质决定了幼儿园课程的这一性质。由于学前教育本身是非义务的，所以幼儿园课程也就具有了非义务性，即它不是适龄儿童必须学习和完成的"任务"，不具有强制性和普遍性。(2分)

32. (1)评价有利于改进和发展课程(2分)

对幼儿园教育计划执行情况以及教育效果进行测量与评估，要侧重于发挥诊断与改进课程的作用。评价是为了发现问题和解决问题，是为了改进工作，促进幼儿发展，达到预期的教育目标。

(2) 评价中要发挥教师的主体性(2分)

一方面，激发教师对评价的自我需要。课程评价主要是检查教师所采取的教育措施是否有效地实现预定的目标，因此，教师是主要的被评价者。

另一方面，发挥教师作为评价者的主体性。外部评价者要参与幼儿园的课程评价，但教师是课程计划与实施的主体，因而教师也是主要的课程评价者。

在评价过程中，要尊重教师的主体地位，因为任何评价所提出的改进措施或建议是要通过教师的活动才得到落实。

(3) 评价要有利于幼儿的发展(2分)

首先，在涉及对课程目标、课程内容、教育计划、课程实施等方面的评价时，要把“对幼儿的发展是适宜的”“有效促进幼儿的发展”作为根本目标。

其次，教师在对幼儿的学习和发展进行评价时要特别注意以下几点。

① 评价目标要符合幼儿身心整体发展原则。

② 评价内容及方法要符合幼儿的年龄特点。

③ 要认识到幼儿的发展是各具特点的，评价是要找出幼儿的优点，发现和发挥幼儿的潜能，以提供适宜的教育方案。

④ 评价时要给予幼儿足够的参与机会，要接纳幼儿的看法，发展幼儿的自我评价能力。

⑤ 评价要收集不同方面的资料，包括对幼儿的定期观察和记录、家长提供的资料、幼儿的作品等，客观地加以整理和分析。

⑥ 评价的结果要清楚、有系统，并正面地告诉家长，以利家园合作。

(4) 评价要具有客观性(2分)

客观地进行评价就是不抱成见，没有偏见，以评价的标准平等地对待人和事，把通过观察、测量、访谈、调查等方法从各方面所收集的资料和数据，如实地加以描述，并以正确的教育观作出分析和判断。要作出客观的评价，首要的就是收集的资料和数据要真实。此外，要保证评价的客观性，所收集的资料和数据要具体而全面。

总之，评价的主要目的就是为了改进和完善课程，为幼儿提供更适宜的教育机会和条件，促进幼儿健康和谐地发展。(2分)

六、案例分析题(10分)

33. (1)这个案例反映了教师仅仅把课程设计的着眼点放在了预设的计划和目标上，而忽视了幼儿真正的兴趣和需要，实施课程计划没有一定的灵活性。(2分)倘若教师及时调整预设的计划，(1分)给孩子自由的话语权，将如何帮助兔子转移为老虎该不该打？引导孩子关注生态保护问题，活动的价值远远高于预设的价值。(2分)

(2) 这位老师为什么会对幼儿活动中出现的表现不理不睬？(1分)一方面教师缺乏实施活动计划的灵活性，对于活动过程中出现的预料之外的突发事件，或出现了新情况、新问题就不知所措，教师应该在随机判断之后对活动程序进行调整，甚至生成新的活动。(1分)另一方面就是教师在多年的教育教学中养成一种习惯，就是按照事先计划好的课程方案来实施活动，课程每一步都是预设好了活动的步骤和环节，不顾及幼儿的反应，强扭幼儿按计划行事。(1分)因此，实施课程计划必须有一定的灵活性。在实施课程计划时，各层次的计划，越是下位越需要具有灵活性，以应对充满不确定性的课程展开过程。(2分)

第七章　幼儿园教学活动

【内容索引】

- 幼儿园教学活动
  - 幼儿园教学活动概述
    - 幼儿园教学活动的含义
    - 幼儿园教学活动的特点
  - 幼儿园教学活动的构成要素
    - 教师
    - 幼儿
    - 幼儿园教学活动的内容
    - 幼儿园教学活动的方法
  - 幼儿园教学活动的原则
    - 科学性和思想性相结合的原则
    - 经济性原则
    - 发展性原则
    - 直观性原则
    - 活动性原则
  - 幼儿园常用的教学手段和方法
    - 活动法
    - 直观法
    - 口授法
  - 幼儿园教学活动的设计、组织与指导
    - 幼儿园教学活动的设计
    - 幼儿园教学活动的组织与指导策略

【学习导航】

识记：幼儿园教学活动的含义；幼儿园教学活动的特点；幼儿园教学过程的基本因素；幼儿园教学活动的原则；幼儿园教学的设计类型。

理解：幼儿园教学活动的含义；幼儿园常用的教学手段；幼儿园常用的教学方法；幼儿园教学活动计划的结构及书写要求；幼儿园教学组织与指导策略。

应用：运用幼儿园教学原则分析幼儿园教学实施情况；运用幼儿园教学方法理论分析幼儿园的教学活动；运用幼儿园教学组织与指导策略分析幼儿园的教学活动；设计和组织幼儿园教学活动。

【重中之重】

幼儿园教学活动的特点；幼儿园教学过程的基本因素；幼儿园教学活动的原则；幼儿园常用的教学方法；幼儿园教学组织与指导策略；运用幼儿园教学原则分析幼儿园教学实施情

况；运用幼儿园教学方法理论分析幼儿园的教学活动；设计和组织幼儿园教学活动。

【应知应会】

第一节　幼儿园教学活动概述

一、幼儿园教学活动的含义

幼儿园教学活动：教师从幼儿的兴趣和实际水平出发，根据幼儿园教育目标，有目的、有计划地组织和指导幼儿主动学习，以增进幼儿对周围环境的认识，培养学习兴趣，帮助幼儿获取有利于其身心发展的经验的活动。

幼儿园教学活动是由教师的“教”和幼儿的“学”组成的双边活动。“教”和“学”是矛盾统一的，教师的“教”为幼儿的“学”服务的。

在幼儿园专门组织的教学活动中，教和学包含中小学上课的因素但不等于上课。

首先，由于幼儿没有学习系统学科知识的任务，所以学习内容没有任何强制性。

其次，教学活动是幼儿通过在具体活动中的感知和体验来学习的过程，而不是坐着听和看的过程。

再者，在教学活动过程中，即使事先有计划，仍需要教师根据幼儿的需要和反应随时调整既定的方案。因此，幼儿园教学活动是教师创造和体验的过程。

二、幼儿园教学的特点

幼儿园教学活动以帮助幼儿获取大量的感性经验为主要任务，这是由幼儿的发展特点和幼儿园教育的任务与特点决定的。幼儿园教学活动的特点有以下几个方面。

1. 生活性与启蒙性

生活性是指幼儿园教学活动要从帮助幼儿积累生活的感性经验出发，其内容和途径必须贴近幼儿的实际生活，教学活动的设计必须针对幼儿生活中出现的问题和幼儿的实际需要，以促进幼儿适应和认识生活为重要目标。因此，幼儿园通过教学活动引导幼儿认识周围环境、人际关系，获得基本经验。

在幼儿园教学中，注重在认识简单的事物和现象中，引导幼儿认识事物之间的关系，强调教师在教学过程中运用幼儿已有的生活经验，并注意通过教学丰富幼儿的有益经验，帮助幼儿学习并适应生活，获得粗浅的知识，使他们的经验和视野得以拓展。

2. 活动性与参与性

直接经验的获得离不开具体的活动，幼儿主要通过感官来接触环境中的事物，通过在环境中与他人共同活动来获得经验，他们的学习是以直接经验为基础的。所以，幼儿园教学活动是在幼儿积极主动的活动过程中完成的，强调每个幼儿的实践与参与。

在活动中，教师只有调动幼儿的多种感官，鼓励他们去看一看、听一听、闻一闻、尝一尝、摸一摸或者摆弄摆弄，才能帮助他们在多种活动中更好地认识环境中的事物。

3. 游戏性与情境性

教师在组织教学活动时需要借助一定的游戏或情境，加强幼儿注意的持久性，唤起和调动幼儿的有关经验和感受，吸引他们在游戏的假想情境中积极地交往、活跃地想象、主动地表达……在玩中学。

第二节　幼儿园教学活动的构成要素与教学原则

一、幼儿园教学活动的构成要素

幼儿园教学活动是教师和幼儿的双边活动过程，是教师根据一定的教育目标、教育计划，通过教师与幼儿互动，引导幼儿积极主动地认识世界，获得全面发展的过程。

在幼儿园教学活动中，教师以一定的教育内容与手段为中介，和幼儿相互作用，促进他们的发展。因此，幼儿园教学活动是由教师的“教”、幼儿的“学”、教育内容与方法手段等几个基本要素构成的。

1. 教师

教师是教学活动的组织者、指导者和支持者。他需要根据教学任务、要求和幼儿的实际需要，确定相应的活动目标，选择合适的内容，运用适当的方法，设计科学的环节来对幼儿实施有目的、有计划的教学。因此，教师是教学活动过程的主导因素，是“教”的主体，通过教师的组织和指导，使幼儿积极参与到活动中来，获取有益的经验，发挥自身的潜能。

教学活动过程是教师体验和创造的过程。

2. 幼儿

在教学活动中，幼儿是学习的主体。

首先，幼儿是主动的学习者。他们会根据自己的经验和兴趣来对教师组织的活动内容做出选择。幼儿的学习以直接经验为基础，是其情感与理智共同参与的全身心的学习，他在活动中获得的发展是多方面的、综合的。

其次，幼儿在学习方式上存在着种种差别。每个孩子都有自己的学习进程和学习方式，他们会按自己的方式创造性地理解教育内容。

教师应将作为学习者的幼儿和幼儿的学习视为教学活动中的关键因素，注重研究幼儿的学习特点和学习方式，了解智力因素和非智力因素以及来自家庭、教师和幼儿园环境条件等诸多外部因素对幼儿学习的影响，并充分相信幼儿的潜能，确保幼儿在学习中的主体地位，帮助他们学会学习。

3. 幼儿园教学活动的内容

从幼儿活动的角度来看，幼儿园教学活动的内容可以相对地划分为五个领域，即健康、语言、社会、科学和艺术领域。各领域的内容相互渗透，从不同角度促进幼儿情感、态度、能力、知识、技能等方面的发展。

教学活动的内容是教师对幼儿施加教育影响，完成教学目标的中介，教师所选择的教学内容合适与否，直接影响到教学目标的实现程度。

教师在选择和运用教学内容时应注意的问题：

（1）教师应根据幼儿园教育目标，综合考虑德、智、体、美各育的具体内容与要求，并结合幼儿发展的实际需要，选择与现实生活密切联系的，对幼儿的健康发展有益的、粗浅的、具有启蒙性的教学活动内容。

(2) 教师在运用教学内容时注意挖掘教材中蕴含的各种教育因素，促使幼儿得到综合的发展。

4. 幼儿园教学活动的方法

幼儿园教学活动的方法包括教师布置学习环境、运用教具、电化教学手段、提供操作材料、创设学习环境，对幼儿进行启发、讲解、演示等。它是教师激发幼儿的学习兴趣、帮助幼儿理解学习内容，保证教学过程的顺利进行，实现教学目标的一个重要的中介因素。

二、幼儿园教学活动的原则

教学活动的原则是组织教学活动必须遵循的基本要求。它反映教学活动的客观规律，是指导教学工作的一般原理。

教育的一般原则和幼儿园教育的原则都是幼儿园教学活动应遵循的基本原则，在幼儿园教学活动中还应特别注意遵循以下几条原则。

1. 科学性和思想性相结合的原则

科学性是指教师在教学过程中向幼儿传授的知识技能应该正确、符合客观规律，所采用的教学组织形式和方法应符合幼儿的认识特点。

思想性是指教师在教学过程中应实施德育，促进幼儿的品德和社会性发展。

在教学过程中，教师应将两者有机结合起来。贯彻这一原则时应注意以下几点：

(1) 教师加强学习，以保障教给幼儿科学的知识，引导幼儿获得正确的经验；

(2) 发挥教师的榜样作用，科学地回答幼儿的提问，帮助幼儿形成对待科学的正确态度；

(3) 注重情感渗透，切忌说教。

2. 积极性原则

积极性原则是指教师在教学中应注意激发幼儿主动学习的愿望，引发和促进幼儿积极地与环境相互作用，得到发展。贯彻这个原则时应注意以下几点：

(1) 科学选材、精心设计、灵活调整教学活动计划；

(2) 加强交流、建立平等的师生关系，鼓励幼儿多方面参与和创造；

(3) 关注幼儿与众不同的行为，允许幼儿出错，促使幼儿在学习过程中得到积极的情感体验。

3. 发展性原则

发展性原则是指教学活动要能使每一个幼儿在原有基础上得到最大限度的发展。贯彻这一原则时应注意以下几点：

(1) 树立终身可持续发展观念；

(2) 了解幼儿的发展需要，科学选材。

4. 直观性原则

直观性原则指的是在教学过程中，教师应当利用实物或教具材料，充分调动幼儿的各种感官，丰富其感性经验，使他们获得直接具体的感知。贯彻这一原则时应注意以下几点：

(1) 根据教学目标、内容及幼儿实际恰当选择和运用直观手段；

（2）直观手段要与训练幼儿感官和动作相结合。

5. 活动性原则

活动性原则是指在教学活动中应保证幼儿有充分的活动时间，以使他们在主动的活动中来学习并获得发展。贯彻这条原则时应注意以下几点：

（1）教师在教学活动中要为幼儿提供丰富的材料、充分的活动时间，以及较多的同伴交往机会，吸引幼儿选择参加，让他们成为活动的主人；

（2）教师组织的活动要全面多样。

第三节　幼儿园常用的教学方法和手段

一、幼儿园常用的教学手段

教学手段是教师有效地传递信息，促使主体与客体相互作用以及发挥主体学习的积极性和主动性的重要因素。

目前在幼儿园普遍使用的教学手段主要有实物、图书、挂图、图片、照片、幻灯片、录像带、电脑、音视频、多媒体以及自制教具等，教师应根据具体的需要灵活选用。

二、幼儿园常用的教学方法

1. 活动法

这是一种以幼儿的实践活动为主的教学方法，是指教师在教学活动过程中，通过创设情境或提供材料，引导幼儿自己实践、探索和发现。幼儿园常用的活动法主要是游戏法、实验法和操作练习法。

（1）游戏法

游戏法是指教师以游戏的口吻或用有规则游戏组织幼儿学习的方法。

运用游戏法时应注意以下几点：

① 教师既可以将游戏作为教学活动中的一个环节，也可以用一个游戏贯穿于整个教学活动中。

② 使用游戏法时，教师应清楚地认识到所采用的游戏是为教学服务的，所选游戏的目标和规则应与教育要求相吻合。

（2）实验法

实验法是指给幼儿提供一定的材料或仪器设备，鼓励幼儿通过亲自动手操作来观察和寻找这些变化或产生变化的原因，验证自己的设想。

运用实验法要注意以下几点：

① 实验的安全性。实验所用的材料或器具必须符合安全、卫生的原则，实验程序应当是幼儿在教师的指导下可以独立操作的。

② 教师预先操作实验，以形成完美的实验指导计划，并观察幼儿实验的全过程，提供有针对性的指导，促使幼儿在实验过程中获得成功的体验。

③ 实验法强调的是幼儿的亲自动手，所以，在实验过程中，教师应注意让每个幼儿都有操作的机会；实验结束后，注意引导幼儿自己寻找和归纳实验结果。

(3) 操作练习法

操作练习法是指幼儿在教师的指导下，通过多次实践练习而掌握和巩固某种技能的方法。

运用操作练习法时应注意以下几点：

① 明确练习的目的、要求和方法，以幼儿感兴趣的方式进行练习。

② 观察幼儿练习的情况，及时做出反馈。

2. 直观法

直观法是一种让幼儿直接感知认识对象的方法。幼儿园常用的直观法主要有观察法、参观法、演示和示范。

(1) 观察法

观察法是指教师有目的、有计划地引导幼儿运用视觉、听觉、味觉、嗅觉等多种感官去感知所选定的客观事物与现象，使之获得感性经验，并在此基础上逐步形成概念的方法。

运用观察法时应注意以下几点：

① 根据教育要求，做好观察前的准备，包括确定观察目的、选择观察对象、拟定观察计划、创设观察的环境条件。

② 观察开始时，教师要向幼儿提出观察的目的，用设疑等方法引起幼儿观察的兴趣，先让幼儿自由观察，允许他们相互交谈，并鼓励他们发现问题、提出问题。这样才能更好地调动幼儿主动观察的积极性。

③ 观察过程中，教师要充分发挥语言、手势的指导作用，从幼儿的兴趣点切入，启发幼儿从不同方面感知并用语言描述观察的对象，学习观察的方法。

④ 观察结束时，要总结观察的印象，让幼儿将观察到的知识进一步巩固和条理化。

(2) 参观

参观是教师根据教育目标的要求，组织幼儿到园外，如自然界、生产现场、社会生活场所等去学习的活动。参观能使幼儿通过对实际事物和现象的观察、探究而获得较丰富的直接知识和经验。

组织参观要注意几个要点：

① 参观要有明确的目标，根据教育教学的要求进行。

② 参观前要做好充分的准备，要取得对方的合作与配合，也需要得到家长们的支持。

③ 参观时，要特别注意幼儿的安全。同时，注意指导幼儿围绕参观的主要内容收集信息。

④ 参观后，要组织幼儿谈话和讨论，并提供机会和条件让幼儿用各种方式表现自己的所见所闻，如绘画、手工制作等。

(3) 演示和示范

演示是指教师向幼儿展示各种实物、直观教具或做实验。

示范是指教师通过自己的表演，为幼儿提供榜样。示范分语言示范和动作示范两种。

运用演示和示范时应注意：

① 演示和示范经常结合起来进行。

② 演示的直观教具和实物要求形象生动、色彩鲜艳，实验过程要清楚可见，便于幼儿观察。

③ 教师的示范则要富有情趣，要能引起幼儿的兴趣，而且力求化繁为简，突出难点重点。

3. 口授法

口授法是一种运用语言进行教学的方法，幼儿园常用的口授法有谈话与讨论、讲解与讲述等。

（1）谈话

谈话是教师和幼儿双方围绕某一个问题或主题，自由地发表自己的想法和意见，表达自己的感受和体验，进行相互交流、相互学习的方法。

运用谈话法时，应注意以下几点：

① 谈话必须在幼儿已具有某一方面知识和印象时才能进行。

② 教师应鼓励幼儿大胆地说出自己的想法，并充分尊重他们的意见，允许幼儿争论。

③ 谈话必须有明确的要求和步骤。

（2）讲解与讲述

讲解是运用口头语言向幼儿说明、解释事物或事情。

讲述则是运用语言向幼儿叙述事实或描绘所讲的对象。

讲解与讲述都要求教师语言生动、形象、清晰、准确，富有感情，简明扼要，能引起幼儿的兴趣，容易为他们理解和接受，必要时还可适当重复。

运用讲解与讲述时，应注意以下几点：

① 讲解与操作相结合。教师在指导幼儿学习时，可以边讲解边示范，幼儿就比较容易学会。

② 讲解与设疑相结合。这种方式一般包括先设疑再讲解、在讲解的过程中设疑两种情况。

③ 讲解与讨论相结合。讲解与讨论相结合的优点是可以调动幼儿的主动性和积极性，帮助幼儿更好地理解或记住教师所讲的问题。

第四节　幼儿园教学活动的设计、组织与指导

一、幼儿园教学活动的设计

教学活动的设计是指教师在思考“如何将幼儿的兴趣、需要与幼儿园教育目标有机地结合，以及如何通过教育活动利用和扩展幼儿的生活经验”的基础上，制订或修订教育计划的过程。

1. 幼儿园教学活动设计的类型

幼儿园教学活动设计的类型相对划分为预演设计、现场设计和反思设计三种。

（1）预演设计

预演设计是指教师在分析幼儿目前的知识能力发展特点和需要的基础上，结合教育目标的要求，选择适当的内容和方法，设想活动的进程、步骤、可能出现的问题以及解决方法等，写出计划并预演的过程。

预演设计的一般步骤是：确定目标→选择内容→根据目标和内容选择相应的方法与手段

→书写计划→进行预演→修订计划。

(2) 现场设计

所谓现场设计就是指教师在教学活动现场，针对活动中出现的问题、现象和价值，为决定接下来所要进行的有针对性的教学活动而进行的临时设计。

现场设计的一般步骤：分析幼儿的某种活动所蕴含的教育价值，确定活动目标→选择活动起点，设计由此引发的系列活动→通过谈话引导幼儿自然地过渡到接下来的活动中。

(3) 反思设计

某个教学活动结束后，教师根据对幼儿在活动中的兴趣反应的观察记录、对自身的行为的分析思考以及自己在组织教育教学过程中获得的体验等，对已完成的活动计划进行修改和补充，这就是反思设计。

2. 活动计划的结构与书写要求

幼儿园教学计划包括活动目标、活动准备、活动过程和活动延伸等几个部分。

(1) 活动目标

活动目标是指某一次具体活动中幼儿应获得哪些情感体验与态度，掌握怎样的学习过程与方法，得到哪些方面的能力发展，增进哪些知识与技能等。

(2) 活动准备

活动准备指为保证活动顺利进行，在该活动开展之前所需要做的精神和物质方面的准备。

(3) 活动过程

活动过程包括开始部分、基本部分和结束部分。

开始部分的主要任务是创设情境、导入活动，激发幼儿参与活动的兴趣。

基本部分是教师引导幼儿主动学习、积极探索，以实现活动目标的过程。

在结束部分，教师的主要任务是小结幼儿学习的情况，并对幼儿的学习经验给予评价，引起幼儿再学习的愿望。

活动过程中一般包括下列内容：提出问题→讨论问题→探索问题→表现与表达→评价的过程。设计活动过程时，既可以按三个部分书写，也可以按照活动进行的先后次序逐条写出。

(4) 活动延伸

有时，在某个活动结束之后，还可以引发并组织其他的活动以促使该活动目标更好地达成，这些都可以写在活动延伸部分。它属于机动部分，是幼儿园教学活动连续性的具体体现。

二、幼儿园教学的组织与指导策略

1. 科学运用直接教学和间接教学方式

直接教学是以实现知识的直接传授、引导幼儿接受学习为主要特征的教学方式。运用直接教学方式时，教师应注意在了解幼儿的兴趣和原有经验的基础上，充分调动幼儿的情感体验，利用直观教具和材料，较多地运用启发、暗示和游戏的方法，和幼儿进行言语和非言语的多种方式的沟通，充分调动幼儿的多种感官，引导幼儿主动思考，切忌简单地灌输。

教师运用间接教学方式时，应注意灵活地协调物质环境、幼儿同伴和教师自身的关系，准确把握和抓住幼儿的兴趣所在，给以及时有效的支持。

教学过程中，教师应将直接教学与间接教学有机结合起来，根据具体的情境需要，交替运用两种教学方式，有效地支持和促进幼儿的学习。

2. 指导幼儿自主学习

所谓自主学习主要是指学习者对自己学习过程进行调控的基础上开展学习活动。

幼儿的自主学习，更多是指向学习品质的，即强调幼儿应有强烈的学习兴趣，有主动学习的表现，善于发现问题并自己寻找解决问题的途径和方法，而不是等待和依赖教师的帮助等。

教师应注意从以下几方面为幼儿的自主学习创造条件。

首先，教师应充分利用和创设环境，根据幼儿的兴趣和原有经验提供不同的可操作材料，并使材料蕴含教学目标，鼓励幼儿对材料进行多种组合操作，力求通过幼儿对材料的自由摆弄实现教学目标。

其次，教师应放手鼓励幼儿探索和操作，关注幼儿在探究过程中的行为表现，使幼儿在活动中能够主动自主地选择、参与、探索、决定和表达，获得愉快的学习体验。

再者，教师还应观察幼儿操作的情况，了解幼儿的学习兴趣和需要，敏锐地感知幼儿在学习中所面临的困难，通过问题情境与开放性问题的提供，促使幼儿与环境相互作用，掌握解决问题的途径和方法，对幼儿的学习给予及时有效的支持。

3. 组织形式多样化

组织教学活动需要将集体活动、小组活动、个别活动有机地结合起来。

集体活动作为一种以全班幼儿统一进行学习为主要特征的活动，能较好地保障教学的效益，促使幼儿从集体中较容易地学到新的经验。

为了更好地照顾幼儿的个别差异，调动幼儿学习的主动性，幼儿的小组活动应成为幼儿园教学活动的重要组织形式。

在实际工作中，教师还应注意针对幼儿的个性特点来设计和实施个别教学，并试图找到和每个幼儿相互交流的特殊方式，以满足每个幼儿学习和发展的需要。

4. 注意教育内容的综合

幼儿在生活中需要运用的知识是综合的，所以，幼儿所学习的内容最好是有练习的、综合的知识。一方面需要挖掘每个活动素材中所蕴含的各种教育因素，力图在一个活动中促使幼儿得到多方面的学习和发展。另一方面教师应注意在整体上考虑一定时段内各领域、各方面教育内容的平衡安排。

5. 将教育任务有机地渗透在游戏和日常生活环节中

首先，在游戏和日常生活环节中有机地渗透教育的任务，对于巩固幼儿的知识很有好处。

其次，应重视对幼儿游戏和日常生活中的学习的指导。

再者，教师应注意利用生活中的突发事件进行随机教学。

6. 重视家园合作，取得家长对教学活动的支持

幼儿的学习与他们的生活密不可分，因此，教师除了在幼儿园中尽心尽职组织教学活动外，还应调动家长的主动积极性，取得家长的支持，使家长在认识到家园共育意义的基础上，参与到幼儿园工作中来，更好地实现教育目标。

7. 研究教学行为

要提高教育质量，促进幼儿的学习、发展和教师自身的专业成长，就必须重视对教学行为的研究。

【范例精讲】

1.(单项选择题)幼儿园教学活动是教师(　　)的过程。

A. 感知和体验　　B. 创造和体验　　C. 兴趣和经验　　D. 帮助和指导

【解析】答案：B　本题主要检测对幼儿园教学活动含义的理解。在教学活动过程中，即使事先有计划，仍需要教师根据幼儿的需要和反应随时调整既定的方案。从这个角度看来，幼儿园教学活动是教师创造和体验的过程。

2.(单项选择题)为了让幼儿认识蜻蜓，老师出示了蜻蜓的标本，这采用的是(　　)教学手段。

A. 模具直观　　B. 语言直观　　C. 实物直观　　D. 动作直观

【解析】答案：C 本题主要检测对直观性原则的理解。幼儿园直观手段有实物直观(指观察实物、标本、实地参观、小实验等)、模具直观、电化教具直观、语言直观。

3.(单项选择题)不是幼儿园教学活动的方法(　　)。

A. 教师布置学习环境　　B. 提供操作材料

C. 获取有益经验　　D. 创设学习情境

【解析】答案：C　本题主要检测对幼儿园教学活动的方法的理解。幼儿园教学活动的方法包括教师布置学习环境、运用教具、电化教学手段、提供操作材料、创设学习环境，对幼儿进行启发、讲解、演示等。C选项不是方法，而是要实现目标。

4.(多项选择题)幼儿园教学活动的特点有(　　)。

A. 生活性和启蒙性　　B. 一致性和连续性

C. 活动性和参与性　　D. 游戏性和情境性

【解析】答案：ACD　本题主要检测对幼儿园教学活动的特点的理解。幼儿园教学活动的特点有以下几方面：生活性和启蒙性，活动性和参与性，游戏性和情境性。B选项不是幼儿园教学活动的特点。

5.(判断题)当幼儿的兴趣、关注点与你想要进行的活动发生冲突时，如你发现多数幼儿不听你讲了，你应该停下来重新选择孩子们感兴趣的活动内容。(　　)

【解析】答案：×　本题主要检测对积极性原则的理解。看看他们的兴趣在哪里，适当调整自己的计划，以便激发起孩子们的兴趣。教师还应注意观察幼儿在活动中反应，随时调整自己的教育指导方式，以最大程度地发挥幼儿的积极性。

6.(简答题)教师应怎样指导幼儿的自主学习？

【解析】本题是检测对指导幼儿自主学习的理解。

答案要点：所谓自主学习主要是指学习者对自己学习过程进行调控的基础上开展学习活动。幼儿的自主学习，更多是指向学习品质的，即强调幼儿应有强烈的学习兴趣，有主动学习的表现，善于发现问题并自己寻找解决问题的途径和方法，而不是等待和依赖教师的帮助等。

教师应注意从以下几方面为幼儿的自主学习创造条件。

首先，教师应充分利用和创设环境，根据幼儿的兴趣和原有经验提供不同的可操作材料，并使材料蕴含教学目标，鼓励幼儿对材料进行多种组合操作，力求通过幼儿对材料的自由摆弄实现教学目标。

其次，教师应放手鼓励幼儿探索和操作，关注幼儿在探究过程中的行为表现，使幼儿在活动中能够主动自主地选择、参与、探索、决定和表达，获得愉快的学习体验。

再者，教师还应观察幼儿操作的情况，了解幼儿的学习兴趣和需要，敏锐地感知幼儿在学习中所面临的困难，通过问题情境与开放性问题的提供，促使幼儿与环境相互作用，掌握解决问题的途径和方法，对幼儿的学习给予及时有效的支持。

7.（论述题）试述幼儿园教学活动的设计。

【解析】本题主要检测对教学活动的设计的理解。

答案要点：教学活动的设计是指教师在思考“如何将幼儿的兴趣、需要与幼儿园教育目标有机地结合，以及如何通过教育活动利用和扩展幼儿的生活经验”的基础上，制订或修订教育计划的过程。

（1）幼儿园教学活动设计的类型

幼儿园教学活动设计的类型相对划分为预演设计、现场设计和反思设计三种。

① 预演设计是指教师在分析幼儿目前的知识能力发展特点和需要的基础上，结合教育目标的要求，选择适当的内容和方法，设想活动的进程、步骤、可能出现的问题以及解决方法等，写出计划并预演的过程。

② 所谓现场设计就是指教师在教学活动现场，针对活动中出现的问题、现象和价值，为决定接下来所要进行的有针对性的教学活动而进行的临时设计。

③ 反思设计就是某个教学活动结束后，教师根据对幼儿在活动中的兴趣反应的观察记录、对自身的行为的分析思考以及自己在组织教育教学过程中获得的体验等，对已完成的活动计划进行修改和补充。

（2）活动计划的结构与书写要求

幼儿园教学计划包括活动目标、活动准备、活动过程和活动延伸等几个部分。

① 活动目标是指某一次具体活动中幼儿应获得哪些情感体验与态度，掌握怎样的学习过程与方法，得到哪些方面的能力发展，增进哪些知识与技能等。

② 活动准备指为保证活动顺利进行，在该活动开展之前所需要做的精神和物质方面的准备。

③ 活动过程包括开始部分、基本部分和结束部分。开始部分的主要任务是创设情境、导入活动，激发幼儿参与活动的兴趣。基本部分是教师引导幼儿主动学习、积极探索，以实现活动目标的过程。在结束部分，教师的主要任务是小结幼儿学习的情况，并对幼儿的学习经验给予评价，引起幼儿再学习的愿望。设计活动过程时，既可以按三个部分书写，也可以按照活动进行的先后次序逐条写出。

④ 活动延伸。在某个活动结束之后，还可以引发并组织其他的活动以促使该活动目标更好地达成，这些都可以写在活动延伸部分。它属于机动部分，是幼儿园教学连续性的具体体现。

8.（案例分析题）案例：大班，某个星期一早上，有个幼儿说到自己周末上超市购物的经历，马上引起其他孩子的共鸣，大家争相回忆起自己上超市的有关经历。“超市有玩具卖吗?”有个幼儿若有所思地问。“有啊!”另一个孩子马上回答。“那超市里还有什么东西呢?”于是，从孩子的兴趣和实际水平出发，结合大班教育目标的需要，教师设计组织了以“超市”为主题的教学活动。在接下来的几天中，教师和孩子们一起到超市参观；每个孩子尝试用一元钱购买自己喜欢的东西；孩子们和教师一起津津有味地分享自己采购的食物、谈论自己在超市购物过程中的发现……当谈到各自购买的食物时，有个孩子说：“我买的酸奶最好喝。因为这是我妈妈单位做出来的。”(这个孩子的妈妈是某酸奶公司的)这一下，孩子们的新问题又来了：“我买的东西是从哪儿来的?”……面对幼儿的新问题，教师调整自己的方案，开始新的教学设计……

问题：

(1) 幼儿园教学活动的内容是由什么引发的?

(2) 幼儿园教学活动的设计与组织有怎样的特点?

(3) 幼儿园教学活动的目标是什么?

(4) 幼儿在教学过程中的地位是什么?

【解析】本题主要检测对幼儿园教学活动的理解。

答案要点提示：(1)幼儿园教学活动的内容是教师根据幼儿园教育目标，综合考虑德、智、体、美各育的具体内容与要求，并结合幼儿发展的实际需要，选择与现实生活密切联系的，对幼儿的健康发展有益的、粗浅的、具有启蒙性的教学活动内容。案例中，幼儿园教学的内容是由幼儿的兴趣和自己最关心的问题引发的。如幼儿喜欢上超市，并购买玩具、小食品，小食品从哪里来的等。

(2) 幼儿园教学活动的设计与组织是有目的性与计划性的。教师把教育教学活动的设计视为一个研究的过程，即教师创造和体验的过程，树立“为幼儿的发展而设计”的观念。教育教学活动的设计流程都有计划性的，首先选择教育教学活动设计的类型，其次准备活动的材料、设备、人员等，再安排活动的过程、活动的步骤、活动延伸，最后还要进行评价、总结、反思。

(3) 幼儿园教学活动是以帮助幼儿获取有利于自身身心发展的经验为目的的。

(4) 在教学活动中，幼儿是学习的主体。幼儿是主动的学习者，他们会根据自己的经验和兴趣来对教师组织的活动内容做出选择。教师应将作为学习者的幼儿和幼儿的学习视为教学活动中的关键因素，并充分相信幼儿的潜能，确保幼儿在学习中的主体地位，帮助他们学会学习。

【小试牛刀】

一、单项选择题(每题只有正确一个答案，每小题2分，共24分)

1. 从幼儿活动的角度来看，幼儿园教学活动的内容可以相对地划分为五个领域，即(　　)领域。

A. 情感、态度、能力、知识、技能　　B. 健康、语言、社会、科学、艺术
C. 语文、数学、绘画、音乐、舞蹈　　D. 游戏、活动、劳动、想象、创造

2. 教师在教学活动中要为幼儿提供丰富的材料、充足的活动时间，以及较多的同伴交往机会，吸引幼儿选择参加，让他们成为活动的主人。这是贯彻幼儿园教学活动的(　　)原则要注意的问题。
A. 活动性　B. 直观性　C. 具体性　D. 协调性
3. 所谓(　　)就是指教师在教学活动现场，针对活动中出现的问题、现象和价值，为决定接下来所要进行的有针对性的教学活动而进行的临时设计。
A. 预演设计　B. 现场设计　C. 反思设计　D. 过程设计
4. 需要教师挖掘每个活动素材中所蕴含的各种教育因素，力图在一个活动中促使幼儿得到多方面的学习和发展。这是幼儿园教学活动组织指导策略中(　　)要求。
A. 注意教育内容的综合　B. 指导幼儿自主学习
C. 重视家园结合　D. 组织形式多样化
5. 教师在组织教学活动时将集体活动、小组活动和个别活动有机地结合起来，这是(　　)的体现。
A. 教育内容的综合　B. 组织形式多样化
C. 寓教于乐　D. 随机教学
6. 幼儿园常用的教学方法中“活动法”之一的是(　　)。
A. 游戏法　B. 观察法　C. 演示法　D. 示范法
7. 下列做法中，符合幼儿园教学活动发展性原则要求的是(　　)。
A. 了解幼儿的发展需要，科学选材　B. 根据家长的兴趣和需求选材
C. 根据教师的兴趣和经验选材　D. 根据社会的需求和发展选材
8. 在实践中，根据需要可将讲解与其他方法结合起来使用会有更好的效果。下面理解不正确的是(　　)。
A. 讲解与操作相结合　B. 讲解与设疑相结合
C. 演示与示范相结合　D. 讲解与讨论相结合
9. 在进行玩具小汽车比赛时，教师引导幼儿注意“在不同路面上车速有变化”的现象，却不必告诉他们“摩擦力”的概念和高深的科学原理。这是因为幼儿园教学活动具有(　　)的特点。
A. 启蒙性　B. 情境性　C. 成效性　D. 客观性
10. 贯彻教学的活动性原则时，教师应保证幼儿(　　)。
A. 有充分的活动时间　B. 足够的休息
C. 运用电化教具　D. 长时间集中注意
11. 教师利用每天散步的时间带幼儿观察植物的生长情况，利用每天吃点心的环节引导幼儿感知“1 和许多”“大和小”等，这体现了幼儿园教学活动的(　　)特点。
A. 思想性　B. 游戏性　C. 生活性　D. 主动性
12. 下列不属于幼儿园教学活动的构成要素是(　　)。
A. 方法手段　B. 教师的教　C. 幼儿的学　D. 家长

二、多项选择题(多选、漏选、错选均不得分，每小题 3 分，共 15 分)

13. 下列是幼儿自主学习的表现有(　　)。
    A. 幼儿在活动中表现出专注的神情　B. 幼儿感到疑惑并向教师和同伴发问
    C. 幼儿出现探索行为　D. 获得愉快的学习体验
    E. 幼儿之间就某个问题产生争辩或协商行为
14. 幼儿园常用的教学方法有(　　)。
    A. 活动法　B. 情景法　C. 直观法　D. 口授法
    E. 举例法
15. 下列是幼儿园社会领域的内容(　　)。
    A. 生活卫生　B. 自我意识　C. 人际交往　D. 集体生活
    E. 社会生活
16. 活动过程一般包括(　　)几部分。
    A. 准备部分　B. 开始部分　C. 基本部分　D. 结束部分
    E. 动机部分
17. 观察法是幼儿园教师常用的教学方法之一，做好观察前的准备包括(　　)。
    A. 确定观察目的　B. 选择观察对象
    C. 拟定观察计划　D. 创设观察的环境条件
    E. 总结观察印象

三、判断题(在正确的打“√”，在错误的打“×”。每小题 1 分，共 10 分)

(　　)18. 幼儿园教学活动是让幼儿获取知识和技能的主要任务。

(　　)19. 教学内容要具有科学性。某教师在实验操作中将水蒸气说成“白烟”，让小朋友更容易理解并接受。

(　　)20. 积极性原则要求建立平等的师生关系，鼓励幼儿多方面的参与和创造。

(　　)21. 游戏是幼儿非常喜欢的活动，所以任何教学活动都可以采用游戏法。

(　　)22. 幼儿园教学活动能取得家长的支持，会更好地实现教育目标。

(　　)23. 由于幼儿在经验、兴趣上存在着种种差异，所以选择活动内容一定要适合全班幼儿水平的。

(　　)24. 要提高教育质量，促进幼儿的学习、发展和教师的专业成长，就必须重视对幼儿行为的研究。

(　　)25. 幼儿园教学活动的准备包括物质准备和材料设施的准备。

(　　)26. 一个好的教学活动设计一定会有一个明确的线索，有恰当的教学方式和形式。

(　　)27. 幼儿园常用的直观法主要有观察法、实验法、演示和示范。

四、简答题(21 分)

28. 运用观察法时应注意哪几点？(6 分)
29. 怎样理解幼儿园的教学活动？(7 分)

30. 幼儿园教学活动计划的结构与书写要求有哪些？（8 分）

五、论述题（每小题 10 分，共 20 分）

31. 试述幼儿园教学活动的构成要素。
32. 试述幼儿园教学活动组织与指导策略。

六、案例分析题（10 分）

中班教学案例：水果品尝会

活动目的：

1. 感知各类水果，制作水果拼盘，品尝水果的滋味，培养幼儿触觉、嗅觉、味觉的能力。

2. 幼儿感受秋天水果成熟的喜悦心情。

活动准备：

1. 活动前参观果园。

2. 苹果、梨子、香蕉、柑橘、柚子、石榴等水果若干个。

3. 塑料盘子五个，塑料刀子每人一把。

活动过程：

一、引入：今天，农民伯伯给我们送来了好多的水果，我们一起来看看都有哪些水果？

二、感知水果

1. 分组观察水果（引导幼儿通过看一看、摸一摸、闻一闻来感受水果的色、香）

2. 集中交流讨论。鼓励幼儿大胆把自己看到、摸到、闻到的感受告诉他人。

三、水果拼盘比赛

1. 幼儿分组讨论：如何制作水果拼盘。

2. 幼儿分组制作水果拼盘。（提醒幼儿用刀时要小心）

3. 欣赏各组的水果拼盘，幼儿进行评价。

四、品尝水果拼盘大会：引导幼儿品尝自己做的水果拼盘，并说说吃到的滋味如何。

五、游戏“运水果”（活动自然结束）。

阅读以上教学活动计划案例，请回答下列问题。

33. 分析计划中的活动分别适宜用哪种组织形式？（1 分）

34. 体现了哪些教学原则和教学指导策略？分析活动过程的三大部分的体现。（6 分）

35. 在活动过程中运用了哪些教学方法？（2 分）

36. 哪些环节可以采取间接教学方式？效果如何？（1 分）

【参考答案】

一、单项选择题（每题只有一个答案，每小题 2 分，共 24 分）

1. B　2. A　3. B　4. A　5. B　6. A　7. A　8. C　9. A　10. A　11. C　12. D

二、多项选择题(多选、漏选、错选均不得分，每小题3分，共15分)

13. ABCE　14. ACD　15. BCDE　16. BCD　17. ABCD

三、判断题(在正确的打“√”，在错误的打“×”。每小题1分，共10分)

18. ×　19. ×　20. √　21. ×　22. √　23. √　24. ×　25. ×　26. ×　27. ×

四、简答题(21分)

28. (1)根据教育要求，做好观察前的准备。包括确定观察目的，选择观察对象，拟定观察计划，创设观察的环境条件。(2分)

(2) 观察开始时，教师要向幼儿提出观察的目的，用设疑等方法引起幼儿观察的兴趣，先让幼儿自由观察，允许他们相互交谈，并鼓励他们发现问题、提出问题。这样才能更好地调动幼儿主动观察的积极性。(2分)

(3) 观察过程中，教师要充分发挥语言、手势的指导作用，从幼儿的兴趣点切入，启发幼儿从不同方面感知并用语言描述观察的对象，学习观察的方法。(2分)

29. 幼儿园教学活动是由教师的“教”和幼儿的“学”组成的双边活动。“教”和“学”是矛盾统一的，教师的“教”为幼儿的“学”服务的。(1分)

首先，由于幼儿没有学习系统学科知识的任务，所以学习内容没有任何强制性。(2分)

其次，教学活动是幼儿通过在具体活动中的感知和体验来学习的过程，而不是坐着听和看的过程。(2分)

再者，在教学活动过程中，即使事先有计划，仍需要教师根据幼儿的需要和反应随时调整既定的方案。因此，幼儿园教学活动是教师创造和体验的过程。(2分)

30. 幼儿园教学计划包括活动目标、活动准备、活动过程和活动延伸等几个部分。

(1) 活动目标是指某一次具体活动中幼儿应获得哪些情感体验与态度，掌握怎样的学习过程与方法，得到哪些方面的能力发展，增进哪些知识与技能等。(2分)

(2)活动准备指为保证活动顺利进行，在该活动开展之前所需要做的精神和物质方面的准备。(2分)

(3) 活动过程包括开始部分、基本部分和结束部分。开始部分的主要任务是创设情境、导入活动，激发幼儿参与活动的兴趣。基本部分是教师引导幼儿主动学习、积极探索，以实现活动目标的过程。在结束部分，教师的主要任务是小结幼儿学习的情况，并对幼儿的学习经验给予评价，引起幼儿再学习的愿望。(2分)

(4) 活动延伸。在某个活动结束之后，还可以引发并组织其他的活动以促使该活动目标更好地达成，这些都可以写在活动延伸部分。它属于机动部分，是幼儿园教学连续性的具体体现。(2分)

五、论述题(每小题10分，共20分)

31. 在幼儿园教学活动中，教师以一定的教育内容与手段为中介，和幼儿相互作用，促进他们的发展。因此，幼儿园教学活动是由教师的“教”、幼儿的“学”、教育内容与方法手段等几个基本要素构成的。(2分)

(1) 教师(2分)

教师是教学活动的组织者、指导者和支持者。他需要根据教学任务、要求和幼儿的实际需要，确定相应的活动目标，选择合适的内容，运用适当的方法，设计科学的环节来对幼儿实施有目的、有计划的教学。因此，教师是教学活动过程的主导因素，是“教”的主体，通过教师的组织和指导，使幼儿积极参与到活动中来，获取有益的经验，发挥自身的潜能。

(2) 幼儿(2分)

在教学活动中，幼儿是学习的主体。首先，幼儿是主动的学习者。他们会根据自己的经验和兴趣来对教师组织的活动内容做出选择。其次，幼儿在学习方式上存在着种种差别。每个孩子都有自己的学习进程和学习方式，他们会按自己的方式创造性地理解教育内容。

(3) 幼儿园教学活动的内容(2分)

教学活动的内容是教师对幼儿施加教育影响，完成教学目标的中介，教师所选择的教学内容合适与否，直接影响到教学目标的实现程度。

(4) 幼儿园教学活动的方法(2分)

幼儿园教学活动的方法包括教师布置学习环境、运用教具、电化教学手段、提供操作材料、创设学习环境，对幼儿进行启发、讲解、演示等。它是教师激发幼儿的学习兴趣、帮助幼儿理解学习内容，保证教学过程的顺利进行，实现教学目标的一个重要的中介因素。

32. (1)科学运用直接教学和间接教学方式。教学过程中，教师应将直接教学与间接教学有机结合起来。(1分)

(2) 指导幼儿自主学习。(1分)教师应注意从以下几方面引导幼儿的自主学习：①教师应充分利用和创设环境，根据幼儿的兴趣和原有经验鼓励幼儿对材料进行多种组合操作；(1分)②教师关注幼儿在探究过程中的行为表现，使幼儿在活动中能够主动自主地选择、参与、探索、决定和表达，获得愉快的学习体验。(1分)③教师还应观察幼儿操作的情况，通过问题情境，提供解决问题的途径和方法，对幼儿的学习给予及时有效的支持。(1分)

(3) 组织形式多样化。组织教学活动需要将集体活动、小组活动、个别活动有机地结合起来。(1分)

(4) 注意教学内容的综合。教师应挖掘每个活动素材中所蕴含的各种教育因素，力图在一个活动中促使幼儿得到多方面的学习和发展。(1分)

(5) 将教育任务有机地渗透在游戏和日常生活环节中。首先，在游戏和日常生活环节中有机地渗透教育的任务。其次，应重视对幼儿游戏和日常生活中的学习的指导。再者，教师应注意利用生活中的突发事件进行随机教学。(1分)

(6) 重视家园合作，取得家长对教学活动的支持。(1分)

(7) 研究教育行为。要提高教育质量，促进幼儿的学习、发展和教师自身的专业成长，就必须重视对教师行为的研究。(1分)

六、案例分析题(10分)

33. 活动计划中引入和品尝水果拼盘大会两环节适宜用集体教学；其他环节都适宜分组教学。

34. 整个活动中让幼儿参观果园、感知水果、水果拼盘比赛、运水果这些环节都体现了活动性原则；水果拼盘比赛和游戏“运水果”体现了积极性原则；参观果园、通过看一看、

摸一摸观察水果体现了直观性原则。(3 分)

开始部分组织幼儿一起参观农民伯伯送来的水果，直观，激发幼儿的兴趣；基本部分感知水果、水果拼盘比赛、品尝水果拼盘大会三部分引导幼儿主动学习，积极探索，以实现活动的目标；结束部分通过“运水果”的游戏，活动自然结束。(3 分)

35. 感知水果时分组观察运用了观察法，集中交流讨论、幼儿分组讨论、欣赏各组的水果拼盘、品尝水果拼盘都采用了谈话与讨论法，组织幼儿一起看看农民伯伯送来的水果采用了参观法。

36. 案例中感知水果、水果拼盘比赛、品尝水果拼盘大会、游戏运水果都可以采用间接教学方式，教师利用大家熟知的水果、幼儿同伴的关系，抓住了幼儿的兴趣所在，并给予及时有效的指导，比直接教学方式好。

第八章　幼儿园游戏

【内容索引】

- 幼儿园游戏
  - 幼儿游戏概述
    - 幼儿游戏的含义
    - 幼儿游戏的特点
    - 幼儿游戏的教育作用
    - 幼儿游戏的种类
  - 幼儿园游戏的指导
    - 幼儿创造性游戏的指导
    - 有规则游戏的指导

【学习导航】

识记： 幼儿游戏的含义，幼儿游戏的特点，幼儿游戏的种类，角色游戏的含义和特点，结构游戏的种类，表演游戏的含义和特点，幼儿游戏的教育作用。

理解： 幼儿创造性游戏的指导，角色游戏的指导，结构游戏的指导，表演游戏的指导，有规则游戏的指导，表演游戏与角色游戏的异同，表演游戏与文艺表演的异同，怎样使游戏成为幼儿园的基本活动。

应用： 幼儿创造性游戏的指导，有规则游戏的指导，在幼儿园教育活动中如何正确指导幼儿游戏。

【重中之重】

幼儿游戏的内涵、特点和功能；在幼儿园教育活动中如何正确指导幼儿游戏。

【应知应会】

第一节　幼儿游戏概述

一、幼儿游戏的含义

1. 游戏是幼儿最喜爱的活动，是幼儿生活的主要内容

游戏对于幼儿来说就是他们的生活，是美好童年不可缺少的因素。在幼儿的一日生活中，幼儿的生活是以游戏为中心的，游戏是幼儿十分向往的自主而快乐的活动。

2. 游戏是幼儿身心发展的需要

幼儿喜欢游戏是由于游戏符合幼儿身心发展的需要。在幼儿成长过程中有着各种需要，如认知的需要、运动的需要、交往的需要、操作和探索的需要、自我实现的需要，等等。

游戏能解决幼儿身心发展的需要与实际能力之间的矛盾，幼儿通过假想装扮各种角色，进行各种活动来满足自身的多种需要，并从中获取经验，推动心理向前发展。

3. 游戏是幼儿特有的一种学习方式

幼儿游戏的过程是学习的过程。游戏过程中，幼儿通过不断地与环境相互作用，学习与人交往，认识周围环境，理解和掌握社会行为规范。幼儿在游戏中的学习是一种自觉的学习，它与其他学习活动相比有着不同的特点：

首先，学习的动力来自幼儿自身。幼儿在游戏中学习，主要是为了满足好奇、好玩、与人交往等方面的需要。游戏中的学习完全是由幼儿的兴趣爱好和探究欲望激发的。

其次，学习没有明显的目的。他们并非为着学习而游戏，是为着"玩"而游戏的。

再者，学习是潜移默化的。在游戏中，幼儿没有意识到自己是在学习，却不知不觉学到了许多东西。

二、幼儿游戏的特点

1. 游戏是幼儿的自主活动

游戏是幼儿主动参加的活动。幼儿在游戏中的态度是积极主动的。只有充分尊重游戏者的意愿，发挥游戏者的主动性，才是真正的游戏。

2. 游戏是有趣味的活动

每种游戏都含有趣味性，正是游戏的这一特性，给幼儿带来愉快和满足。

游戏是一种娱乐活动，游戏中具体形象的角色，变幻的情节、内容，新奇甚至滑稽的玩具材料，对幼儿来说都是有趣的，能激发他们良好的情绪，吸引他们主动参加甚至可以重复地玩。

3. 游戏是虚构的活动

幼儿游戏是其生活的写照，反映其知识经验。游戏的内容、情节，游戏的规则及行为方式都具有社会性的特征，但又不是真实生活的翻版。它是幼儿在假想的情景下反映生活的活动，是"假装的"。

幼儿的游戏具有显著的区别于任何其他活动的特征，符合这些特征的幼儿活动就是幼儿游戏。

三、幼儿游戏的教育作用

1. 游戏能促进幼儿身体的发展

游戏中幼儿身体各器官处于积极的活动状态，各种不同的游戏活动量大小不同，身体活动部位不同，不仅促进了幼儿神经、呼吸、消化、循环等各系统的发育，而且也促进了幼儿动作的发展。

2. 游戏能促进幼儿智力和语言的发展

游戏是幼儿智力发展的动力。幼儿在游戏中与环境相互作用，操作物品，感受物体之间的相似与不同，进而意识到事物之间的关系与联系，能对物体进行分类，形成概念。游戏过程中产生的问题，能激发他们思考，寻找出更多解决问题的方法。这正是创造性思维的源泉。在游戏中的交流也有利于促进幼儿语言能力的发展。

3. 游戏能促进幼儿良好情感的发展

游戏是幼儿表达情感的一种方式，对幼儿情感的满足和稳定具有重要价值。游戏还为幼儿提供了学习理解和接纳他人情感，适当表达自己情感的途径，有利于幼儿积极情感的发展。

4. 游戏能促进幼儿社会性发展

游戏为幼儿社会性发展提供了一条途径。幼儿在游戏中自觉遵守集体的规则，学会一些社会行为。

游戏中同伴之间的合作、协商，使幼儿能考虑和接纳他人的观点，协调彼此的行为；能促进与同伴之间的和平交往，能学会互相尊重和照顾，从而产生积极的人际关系，使他们从自我中心状态过渡发展成为一个社会的人。

幼儿教师应树立正确的游戏观，从幼儿角度理解游戏，保障幼儿游戏的权利，将游戏作为幼儿教育的有效手段，运用到教育活动之中，使游戏真正成为幼儿的基本活动。

四、游戏的种类

幼儿游戏一般分为两类：一类是创造性游戏，另一类是有规则游戏。

创造性游戏包括角色游戏、结构游戏、表演游戏，这类游戏是幼儿从兴趣爱好出发，自主选择，自由玩耍的。幼儿的创造性、自主性在这类游戏中获得了极大的发展。

开展创造性游戏一般有两种情况：

一种情况是幼儿完全自发地游戏。包括游戏发起、主题确定、材料组织、成员分工、游戏展开等均由幼儿自主，教师可参与游戏，作适当指导。

还有一种情况是，教师控制游戏环境创设，如在游戏区设置多个主题的游戏场地，幼儿根据自己的兴趣爱好在有限的条件下做出选择，自由游戏。这种情况称为幼儿自选游戏。

有规则游戏包括体育游戏、智力游戏和音乐游戏等，这些游戏是成人在幼儿自发游戏的基础上，依据一定的教育任务而设计编定的，一般都有游戏的目的、玩法、规则和结果四个部分，其中游戏规则是此类游戏的核心。

在幼儿园教育中，教师根据一定的教育目标和幼儿发展的需要，有目的地采用游戏形式进行教学称教学游戏。从本质上讲，教学游戏是一种愉快教学，是寓教学于游戏之中的活动。

第二节　幼儿园游戏的指导

一、幼儿创造性游戏的指导

1. 创造性游戏的指导要求

(1) 尊重幼儿游戏的自主性，满足幼儿游戏的多种需要

幼儿游戏的实质在于它的自主性。幼儿之所以喜欢游戏，是因为幼儿的自主性在游戏中能够得到充分的体现和发挥。当幼儿在游戏中按照自己的兴趣和意愿活动时，就有了很高的

自主性。

另外还要尽量避免游戏类型和活动形式单调。游戏的形式缺乏多样性，不能满足幼儿的需要，就不利于幼儿的发展。教师应该充分了解幼儿的兴趣和爱好，创造条件满足幼儿游戏的多种需要。

(2) 创造良好的能引发幼儿创造性游戏的环境，保证幼儿创造性游戏的时间

游戏的环境主要包括游戏的场地及游戏材料等物质条件，以及这些物质条件之间的相互关系。能引发幼儿创造性游戏的良好环境首先应该是满足幼儿需要的，包括满足同伴间交往需要的环境。

关于幼儿游戏环境的创设，要注意以下问题：

① 教师应该研究幼儿，了解幼儿发展水平、已有的知识经验、能力和需要；了解他们共同的状况及个别差异；同时还需研究游戏材料和玩具的功能，以适合幼儿的发展水平和兴趣需要。

② 良好的游戏环境应蕴含着教师的教育意图和观念，有目的、有计划地促进幼儿的发展。

③ 游戏材料的投放要注意其适宜性，满足幼儿游戏的需要。

④ 游戏场地的安排应注意相对集中，相互协调，互不干扰。

⑤ 良好的游戏环境，还应具有参与性。

此外，还应保证幼儿游戏时间，幼儿园每天都应该有一段相对集中的时间供幼儿玩各种创造性游戏。

(3) 通过观察确定指导幼儿游戏的方法和途径，引导游戏进程，提高游戏水平

游戏中观察的目的：一是了解幼儿在游戏中的表现，游戏的进程及水平；二是了解游戏中场地的设置能否满足活动需要及幼儿对游戏材料的使用情况等。

教师指导幼儿游戏的方式一般有以下两种：

① 教师作为游戏伙伴的隐性指导。教师以游戏参加者的身份用自己的行动以及游戏的语言或游戏的材料，暗示幼儿的游戏行为，促进幼儿游戏的发展。这是创造性游戏的主要指导方式。

② 以教师身份直接点拨的显性指导。这种指导的目的是为了帮助幼儿获得一定的经验，从而更好地开展游戏，或当游戏中出现一些偶发事件时，有必要进行及时的指导。

(4) 按照幼儿游戏发展的规律指导游戏

幼儿的游戏随着幼儿的成长发生和发展，教师在指导幼儿游戏时应该考虑这种发展。如对于小班幼儿应多丰富其生活经验，帮助幼儿确定游戏主题，了解游戏规则，逐步学会合作游戏。对于中班幼儿，教师应尽量多地为幼儿提供多种条件，满足其开展各种创造性游戏的需要，同时注意引导其有组织、有计划地开展游戏。对大班幼儿则可以逐渐减少创造性游戏的时间，增加棋类等竞争性规则游戏的内容，增加幼儿在游戏中思考问题、解决问题的机会。

(5) 探索多样化的指导方式

对于幼儿游戏的指导没有固定的模式，应根据不同的游戏活动类型选择不同的指导方式。各类游戏活动如角色游戏、结构游戏、表演游戏等，其特点不同，教育功能不同，指导的方式也应不同。

2. 角色游戏的特点及指导

角色游戏是幼儿通过扮演角色，运用想象，创造性地反映个人生活印象的一种游戏，通常都有一定的主题，所以又称为主题角色游戏。角色游戏是幼儿期最典型、最有特色的一种创造性游戏。

（1）角色游戏的特点

① 幼儿对社会现实生活的印象是角色游戏的源泉。

角色游戏是幼儿对现实生活的一种积极主动的再现活动，游戏主题、角色、情节、材料的使用均与幼儿的社会生活经验有关。幼儿生活经验越丰富，角色游戏的水平也就越高。

② 想象活动是角色游戏的支柱。

角色游戏过程是创造性想象的过程。在角色游戏中，创造性想象主要表现在三个方面：

一是对游戏角色的假想（以人代人）；

二是对游戏材料的假想（以物代物）；

三是对游戏情景的假想（情景转换）。

（2）角色游戏的指导

① 丰富幼儿的生活经验。

角色游戏是幼儿对现实生活的反映，幼儿的生活内容越丰富，游戏内容就越充实、新颖，游戏的水平也就越高。

② 加强对游戏过程的具体指导。

对于小班幼儿，应着重增强他们的角色意识；对于中班应注重游戏中幼儿交往能力的发展；在大班则应注重鼓励幼儿与同伴商量确定角色的分配，并懂得谦让。此外还应促进幼儿对游戏材料的想象与使用，使幼儿能以物代物，一物多用，发展想象力和创造性。

3. 结构游戏的种类与指导

凡利用各种结构材料或玩具进行建构和造型的活动都称之为结构游戏。幼儿园常用的构造材料有积木、积塑、积竹、金属材料、泥、沙、水、雪等。

（1）结构游戏的种类：积木游戏、积竹游戏、积塑游戏、金属构造游戏、拼棒游戏、拼图游戏、玩沙玩水玩雪的游戏。

（2）结构游戏的指导

① 丰富和加深幼儿对物体和建筑物的印象。

教师在日常活动中要引导幼儿注意观察周围生活中的多种建筑物，感知各部位的名称、形状、结构特征、组合关系与色泽特点。

② 引导幼儿掌握结构造型的基本技能，培养幼儿结构造型的能力。

a. 识别与使用材料的技能；b. 结构操作技能；c. 设计构思能力；d. 掌握结构分析技能；e. 集体构造的技能。

③ 针对不同年龄的特点，具体地指导。

小班应侧重认识结构材料，学习初步的结构技能，稳定结构主题并建立结构游戏的规则，学会整理和保管玩具材料的最简单方法，养成爱护玩具材料的好习惯。

中班应在进一步掌握结构技能的同时，鼓励幼儿大胆想象，共同构造，并能相互评议结构成果。

大班应侧重引导幼儿开展参加人数多、持续时间长的大型结构游戏，并引导幼儿进一步美化自己的结构物。

4. 表演游戏的特点与指导

表演游戏是幼儿根据文艺作品中的内容、情节、角色，通过自己的语言、表情、动作创造性地进行表演的一种游戏。幼儿的表演游戏融想象、创造于一体，对幼儿创造能力的培养和发展起着不可低估的作用。

(1) 表演游戏的特点

① 表演游戏是幼儿根据文艺作品的内容进行表演的游戏。

表演游戏与角色游戏一样，都是幼儿扮演角色的游戏。不同的是在表演游戏中，幼儿扮演的角色是文艺作品中的角色，游戏的情节、内容均来自文艺作品，而角色游戏中，幼儿扮演的角色是现实生活中的各种人物，反映的是幼儿的生活印象。

② 表演游戏是幼儿进行创造性表演的一种游戏。

表演游戏与文艺表演一样，都是以文艺作品作为表演内容的。不同的是表演游戏是幼儿主动的活动，带有自发性和创造性，幼儿可以根据自己的理解增减情节、角色、对话及动作。而文艺表演则是在教师组织下，严格按照作品的情节和语言进行表演，学习作品中人物的对话和动作，是以演给别人看为目的的。

③ 表演游戏不是以演给别人看为目的的，它是幼儿的一种自娱自乐的活动，即使没人看，幼儿也会饶有兴趣地进行表演。

(2) 表演游戏的指导

① 选择内容健康，符合幼儿生活经验，幼儿能理解而又适合表演的作品。

首先，要有健康活泼的思想内容，有利于形成幼儿良好的习惯。

其次，要具有一定的表演性。

② 帮助幼儿熟悉文艺作品，充分理解作品内容。

帮助幼儿熟悉文艺作品，掌握作品的主题及情节的发展，体验角色的语言与动作特点，激发幼儿对作品中人物形象的感情，引起表演的欲望。

③ 引导幼儿创造性地表演作品内容。

教师要用启发性的语言引导幼儿创造性地表演作品内容，在表演游戏中教师应注重幼儿的意愿，让幼儿自己选择、自己设计、自己表演，发挥幼儿的主动性和积极性，鼓励幼儿自然、生动、创造性地表演作品的内容。

④ 针对不同年龄的特点，具体地指导。

小班幼儿不会玩表演游戏，教师可以示范表演，激发幼儿玩表演游戏的兴趣；中、大班幼儿应由他们自愿、自由地玩表演游戏。在游戏的过程中，教师可适当予以帮助。

二、有规则游戏的指导

1. 有规则游戏的种类和特点

有规则游戏多半是由成人编制，以规则为中心，大都带实物或有情节的游戏。幼儿园常用的有规则游戏包括以下几种。

(1) 智力游戏

智力游戏是以生动有趣的形式使幼儿在积极愉快的情绪中来增进知识和发展智力的游

戏。它包括以下种类：感官游戏、比较异同的游戏、分类游戏、推理游戏、记忆游戏、计算游戏、语言游戏、纸牌和棋类游戏。

（2）体育游戏

体育游戏是以发展动作为主的游戏，并能培养幼儿勇敢、坚强、遵守规则等优良品质，体育游戏大多是规则游戏，其中有许多是民间流传下来的，还有许多是教师创编的。主要包括：速度游戏、力量游戏、耐力游戏、灵敏游戏。

（3）音乐游戏

音乐游戏是指幼儿在音乐伴奏或歌曲伴唱下进行的游戏，主要作用是发展幼儿的音乐感知能力和动作。

2. 有规则游戏的指导要求

规则游戏可由教师提供相应的材料和场地，让幼儿自选进行，也可以将其用于专门组织的教学活动中，以增强活动的趣味性，激发幼儿主动性，使学习取得良好的效果。

规则游戏要根据幼儿身心发展的水平来进行，一般应注意以下几个方面。

（1）做好游戏前的准备

① 选择和编制适合的游戏。教师应根据教育要求及幼儿的实际水平选编游戏。一方面要根据教育的任务、要求选编不同类型的有规则游戏；另一方面应顺应幼儿的实际发展水平，选择和编制能激发幼儿的思考和探索，给予幼儿成功体验，激发学习兴趣的游戏。

② 教师要熟悉游戏的玩法及规则。

③ 准备好游戏的场地和材料。

（2）教会幼儿正确地玩游戏

教师要用简单明了的语言和适当的动作示范，说明游戏的名称、玩法及规则，教会幼儿玩游戏。在幼儿游戏过程中教师应着重指导幼儿遵守游戏规则，保证游戏的顺利进行。对个别幼儿给予具体指导，掌握游戏时间，使每个幼儿都有游戏的机会。

（3）组织幼儿积极参加各种游戏，有针对性地指导每个幼儿掌握正确的玩法

① 在“教”幼儿玩游戏的同时，要充分调动幼儿的积极性、主动性，提高幼儿参与游戏的兴趣。

② 针对不同年龄的特点，具体地指导。

对于小班幼儿，游戏玩法和规则的讲解要力求生动、简单、形象，要注重讲解与示范相结合，注重在游戏中逐步提出游戏规则。

对于中班幼儿，还是需要示范、讲解游戏的玩法与规则，并在游戏中着重检查游戏玩法的掌握情况及游戏规则的执行情况，要鼓励幼儿关心并努力争取好的游戏结果，可开展规则简单的竞赛游戏。

对于大班幼儿，可以用语言讲解游戏，要求幼儿独立地玩游戏，严格遵守游戏规则，争取最好的游戏结果；能对游戏的结果进行评价，并可开展较为复杂的竞赛游戏。

（4）做好游戏结束工作

鼓励幼儿争取最好的游戏结果，对幼儿游戏作出评价，对胜利者予以口头表扬、鼓掌、颁发小红旗等奖励。

【范例精讲】

1.(单项选择题)下列对幼儿游戏的含义理解不正确的是(　　)。

A. 游戏是幼儿最喜爱的活动

B. 游戏是幼儿生活的主要内容

C. 游戏符合幼儿身心发展的需要

D. 游戏是幼儿特有的学习方式，有明显的目的

【解析】答案：D　本题主要检测对幼儿游戏的含义的理解。游戏是幼儿特有的一种学习方式，这种学习没有明显的目的，他们并非为着学习而游戏，是为着“玩”而游戏的。

2.(单项选择题)幼儿在游戏过程中，将椅子当成汽车，积木当成望远镜，冰激淋当成注射器。这些是游戏中(　　)的虚构。

A. 角色　　B. 情节　　C. 材料　　D. 玩具

【解析】答案：C 本题主要检测对游戏是虚构的活动的理解。幼儿游戏是其生活的写照，反映其知识经验。游戏的内容、情节，游戏的规则及行为方式都具有社会性的特征，但又不是真实生活的翻版。它是幼儿在假想的情景下反映生活的活动，是“假装的”。将椅子当成汽车，积木当成望远镜，冰激淋当成注射器。这些是游戏中材料的虚构。

3.(单项选择题)下列不属于有规则游戏的是(　　)。

A. 体育游戏　　B. 角色游戏　　C. 智力游戏　　D. 音乐游戏

【解析】答案：B　本题主要检测对游戏的种类的理解。有规则游戏包括体育游戏、智力游戏和音乐游戏等，而“角色游戏”属于创造性游戏。

4.(多项选择题)有规则游戏一般包括(　　)部分。

A. 目的　　B. 玩法　　C. 规则　　D. 结果

【解析】答案：ABCD　本题主要检测对有规则游戏的理解。有规则游戏包括体育游戏、智力游戏和音乐游戏等，这些游戏是成人在幼儿自发游戏的基础上，依据一定的教育任务而设计编定的，一般都有游戏的目的、玩法、规则和结果四个部分，其中游戏规则是此类游戏的核心。

5.(判断题)表演游戏有角色表演，它与角色游戏的指导没有多大区别。(　　)

【解析】答案：×　本题主要检测对角色游戏的指导和表演游戏的指导的理解。角色游戏和表演游戏都要扮演角色，但是角色游戏的角色来源于幼儿的生活，而表演游戏的角色则往往来源于文学作品。这样，二者的指导过程、指导方法自然会不同。

6.(判断题)游戏环境的创设应该做到玩具材料投放要注意适宜性。(　　)

【解析】答案：√本题主要检测对创造良好的能引发幼儿创造性游戏的环境的理解。游戏材料的投放要注意其适宜性，既不要琳琅满目，给予幼儿过多地新颖刺激，使幼儿无法保持相对集中的注意力，变得无所适从，又要注意适量有计划地增加可以引起幼儿兴趣的东西，以便长时间地激发幼儿兴趣。

7.(简答题)简述游戏中观察的目的和教师指导幼儿游戏的方式。

【解析】本题是检测对通过观察确定指导幼儿游戏的方法和途径，引导游戏进程，提高游戏水平的理解。

答案要点：游戏中观察的目的在于：一是了解幼儿在游戏中的表现，游戏的进程及水平；二是了解游戏中场地的设置能否满足活动需要及幼儿对游戏材料的使用情况等。

教师指导幼儿游戏的方式一般有以下两种。

（1）教师作为游戏伙伴的隐性指导。教师以游戏参加者的身份用自己的行动以及游戏的语言或游戏的材料，暗示幼儿的游戏行为，促进幼儿游戏的发展。这是创造性游戏的主要指导方式。

（2）以教师身份直接点拨的显性指导。这种指导的目的是为了帮助幼儿获得一定的经验，从而更好地开展游戏，或当游戏中出现一些偶发事件时，有必要进行及时的指导。

8.（论述题）试述结构游戏的种类与指导要求。

【解析】本题主要检测对结构游戏的种类与指导的理解。

答案要点：凡利用各种结构材料或玩具进行建构和造型的活动都称之为结构游戏。幼儿园常用的构造材料有积木、积塑、积竹、金属材料、泥、沙、水、雪等。

（1）结构游戏的种类：积木游戏、积竹游戏、积塑游戏、金属构造游戏、拼棒游戏、拼图游戏、玩沙玩水玩雪的游戏。

（2）结构游戏的指导要求

① 丰富和加深幼儿对物体和建筑物的印象。教师在日常活动中要引导幼儿注意观察周围生活中的多种建筑物，感知各部位的名称、形状、结构特征、组合关系与色泽特点。

② 引导幼儿掌握结构造型的基本技能，培养幼儿结构造型的能力。识别与使用材料的技能，结构操作技能，设计构思能力，掌握结构分析技能，集体构造的技能。

③ 针对不同年龄的特点，具体地指导。小班应侧重认识结构材料，学习初步的结构技能，稳定结构主题并建立结构游戏的规则，学会整理和保管玩具材料的最简单方法，养成爱护玩具材料的好习惯。中班应在进一步掌握结构技能的同时，鼓励幼儿大胆想象，共同构造，并能相互评议结构成果。大班应侧重引导幼儿开展参加人数多、持续时间长的大型结构游戏，并引导幼儿进一步美化自己的结构物。

9.（案例分析题）案例：某老师在语言活动“小乌龟开店”的基础上，组织一次表演游戏。教师一一出示早已准备好的道具。介绍完道具，陪班老师带领全班幼儿“开火车”离开活动室去“剧场”看表演，主班老师忙着在活动室里布置场景：一家花店、一家书店、一家气球店。场地布置好了，幼儿由陪班老师带领进“剧场”。主班老师提问：“谁愿意上来表演？”“哗！”几十只小手举了起来。老师挑了五个没有举手而上次语言活动表现又不好的幼儿上来表演。表演时，老师不停地提示孩子们对话，做动作。第二轮，老师请了五个“坐得好的孩子”上来表演，五个孩子表演同一个角色。老师还是不时地按照故事情节规范语言，纠正孩子们的动作。好多孩子忙着摆弄有趣的道具，忘了表演，老师又不停地提醒……

问题：（1）请问这是表演游戏吗？为什么？

（2）如果你是教师会怎样组织指导“小乌龟开店”的表演游戏。

【解析】本题主要检测对表演游戏指导的理解。

要点提示：（1）这不是表演游戏，它没有体现表演游戏自主性、创造性和自娱自乐的特点。

（2）首先要帮助幼儿熟悉“小乌龟开店”，充分理解“小乌龟开店”的内容。掌握作品的主题及情节的发展，体验“小乌龟开店”中角色的语言与动作特点，激发幼儿对作品中人物形象的感情，引起表演的欲望。

其次，引导幼儿用自己的语言、动作和表情充分地表现“小乌龟开店”中角色的动作和对话，要求每个幼儿有与别人不一样的独特的表演。

最后，让幼儿自愿分组、自由地玩“小乌龟开店”的表演游戏，教师可予以适当帮助，但不干涉幼儿自由的表演。

【小试牛刀】

一、单项选择题(每题选一个正确答案，每小题2分，共24分)

1. 幼儿喜欢游戏是由于游戏符合(　　)。
   A. 幼儿生活的特点　　B. 幼儿的个性特征
   C. 幼儿的学习方式　　D. 幼儿身心发展的需要
2. 每种游戏都含有(　　)，正是游戏的这一特性，给幼儿带来愉快和满足。
   A. 自主性　　B. 趣味性　　C. 虚构性　　D. 教育性
3. 创造性游戏包括(　　)。
   A. 角色游戏、表演游戏、结构游戏　　B. 规则游戏、音乐游戏、体育游戏
   C. 个体游戏、集体游戏、无规则游戏　　D. 想象性游戏、操作性游戏、玩沙游戏
4. 在幼儿园教育中，教师根据一定的教育目标和幼儿发展的需要，有目的地采用游戏形式进行教学称(　　)。
   A. 角色游戏　　B. 表演游戏　　C. 教学游戏　　D. 自主游戏
5. 幼儿的(　　)是幼儿游戏的重要基础与源泉。
   A. 特点和需要　　B. 生活经验　　C. 观察游戏　　D. 游戏方法
6. 教师对游戏的指导必须以保证(　　)为前提，否则，这种指导只能成为幼儿游戏的障碍，不利于幼儿的发展。
   A. 掌握游戏方法　　B. 满足幼儿游戏的需要
   C. 体现幼儿游戏的特点　　D. 创建游戏环境
7. 玩“医院”游戏的幼儿，把游戏角变成了“医院”，表演出“医生”“病人”的动作、语言、表情，表现出“医院”的活动情景。这是(　　)。
   A. 有规则游戏　　B. 结构游戏　　C. 角色游戏　　D. 表演游戏
8. 教师以游戏参加者的身份用自己的行动以及游戏的语言或游戏的材料，暗示幼儿的游戏行为，促进幼儿游戏的发展。这是(　　)的方式。
   A. 教师作为游戏伙伴的隐性指导　　B. 以教师身份直接点拨的显性指导
   C. 教师作为参与者的显性指导　　D. 以教师身份参与者的隐性指导
9. 角色游戏主要反映的是(　　)。
   A. 幼儿掌握的物体造型　　B. 幼儿熟识的文学作品
   C. 幼儿经历的现实生活　　D. 幼儿丰富的生活阅历
10. 对结构游戏的指导要求理解不正确的是(　　)。
   A. 丰富和加深幼儿对物体和建筑物的印象

B. 符合幼儿的生活经验，充分理解结构特征

C. 引导幼儿掌握结构造型的基本技能，培养幼儿结构造型的能力

D. 针对不同年龄的特点，具体地指导

11. 幼儿教师应树立正确的游戏观，从幼儿角度理解游戏，(　　)，将游戏作为幼儿教育的有效手段，运用到教育活动之中，使游戏真正成为幼儿的基本活动。

A. 幼儿直接经验　　B. 促进幼儿身心全面发展

C. 幼儿间接经验　　D. 保障幼儿游戏的权利

12.《捉迷藏》、《丢手绢》、《老鹰捉小鸡》属于(　　)。

A. 感官游戏　　B. 音乐游戏　　C. 体育游戏　　D. 智力游戏

二、多项选择题(多选、少选、错选均不得分，每小题3分，共15分)

13. 幼儿游戏的过程是学习的过程。幼儿在游戏中的学习是一种自觉的学习，它与其他学习活动相比有着不同的特点(　　)。

A. 学习是幼儿的天性　　B. 学习的动力来自幼儿自身

C. 学习没有明显的目的　　D. 学习是幼儿园的基本活动

E. 学习是潜移默化的

14. 幼儿游戏之所以不同于其他活动，是由它自身的特点决定的，幼儿游戏的特点主要有(　　)。

A. 游戏是幼儿的自主活动　　B. 游戏是幼儿的学习活动

C. 游戏是有趣味的活动　　D. 游戏是虚构的活动

E. 游戏是幼儿发展的活动

15. 游戏为幼儿社会性发展提供了一条途径。理解正确的是(　　)。

A. 游戏能帮助幼儿更好地认识自己、认识他人、认识社会

B. 游戏能够帮助幼儿建立积极的自我意识

C. 游戏能够帮助幼儿了解、理解他人的想法、需要与感受

D. 游戏能促进幼儿心理健康的发展

E. 游戏能够帮助幼儿理解社会规则和习俗的本质

16. 有规则游戏是成人在幼儿自发游戏的基础上，依据一定的教育任务而设计编定的，一般都由游戏的(　　)几个部分组成。

A. 目的　　B. 玩法　　C. 规则　　D. 结果

E. 过程

17. 游戏中观察的目的在于(　　)。

A. 了解幼儿游戏中的困难或问题是否真正被解决

B. 了解幼儿在游戏中的表现

C. 了解游戏的进程及水平

D. 了解游戏中场地的设置能否满足活动需要

E. 了解幼儿对游戏材料的使用情况

三、判断题(正确的打"√"，错误的打"×"。每小题1分，共10分)

( )18. 教学游戏是游戏的一种形式。

( )19. 幼儿游戏的实质在于它的趣味性。

( )20 游戏材料的投放要体现非常鲜明的特征，还应保证幼儿游戏的时间。

( )21. 教师根据不同的游戏活动类型选择不同的指导方式。

( )22. 游戏不是学习，坐下来听老师讲才是学习。

( )23. 满足幼儿对多种游戏的需要是尊重幼儿的一种表现。

( )24. 对幼儿游戏进行评价应该坚持正面教育的原则。

( )25. 表演性游戏的角色往往来源于社会生活。

( )26. 幼儿的自由自发游戏不需要教师的指导。

( )27. 游戏的总结不一定是全班性的集体活动形式。

四、简答题(共21分)

28. 幼儿游戏的教育作用有哪些？(8分)

29. 简述角色游戏的含义和特点。(6分)

30. 表演游戏教师应怎样指导？(7分)

五、论述题(每小题10分，共20分)

31. 试述创造性游戏的指导要求。

32. 试述有规则游戏的指导要求。

六、案例分析题(共10分)

33. 案例：某幼儿园小班，教师提供幼儿制作糕点的材料，试图引发其玩"糕点厂"的游戏，教师费了很大的力气，试图让幼儿能用橡皮泥制作糕点，并放进"电烤炉"烤制，结果幼儿根本不予理睬，糕点厂的游戏也没玩起来。

问题：糕点厂的游戏为什么没能玩起来？如果想要让孩子愿意并喜欢玩糕点厂的游戏，教师应该怎样做？

【参考答案】

一、单项选择题(每题选一个正确答案，每小题2分，共24分)

1. D　2. B　3. A　4. C　5. B　6. C　7. C　8. A　9. C　10. B　11. D　12. C

二、多项选择题(多选、少选、错选均不得分，每小题3分，共15分)

13. BCE　14. ACD　15. ABCE　16. ABCD　17. BCDE

三、判断题(正确的打“√”，错误的打“×”，每小题 1 分，共 10 分)

18. ×　19. ×　20. √　21. √　22. ×　23. √　24. √　25. ×　26. ×　27. √

四、简答题(共 21 分)

28. (1)游戏能促进幼儿身体的发展。游戏中幼儿身体各器官处于积极的活动状态，各种不同的游戏活动量大小不同，身体活动部位不同，不仅促进了幼儿神经、呼吸、消化、循环等各系统的发育，而且也促进了幼儿动作的发展。(2 分)

(2) 游戏能促进幼儿智力和语言的发展。游戏是幼儿智力发展的动力。幼儿在游戏中与环境相互作用，操作物品，感受物体之间的相似与不同，进而意识到事物之间的关系与联系，能对物体进行分类，形成概念。游戏过程中产生的问题，能激发他们思考，寻找出更多解决问题的方法。这正是创造性思维的源泉。在游戏中的交流也有利于促进幼儿语言能力的发展。(2 分)

(3) 游戏能促进幼儿良好情感的发展。游戏是幼儿表达情感的一种方式，对幼儿情感的满足和稳定具有重要价值。游戏还为幼儿提供了学习理解和接纳他人情感，适当表达自己情感的途径，有利于幼儿积极情感的发展。(2 分)

(4) 游戏能促进幼儿社会性发展。游戏为幼儿社会性发展提供了一条途径。幼儿在游戏中自觉遵守集体的规则，学会一些社会行为。游戏中同伴之间的合作、协商，使幼儿能考虑和接纳他人的观点，协调彼此的行为；能促进与同伴之间的和平交往，能学会互相尊重和照顾，从而产生积极的人际关系，使他们从自我中心状态过渡发展成为一个社会的人。(2 分)

29. (1)角色游戏是幼儿通过扮演角色，运用想象，创造性地反映个人生活印象的一种游戏，通常都有一定的主题，所以又称为主题角色游戏。角色游戏是幼儿期最典型、最有特色的一种创造性游戏。(2 分)

(2) 角色游戏的特点有二：

一是幼儿对社会现实生活的印象是角色游戏的源泉。角色游戏是幼儿对现实生活的一种积极主动的再现活动，游戏主题、角色、情节、材料的使用均与幼儿的社会生活经验有关。幼儿生活经验越丰富，角色游戏的水平也就越高。(2 分)

二是想象活动是角色游戏的支柱。角色游戏过程是创造性想象的过程。在角色游戏中，创造性想象主要表现在三个方面。①对游戏角色的假想(以人代人)；②对游戏材料的假想(以物代物)；③对游戏情景的假想(情景转换)。(2 分)

30. (1)选择内容健康，符合幼儿生活经验，幼儿能理解而又适合表演的作品。首先，要有健康活泼的思想内容，有利于形成幼儿良好的习惯。其次，要具有一定的表演性。(2 分)

(2) 帮助幼儿熟悉文艺作品，充分理解作品内容。帮助幼儿熟悉文艺作品，掌握作品的主题及情节的发展，体验角色的语言与动作特点，激发幼儿对作品中人物形象的感情，引起表演的欲望。(2 分)

(3) 引导幼儿创造性地表演作品内容。教师要用启发性的语言引导幼儿创造性地表演作品内容，在表演游戏中教师应注重幼儿的意愿，让幼儿自己选择、自己设计、自己表演，发挥幼儿的主动性和积极性，鼓励幼儿自然、生动、创造性地表演作品的内容。(1 分)

(4) 针对不同年龄的特点，具体地指导。小班幼儿不会玩表演游戏，教师可以示范表演，激发幼儿玩表演游戏的兴趣；中、大班幼儿应由他们自愿、自由地玩表演游戏。在游戏的过程中，教师可适当予以帮助。(2 分)

五、论述题(每小题 10 分，共 20 分)

31. (1) 尊重幼儿游戏的自主性，满足幼儿游戏的多种需要。幼儿游戏的实质在于它的自主性。幼儿之所以喜欢游戏，是因为幼儿的自主性在游戏中能够得到充分的体现和发挥。当幼儿在游戏中按照自己的兴趣和意愿活动时，就有了很高的自主性。另外还要尽量避免游戏类型和活动形式单调。游戏的形式缺乏多样性，不能满足幼儿的需要，就不利于幼儿的发展。教师应该充分了解幼儿的兴趣和爱好，创造条件满足幼儿游戏的多种需要。(2 分)

(2) 创造良好的能引发幼儿创造性游戏的环境，保证幼儿创造性游戏的时间。游戏的环境主要包括游戏的场地及游戏材料等物质条件，以及这些物质条件之间的相互关系。能引发幼儿创造性游戏的良好环境首先应该是满足幼儿需要的，包括满足同伴间交往需要的环境。此外，还应保证幼儿游戏时间，幼儿园每天都应该有一段相对集中的时间供幼儿玩各种创造性游戏。(2 分)

(3) 通过观察确定指导幼儿游戏的方法和途径，引导游戏进程，提高游戏水平

游戏中观察的目的：一是了解幼儿在游戏中的表现，游戏的进程及水平；二是了解游戏中场地的设置能否满足活动需要及幼儿对游戏材料的使用情况等。

教师指导幼儿游戏的方式一般有以下两种：一是教师作为游戏伙伴的隐性指导；二是以教师身份直接点拨的显性指导。(2 分)

(4) 按照幼儿游戏发展的规律指导游戏。幼儿的游戏随着幼儿的成长发生和发展，教师在指导幼儿游戏时应该考虑这种发展。如对于小班幼儿，应多丰富其生活经验，帮助幼儿确定游戏主题，了解游戏规则，逐步学会合作游戏。对于中班幼儿，教师应尽量多地为幼儿提供多种条件，满足其开展各种创造性游戏的需要，同时注意引导其有组织、有计划地开展游戏。对于大班幼儿，则可以逐渐减少创造性游戏的时间，增加棋类等竞争性规则游戏的内容，增加幼儿在游戏中思考问题，解决问题的机会。(2 分)

(5) 探索多样化的指导方式。对于幼儿游戏的指导没有固定的模式，应根据不同的游戏活动类型选择不同的指导方式。各类游戏活动如角色游戏、结构游戏、表演游戏等，其特点不同，教育功能不同，指导的方式也应不同。(2 分)

32. 规则游戏可由教师提供相应的材料和场地，让幼儿自选进行，也可以将其用于专门组织的教学活动中，以增强活动的趣味性，激发幼儿主动性，使学习取得良好的效果。(2 分)

规则游戏要根据幼儿身心发展的水平来进行，一般应注意以下几个方面。

(1) 做好游戏前的准备。(2 分)

① 选择和编制适合的游戏。教师应根据教育要求及幼儿的实际水平选编游戏。②教师要熟悉游戏的玩法及规则。③准备好游戏的场地和材料。

(2) 教会幼儿正确地玩游戏。(2 分) 教师要用简单明了的语言和适当的动作示范，说明游戏的名称、玩法及规则，教会幼儿玩游戏。在幼儿游戏过程中教师应着重指导幼儿遵守游戏规则，保证游戏的顺利进行。对个别幼儿给予具体指导，掌握游戏时间，使每个幼儿都有

游戏的机会。

(3) 组织幼儿积极参加各种游戏，有针对性地指导每个幼儿掌握正确的玩法。(2分)首先，在“教”幼儿玩游戏的同时，要充分调动幼儿的积极性、主动性，提高幼儿参与游戏的兴趣。其次，针对不同年龄的特点，具体地指导。对于小班幼儿，要注重讲解与示范相结合，注重在游戏中逐步提出游戏规则。对于中班幼儿，还是需要示范、讲解游戏的玩法与规则，并在游戏中着重检查游戏玩法的掌握情况及游戏规则的执行情况。对于大班幼儿，要求幼儿独立地玩游戏，严格遵守游戏规则。

(4) 做好游戏结束工作。(2分)鼓励幼儿争取最好的游戏结果，对幼儿游戏作出评价，对胜利者予以口头表扬、鼓掌、颁发小红旗等奖励。

六、案例分析题(共10分)

33. (1)之所以会出现这种状况，是因为幼儿不知道“糕点厂”“电烤炉”为何物，教师提供的游戏材料是对幼儿来说是陌生的，脱离了幼儿的生活实际，幼儿表现出游戏兴趣较低。(2分)

(2) 组织指导角色游戏必须丰富幼儿的生活经验，幼儿的游戏是对幼儿生活的反映，其生活经验是幼儿游戏的重要基础与源泉。幼儿的生活内容越丰富，游戏内容就越充实、新颖，游戏的水平也就越高。(2分)

(3) 幼儿的生活经验主要来自家庭、社会、幼儿园等方面。为了发展幼儿游戏，教师要善于利用幼儿园的各种活动、利用园内外的各种教育资源，利用家园的密切合作，不断丰富幼儿的知识经验，充实幼儿的日常生活，扩展幼儿的视野，从而为不断扩大游戏的深度与广度打下基础。(2分)

(4) 要提高幼儿角色游戏的水平还应加强对游戏过程的具体指导。(2分)

小班应着重在增强幼儿的角色意识；中班应注重游戏中幼儿交往能力的发展；大班则应注重鼓励幼儿与同伴商量确定角色的分配，并懂得谦让。(1分)

此外还应促进幼儿对游戏材料的想象与使用，使幼儿能以物代物、一物多用。具有丰富的想象力和创造力。(1分)

第九章　幼儿园的日常生活、劳动和节日娱乐活动

【内容索引】

- 幼儿园日常生活活动、劳动、节日娱乐活动
  - 幼儿园日常生活活动
    - 日常生活活动的含义
    - 日常生活活动的教育作用
    - 日常生活活动的内容和要求
    - 组织指导日常生活活动应注意的问题求
  - 幼儿劳动
    - 幼儿劳动的特点
    - 幼儿劳动的教育作用
    - 幼儿劳动的内容、形式和指导
    - 组织幼儿劳动应注意的问题
  - 幼儿园的节日及娱乐活动
    - 幼儿园的节日活动
    - 幼儿园的娱乐活动
    - 其他集体性的娱乐活动

【学习导航】

识记：幼儿园日常生活活动、幼儿园劳动、幼儿园的节日、幼儿园的娱乐活动的概念；幼儿园日常生活活动的特点、内容、教育作用和组织形式；幼儿园劳动的特点、内容、教育作用和组织形式；幼儿园节日娱乐活动的特点、内容、教育作用和组织形式。

理解：幼儿园日常生活活动的特点、内容、教育作用和组织形式；组织与指导幼儿园日常生活活动的要求和应注意的问题；幼儿园劳动的特点、内容、教育作用和组织形式；组织与指导幼儿园劳动的要求和应注意的问题。幼儿园节日娱乐活动的特点、内容、教育作用和组织形式；组织与指导幼儿园节日娱乐活动的要求和应注意的问题。

应用：科学合理地制定幼儿园一日生活制度；科学合理地制订幼儿劳动、幼儿园娱乐活动的活动计划。

【重中之重】

幼儿园日常生活活动的特点、内容、教育作用和组织形式；组织和指导幼儿园日常生活活动、幼儿劳动、节日娱乐活动的要求和应注意的问题。

【应知应会】

第一节　幼儿园日常生活活动

一、日常生活活动的含义

幼儿园日常生活活动是指幼儿一日活动中的生活环节和一些每天都要进行的日常活动，主要包括进餐、饮水、睡眠、盥洗、如厕、入园和离园、过渡活动和自由活动以及散步等活动。

幼儿园的日常生活活动蕴含着保育和教育因素。

二、日常生活活动的教育作用

日常生活活动是幼儿园课程的组成部分，对幼儿全面发展有重要的促进作用。

(1) 幼儿体育中培养良好的生活卫生习惯的目标要求，需要在日常生活活动中反复训练才能实现，日常生活活动也是完成体育任务，促进幼儿健康必不可少的手段。

(2) 日常生活活动渗透着幼儿的智育。幼儿需要学习粗浅的知识，可以进行智力的训练，还可以让幼儿运用感官感知认识生活用品的性能和用途，在对生活环境的观察思考中激发幼儿的好奇心和求知欲。

(3) 幼儿德育体现在日常生活的待人、接物、处事之中。日常生活活动对幼儿品德的形成有多方面的影响，可以培养幼儿爱劳动的品质和习惯；可以培养幼儿的自主性、独立性，有利于幼儿个性的形成；生活活动为幼儿良好行为的反复练习及与同伴的交往提供机会；生活常规的训练，使幼儿得到规范自己的行为、适应集体生活的教育。幼儿园的日常生活活动是促进幼儿社会化的必要途径。

(4) 幼儿最初的美育是从日常生活开始的。幼儿的审美教育要与幼儿的生活相结合，在生活活动中发展幼儿对生活美的感受力和表现力，形成对待生活的积极态度。

三、日常生活活动的内容和要求

日常生活活动是保教结合最紧密的幼儿园课程形式，其中的每一项活动既是对幼儿的保育过程，又是施教的机会。

1. 入园与离园

入园与离园是幼儿一天集体生活的开始与结束，也是向幼儿进行个别教育和开展家长工作的好时机。

(1) 入园

入园前，教师要对活动室的卫生、安全进行检查，准备图书或供自选的玩具和材料。

入园时，按要求晨检，做好与家长的交接工作，并给予必要的家庭教育指导，组织幼儿进行分散、自由的活动、值日生工作等。

(2) 离园

离园时，教师要组织幼儿整理活动室环境和个人用品，简要评定幼儿在园一天的表现，安排集体性或分散的安静活动。

2. 进餐、饮水、盥洗、如厕和睡眠活动

(1) 进餐

教师要创设安静整洁、轻松愉快的进餐环境，要培养与进餐有关的文明卫生习惯，有计划地对幼儿进行营养卫生教育。

(2) 饮水

饮水是重要的但往往被忽视的生活活动。保证幼儿每天喝足够和清洁的开水是教师的职责。建立饮水时的常规要求，让幼儿学会自己使用饮水器皿取水的正确方法。讲究饮水卫生，养成会主动喝水和喝白开水的好习惯。

(3) 盥洗

盥洗是培养幼儿自我服务能力的有利途径，要求幼儿在掌握盥洗技能的基础上，养成科学卫生而又便捷合理的盥洗习惯。

首先，幼儿园要因地制宜创设实用的盥洗设施，实行流动水洗手洗脸。

其次，要指导幼儿学会洗手洗脸、刷牙的动作技能；养成饭前便后和手脏时主动洗手的习惯；等等。

(4) 如厕

幼儿园要保持厕所整洁，使幼儿得到潜移默化的文明教育。

(5) 睡眠

睡眠也是护理与教育相结合，培养幼儿自理能力的最好时机。

首先教师要与家长配合保证幼儿有充足的睡眠时间，培养良好的睡眠习惯和自我服务的能力。

其次，应建立寝室常规。

再者，培养幼儿按照实用便捷的程序穿脱衣物、鞋袜，扣扣子，拉拉链，系带子，以及折叠衣服，整理被褥的能力和习惯等。

3. 过渡活动和自由活动

(1) 过渡活动

过渡活动是幼儿从一个活动到另一个活动之间的转换活动，这种活动时间短暂、形式灵活多样。

过渡活动的意义在于，让幼儿得到休息和调整；帮助幼儿建立初步的时间观念；丰富幼儿的生活内容。

(2) 自由活动

自由活动是让幼儿自己选择活动内容、自己选择玩具材料、自己选择玩伴的活动。其特点虽然是“自由”，但离不开教师的组织和指导，要充分认识开展自由活动对促进幼儿发展的积极作用，让幼儿在愉快、有益的自由活动中得到童年的欢乐。

① 要为幼儿的自由活动创设条件，提供自由活动的时间、地点和充足的玩具材料。

② 充分挖掘和利用自由活动中的教育契机。

4. 散步

散步是一种轻松愉快的活动。较长时间的步行，不仅锻炼了身体，还能培养幼儿的毅力、耐力和组织性。还可以使幼儿有更多的机会接触幼儿周围的自然景物和社会生活，扩大眼界，增长知识，得到美的感受，也培养了热爱家乡和热爱生活的情感。

四、组织指导日常生活活动应注意的问题

幼儿园日常生活活动的内容和形式与幼儿的日常生活紧密相连，活动过程具有重复性、灵活性和随机性的特点。教师在组织指导日常生活活动时应注意以下几点：

1. 保育教育相结合

日常生活活动是对幼儿实施保育的途径，也是进行教育的机会。保中有教，教中有保是教师的职责。

2. 建立合理的常规

常规是幼儿必须遵守的日常生活的行为规则，是教师组织管理幼儿日常生活行之有效的方法。

（1）日常生活常规必须符合幼儿身心发展的特点，与各种日常生活活动的内容及幼儿自理能力、行为习惯培养的要求紧密结合。

（2）常规教育是教师帮助幼儿理解、掌握、熟悉行为规则的过程。

（3）当常规成为幼儿的自觉行动时，帮助幼儿形成了良好的习惯，培养幼儿的自理能力。这正是日常生活常规的意义和价值所在。

3. 生活技能的练习

练习是一种教育方法，是在一定的条件下通过实践活动重复训练，而巩固某种技能的方法。

（1）生活技能的训练方法，要根据幼儿的年龄特点、个别差异和班级的实际情况选用。

（2）各种生活技能动作，都可以采用分解动作的方法，让幼儿按步骤练习掌握。

生活技能的练习是日常生活活动中的重要环节。为实现日常生活活动的课程目标，需要教师不断地研究和总结科学的生活技能练习的方法。

第二节　幼儿劳动

劳动是幼儿教育的内容和手段之一。通过劳动，使幼儿学习简单的劳动知识和技能，培养热爱劳动、尊重劳动者和劳动成果的思想品德，初步养成独立生活的能力和劳动的习惯。

一、幼儿劳动的特点

1. 游戏性

幼儿劳动具有游戏的性质。幼儿好奇、好动、好模仿，喜欢自己动手参与劳动。但目的性不明确，不在意劳动成果，也不能深刻理解劳动的社会意义。而是从兴趣出发，以游戏方式模仿成人劳动，边玩边做，满足于劳动过程中自己的动作，喜爱的是用来劳动的材料和工具。

2. 生活性

幼儿劳动的内容是和日常生活紧密联系的生活性劳动，是从生活中的自我服务开始的。自我服务是幼儿独立照顾自己生活的简单劳动。

幼儿早期的劳动愿望是在生活中产生的。

二、幼儿劳动的教育作用

1. 幼儿劳动是促进幼儿全面发展的教育手段

（1）劳动能增强幼儿的体力，发展幼儿的动作。

（2）劳动是幼儿智育的手段。

（3）劳动对形成幼儿良好的品德有着突出的作用。

（4）幼儿通过自己的劳动，使个人的仪容保持整洁，使生活环境更加美观舒适。

2. 劳动对幼儿良好个性的形成有直接的影响作用

（1）劳动使幼儿体验到成功的欢乐，建立起自信，感受到自己是有能力的人，从而激发了学习和探索的愿望以及自立、自主的精神。

（2）在劳动中还能培养幼儿坚持完成任务的责任感、与同伴协同合作的能力、生活自理的能力和爱劳动的习惯。

三、幼儿劳动的内容、形式和指导

幼儿劳动是与幼儿生活相联系的简单而有趣味性的活动。幼儿劳动的内容有自我服务劳动、为集体服务的劳动和种植、饲养及手工劳动等四个方面。

1. 自我服务劳动

自我服务劳动是幼儿自己照料自己的劳动，它对培养幼儿生活自理能力和劳动习惯有重要的意义。

自我服务劳动的内容看似简单，却是幼儿必须付出努力学习掌握的生活性技能。教师要创设自我服务劳动的环境条件，加强与家长的配合，充分发挥自我服务劳动的教育作用。

2. 为集体服务的劳动

为集体服务的劳动是教师的组织指导下，幼儿为班级、幼儿园或家庭做力所能及的事，为集体服务的劳动能培养幼儿对他人的关心和为集体服务的义务感和责任感，也是幼儿爱集体教育的有效途径。

为集体服务的劳动有集体劳动、个别委托劳动、值日生劳动和家务劳动儿种形式。

（1）集体劳动

集体劳动是根据劳动任务，组织指导全班或小组幼儿，在同一时间内共同进行劳动的形式。

集体劳动的内容主要包括清洁卫生劳动和公益性质的劳动等。

集体劳动中，由于参加人数多，劳动项目复杂，因此要加强组织指导工作的计划性。劳动开始时，向幼儿说明劳动的内容和要求；在劳动过程中，要观察了解幼儿情况，适时给予指导帮助；劳动结束前，要求幼儿整理工具，检查劳动结果，并作简单的评价或总结。

（2）个别委托劳动

个别委托劳动是教师根据教育的需要和幼儿的情况，有意识地将某一项劳动任务交付给幼儿去完成。

完成被委托的劳动任务，有助于激发幼儿对劳动的兴趣，培养幼儿的责任感、独立性和自制力。

（3）值日生劳动

值日生劳动是以幼儿轮流值日来为集体服务的劳动形式。

值日生劳动对培养幼儿的劳动、劳动技能和关心集体的责任感，以及独立性、自主性有显著的作用。教师讲解具体的劳动任务和进行的程序，教会幼儿担任值日生的方法和技能，鼓励幼儿独立地、有创造性地完成任务。

（4）家务劳动

家务劳动是家庭成员共同生活中必不可少的日常劳动。幼儿参加家务劳动，不仅有利于幼儿身心的健康成长，也有助于家庭和睦气氛的形成，还可以培养幼儿生活自理能力和勤劳的品质。

幼儿家务劳动主要靠家长进行指导，教师的任务是要与家长取得共识并积极督促家长让幼儿参与家务劳动。通过家园同步的教育，不仅促进幼儿养成劳动的习惯，更重要的意义还在于培养了幼儿在幼儿园和在家表现一个样的健全人格。

3. 种植、饲养劳动

种植和饲养是幼儿在接触自然环境中进行的劳动，也是幼儿最喜爱的劳动。在劳动中，不仅锻炼了幼儿的动作和体力，还培养了认真负责、持久细心的劳动态度，使幼儿获得劳动成果来之不易的情感体验，受到爱惜劳动成果和保护动植物的教育。

种植、饲养劳动具有集体劳动的性质，教师可将集体劳动的指导方法和种植饲养劳动的特殊要求结合起来，并侧重于引导幼儿掌握观察动植物生长变化的方法，学会一些管理动植物的技能。

4. 手工劳动

手工劳动是幼儿运用材料进行手工制作的劳动，这是一种有趣而又有意义的幼儿劳动。它不仅能使幼儿认识各种材料的性能，学习到加工和制作的技能，还能发展幼儿的注意力、想象力和创造力。

（1）自制玩具

自制玩具是教师利用收集的自然材料、废旧物品和手工材料教幼儿制作简单的玩具或游戏用品的劳动形式，是一种简单的手工劳动。

教师指导幼儿设计和自制的玩具，应是幼儿感兴趣而自己还不能独立制作的玩具。自制玩具的目的在于促进幼儿的发展和满足游戏的需要，因此要重视幼儿制作玩具的过程，把实践的机会留给幼儿，让幼儿得到自制玩具的快乐。

指导幼儿制作玩具，可分几个步骤进行。

第一步是引导幼儿进行制作设计，当幼儿构思合理时，应给予肯定，对不完善的设想可用讨论的方法进行启发。

第二步是按照准备制作的玩具特征选择安全、无毒、卫生的材料。

第三步是在制作加工的过程中，教幼儿把零散的材料按照设计要求进行拼合、安装、粘接。

最后启发和指导幼儿对已制成的玩具作简单的外观修整和装饰。

（2）其他手工劳作

教师在指导时要注意充分发挥幼儿的创造性和想象力，让幼儿在制作中运用生活经验和制作技能，主动地积极地构思和尝试，完成作品。

四、组织幼儿劳动应注意的问题

1. 明确幼儿劳动的目的要求

组织幼儿参加劳动的目的是为了教育和促进幼儿的发展。教师要对幼儿的劳动提出具体的教育要求，计划安排好组织劳动的各个步骤，在劳动过程中充分发挥幼儿的主动性和创造性，不仅重视劳动知识和劳动技能的教育，还要重视劳动习惯的培养，充分发挥劳动的教育作用。

2. 为幼儿劳动创设适宜的条件

幼儿劳动需要适宜的劳动场所和设施，在室外要为种植劳动、饲养小动物开辟场地，在室内要划分出自然角的位置，并提供种植和饲养的器具等。为配合幼儿劳动的开展，要有目的地收集自然材料和可供利用的废旧物品，因地制宜地创造适合幼儿劳动的条件，有利于教师经常性地组织幼儿劳动。

3. 科学安排幼儿劳动内容

科学、合理的劳动内容应该首先是幼儿力所能及的，但又是需要幼儿付出一些努力、克服一定的困难才能完成的。随着年龄的增长，幼儿劳动的内容会不断扩大，劳动内容的难易程度以及劳动量、劳动时间也可以相应地逐渐增加，劳动的要求也随之逐步提高。

4. 劳动形式多样化，有趣味性

幼儿对劳动的兴趣和愿望，是幼儿参加劳动的内部动力。教师要注意利用生动活泼、多种多样的形式组织幼儿的劳动。如在幼儿自我服务劳动中，可通过儿歌、故事、歌舞表演、幻灯以及游戏等活动形式，引导幼儿实际操作，进行反复练习。

5. 重视劳动过程中的安全和卫生

幼儿身心发育尚未完善，缺乏自我保护的能力和知识经验，幼儿劳动应在安全卫生的环境中进行。劳动量的大小和时间的长短要适合幼儿的特点，注意培养适宜的劳动姿势，不能让幼儿长时间地负重、弯腰、站立或下蹲。

第三节　幼儿园的节日活动及娱乐活动

一、幼儿园的节日活动

幼儿园的节日活动是为庆祝纪念性节日、传统的民俗节日和幼儿自己的节日而组织的活动。幼儿园中经常举行的节日活动有：十一国庆节、六一国际儿童节、元旦以及民俗节日中的端午节、中秋节和春节等。

1. 幼儿园节日活动的教育作用

每个节日虽然各自具有不同的思想内容和纪念意义，但都是幼儿全面发展教育的手段之一。

节日活动具有鲜明的社会性和民族性。从迎接节日活动的到来到庆祝活动的举行，幼儿发自内心的愉快有利于幼儿身心的健康。从浓郁民族传统的民俗节日中，幼儿初步了解一些我国的民间习俗和风土人情，感受民族传统文化的丰富内涵，增强了民族的自尊心。幼儿通过各种纪念性节日庆祝活动，丰富了与节日有关的粗略的历史事件的知识，扩大了眼界，促进了社会性的发展。

节日庆祝活动内容和形式丰富多彩。一系列的节日活动，不仅能引起幼儿对节日的兴趣和向往，还增进了对集体的情感，也会给幼儿留下难忘的印象，带给幼儿表现美、感受美的乐趣。

2. 组织幼儿园节日活动的基本要求

为了充分发挥节日活动对幼儿的教育作用，组织幼儿园节日活动有以下要求：

（1）节日活动应有计划、有准备地进行。

（2）突出不同节日应有的特色。

（3）活动的内容和时间必须符合幼儿年龄特点。

（4）活动的开展要面向全体幼儿，使幼儿成为活动的主人。

3. 幼儿园节日活动的形式和组织

（1）全园庆祝会

大型的庆祝集会，通常都有各个班级幼儿表演的文艺节目，还可以邀请领导、家长和来宾参加。

（2）联欢、游艺活动

全园性的庆祝活动除庆祝会外，还可以采取全园联欢、游艺活动的形式。如分别利用各班活动室，或在室外的庭院场地上，划分和布置成多种多样带有游戏性质的活动区域开展游戏活动；也可以组织表现民俗节日特色的联欢、游艺活动。

（3）班级庆祝活动

班级节日庆祝活动范围小，形式灵活，便于组织。班级庆祝活动要注意突出主题，体现不同节日的特色，可请家长参加庆祝会，与家长联欢，在活动中欢迎家长代表讲话，再由本班幼儿进行文艺节目的表演。

（4）慰问活动

幼儿园一般在五一国际劳动节、八一建军节和教师节时采用慰问的形式开展活动。慰问活动主题突出，可充分发挥慰问活动对幼儿的教育作用。

4. 节日后的教育工作

节日活动后，可以把庆祝节日的环境布置保留一段时间，并组织幼儿通过谈话、绘画、游戏等活动，回忆自己对节日庆祝活动的印象和感受，就会起到更好的教育效果。

二、幼儿园的娱乐活动

幼儿园的娱乐生活是指通过幼儿喜闻乐见的文艺形式或带有游戏性质的手段，以丰富幼儿的生活，给幼儿带来快乐为主要目的的活动，包括看电影、电视、幻灯、木偶戏、歌舞表演、小魔术或演示娱乐玩具、玩娱乐性游戏、小型游艺会等。

1. 幼儿园娱乐活动的含义及教育作用

娱乐活动常常是富有吸引力和趣味性的、让幼儿进行观赏和操作的活动。它不仅给幼儿的生活增添了乐趣，还能促进幼儿智力和体力的发展，娱乐活动所表现的内容可以培养幼儿的道德情操，启迪幼儿的智慧，促进认识能力的发展，使幼儿在欢笑声中接受教育，得到美的享受。

2. 幼儿园娱乐活动的组织

组织要求：要有目的、有计划地组织幼儿的娱乐活动，可每周或两周组织一次。具体指导与幼儿园节日活动的组织要求基本一致。

组织原则：娱乐活动的选择和组织安排，都要符合教育性、艺术性和可接受性的原则。

组织形式：全园性的娱乐活动、班级的娱乐活动。

三、其他集体性的娱乐活动

1. 迎新活动

迎新活动既是幼儿熟悉幼儿园、家长了解幼儿园的过程，也是教师与幼儿和家长交往的机会。

入园第一周，幼儿的活动以娱乐性活动、游戏和生活活动为主，时间要短，形式要灵活，玩具、图书数量要充足，达到既舒缓幼儿紧张情绪又能促使幼儿逐步适应集体生活的要求。

2. 毕业欢送活动

幼儿结束幼儿园的生活，即将进入小学学习，幼儿离园前，可以组织全园或班级的毕业欢送活动，让幼儿得到老师、家长和在园小朋友的祝贺，激发幼儿对小学生活的向往，理解即将成为一名小学生的责任感。

3. 生日聚会

幼儿园中的生日聚会，使幼儿深切地感受到成人的爱抚和期望，体验到童年的幸福，带给幼儿快乐，是幼儿喜爱的活动。

生日聚会一般在班级内进行，可以为一个幼儿举行，或为同一月份中出生的幼儿集体举行。活动的内容和形式丰富多样，主要取决于教师的设计和组织。

4. 亲子活动

亲子活动是请家长到幼儿园与自己的孩子共同参与活动的形式。幼儿园可以结合节日活动、娱乐活动、迎新活动、毕业欢送活动以及生日聚会、幼儿运动会、幼儿劳动等等活动的时间，邀请家长到幼儿园和幼儿参加活动，成为自己孩子的活动伙伴。

5. 郊游

幼儿园按照学年或学期计划，分别在春秋季组织全园幼儿到市区近郊的公园游玩的活动，也是幼儿最喜爱的轻松愉快的活动。

郊游活动是有益于幼儿身心健康的活动，其内容要符合幼儿的年龄特点，避免幼儿疲劳，并要把安全放在首位，加强对幼儿的安全教育和管理工作。

【范例精讲】

1.(单项选择题)(　　)是保教结合最紧密的幼儿园课程形式，其中每一项活动既是对幼儿的保育过程，又是施教的机会。

A. 日常生活活动　　B. 幼儿劳动

C. 幼儿园节日活动　　D. 幼儿园娱乐活动

【解析】答案：A 本题主要检测对日常生活活动的内容和要求的理解。日常生活活动是保教结合最紧密的幼儿园课程形式，其中每一项活动既是对幼儿的保育过程，又是施教的机会。教师应明确地安排各种生活活动应该占用的时间，以保证活动有序地进行。

2.（单项选择题）让幼儿得到休息和调整，帮助幼儿建立初步的时间观念，丰富幼儿的生活内容，使生活环节转换自然有序。这是（　　）的意义。

A. 娱乐活动　　B. 游戏活动　　C. 过渡活动　　D. 自由活动

【解析】答案：C　本题主要检测对过渡活动的理解。过渡活动是幼儿从一个活动到另一个活动之间的转换活动。这种活动时间短暂、形式灵活多样。过渡活动的意义在于，让幼儿得到休息和调整；帮助幼儿建立初步的时间观念；丰富幼儿的生活内容，使生活环节转换自然有序。

3.（单项选择题）幼儿劳动的特点是（　　）

A. 连续性和可能性　　B. 游戏性和生活性

C. 探索性和教育性　　D. 开放性和自主性

【解析】答案：B　本题主要检测对幼儿劳动的特点的理解。幼儿劳动的特点是游戏性（具有游戏的性质）和生活性（幼儿劳动的内容是和日常生活紧密联系的生活性劳动）。

4.（多项选择题）幼儿园娱乐活动的选择和组织安排要符合的原则（　　）。

A. 教育性　　B. 艺术性　　C. 可接受性　　D. 新颖性

【解析】答案：ABC 本题主要检测对幼儿园娱乐活动的理解。幼儿园娱乐活动内容的选择，要注意艺术性与思想性结合，具有教育作用。要杜绝不健康、格调低的、不适合幼儿年龄特点的活动内容，以免对幼儿产生不良影响。无论哪个年龄班，娱乐活动的选择和组织安排，都要符合教育性、艺术性和可接受性的原则。

5.（判断题）幼儿的日常生活活动，如盥洗穿衣等也是幼儿园课程的范畴。（　　）

【解析】答案：√　本题主要检测对日常生活活动的理解。幼儿园课程融合于幼儿在园内的一日生活之中，包括入园和离园、进餐、饮水、午睡、盥洗、如厕和睡眠活动，这是幼儿的日常生活活动。

6.（判断题）全园性的娱乐活动时间以两小时左右为宜，举行的次数不限。（　　）

【解析】答案：×　本题主要检测对全园性的娱乐活动的理解。幼儿园全园性的娱乐活动时间以一小时左右为宜，举行的次数不宜太多。因为时间长、次数多，幼儿的注意力就会分散，兴趣也会降低。

7.（简答题）教师怎样指导幼儿制作玩具？

【解析】本题是检测对手工劳动的理解。

答案要点：指导幼儿制作玩具，可分几个步骤进行。

第一步是引导幼儿进行制作设计，当幼儿构思合理时，应给予肯定，对不完善的设想可用讨论的方法进行启发。

第二步是按照准备制作的玩具特征选择安全、无毒、卫生的材料。

第三步是在制作加工的过程中，教幼儿把零散的材料按照设计要求进行拼合、安装、粘接。

最后启发和指导幼儿对已制成的玩具作简单的外观修整和装饰。

8.(论述题)试述幼儿劳动的内容和形式。

【解析】本题主要检测对幼儿劳动的内容和形式的理解。

答案要点：幼儿劳动是与幼儿生活相联系的简单而有趣味性的活动。幼儿劳动的内容有自我服务劳动、为集体服务的劳动和种植、饲养及手工劳动等四个方面。

(1) 自我服务劳动。自我服务劳动是幼儿自己照料自己的劳动，它对培养幼儿生活自理能力和劳动习惯有重要的意义。又能帮助幼儿必须付出努力学习掌握的生活性技能。教师要创设自我服务劳动的环境条件，加强与家长的配合，充分发挥自我服务劳动的教育作用。

(2) 为集体服务的劳动。为集体服务的劳动是教师的组织指导下，幼儿为班级、幼儿园或家庭做力所能及的事，为集体服务的劳动能培养幼儿对他人的关心和为集体服务的义务感和责任感，也是幼儿爱集体教育的有效途径。为集体服务的劳动有集体劳动、个别委托劳动、值日生劳动和家务劳动几种形式。

(3) 种植、饲养劳动。种植和饲养是幼儿在接触自然环境中进行的劳动，也是幼儿最喜爱的劳动。在劳动中，不仅锻炼了幼儿的动作和体力，还培养了认真负责、持久细心的劳动态度，使幼儿获得劳动成果来之不易的情感体验，受到爱惜劳动成果和保护动植物的教育。

(4) 手工劳动。手工劳动是幼儿运用材料进行手工制作的劳动，这是一种有趣而又有意义的幼儿劳动。它不仅能使幼儿认识各种材料的性能，学习到加工和制作的技能，还能发展幼儿的注意力、想象力和创造力。有自制玩具和其他手工劳作两种形式。

9.(案例分析题)

案例：今年的“六一”，我们让孩子们不仅要过个快乐的“六一”，而且要过一个自主的“六一”，让孩子们成为“六一”节的真正的主人。

“六一”前夕，活动的序幕就已渐渐拉开，孩子们在各种活动中期盼着“六一”节的到来，一起动手打扮教室，一起准备“六一”活动的用品。中班的孩子们还悄悄地开始准备与同伴互赠的小礼物，交友时需要小名片、自知心愿卡等。

“六一”节在孩子们的期盼中到来了，整个活动突出了让孩子们作主的中心思想。小班的孩子在“宝宝快乐城”中自由地活动，在“化装舞会”中尽情展现自己；在儿童乐园里结伴游戏；在宝宝点心屋里品尝各色点心。中班的孩子要表现出自己的能力，“我行，我可以”是他们的口号，把心愿卡系在心愿树上或者与新朋友到“快乐小屋”里说说悄悄话，互换礼品和名片，在大舞台里进行故事表演，表演之前还要自己化装，打扮一番，或者做一些帽子、项链送给父母，还可以切菜、切瓜，做个馅料多多的比萨，过一把厨师瘾。大班的孩子沉浸在“动物世界”里，动物知识问答考一考你对动物了解多少、做一个动物头饰表演一番、搭一个立体的动物、猜一个动物谜语……每过一关都会得到一个小小的奖品。

孩子们成为“六一”节的真正主人，幼儿园是孩子们自主的天地。

问题：(1)幼儿园开展的“六一”节活动与中小学开展的活动有什么不同？

(2)幼儿园应如何开展节日活动？

【解析】本题主要检测对幼儿园节日活动的理解。

答案要点提示：(1)幼儿园开展的“六一”节活动与中小学开展的活动在活动准备、活动形式和活动内容等方面存在不同。

(2) 组织幼儿园节日活动的基本要求有：

① 节日活动应有计划、有准备地进行。要组织“六一”儿童节庆祝活动，应该纳入学年

或学期教育工作计划，结合常规教学活动，提前组织幼儿准备，如案例中一起动手打扮教室，一起准备“六一”活动的用品等。

② 突出不同节日应有的特色。在儿童节的庆祝活动中，要充分体现成人对幼儿的关爱，让每一个幼儿都能得到节日的欢乐。

③ 活动的内容和时间必须符合幼儿年龄特点。案例中组织的“六一”儿童节的活动内容分年龄班进行，如小班的“宝宝快乐城”、“化装舞会”、儿童乐园游戏、宝宝点心屋等。中班的“我行，我可以”找朋友、“快乐小屋”悄悄话，互换礼品和名片，故事表演、过把厨师瘾。大班的“动物世界”里，动物知识问答、头饰表演、猜动物谜语等。

④ 活动的开展要面向全体幼儿，使幼儿成为活动的主人。上述案例中的各年龄班活动都是幼儿自主的，孩子们成为“六一”节的真正主人，幼儿园是孩子们自主的天地。

【小试牛刀】

一、单项选择题(每题选一个正确答案，每小题2分，共24分)

1. 一位新入园的孩子问老师：“妈妈什么时候来接我？”下列回答中最合适的是(　　)。
   A. 你现在想妈妈了吗？妈妈一下班就会来接你的
   B. 妈妈下午5点来接你
   C. 妈妈在大家都离园时来接你
   D. 你想妈妈的时候妈妈就来接你
2. 过渡活动的特点理解正确的是(　　)。
   A. 自由自然　　B. 时间短暂而形式灵活多样
   C. 护理和教育相结合　　D. 因人施教而要区别对待
3. 要求幼儿在掌握盥洗技能的基础上，养成(　　)的盥洗习惯。
   A. 科学卫生而又便捷合理　　B. 饭前刷牙、漱口
   C. 便前饭后洗手　　D. 每周要洗头洗脚
4. 正确的睡眠姿势应是(　　)。
   A. 穿着衣服睡觉　　B. 蒙着头睡觉
   C. 以微曲双腿侧卧为主　　D. 以仰卧为主
5. 幼儿学习使用筷子时，可准备一些棉花球、豆类、弹球等，让幼儿进行练习，久而久之，就能熟练地自如地使用筷子了。这是组织指导日常生活活动时注意(　　)。
   A. 保育教育相结合　　B. 建立合理的常规
   C. 生活技能的练习　　D. 培养良好的习惯
6. 集体劳动的内容有(　　)。
   A. 饭厅集体进餐　　B. 值日生劳动
   C. 清洁卫生劳动　　D. 折叠整理衣服
7. 请家长到幼儿园与自己的孩子共同参与活动的形式的是(　　)。
   A. 迎新活动　　B. 毕业欢送活动
   C. 生日聚会　　D. 亲子活动

8. 幼儿早期的劳动愿望是在(　　)中产生的。

A. 劳动　　B. 游戏　　C. 生活　　D. 活动

9. 幼儿园节日活动的教育作用理解不正确的有(　　)。

A. 了解一些我国的民间习俗和风土人情

B. 丰富与节日有关的粗略的历史事件的知识

C. 组织活动能增进对集体的情感

D. 培养幼儿的道德情操，启迪幼儿的智慧

10. 值日生劳动是以幼儿轮流值日来为集体服务的劳动形式。幼儿园的值日生劳动一般从(　　)开始。

A. 小班　　B. 中班　　C. 大班　　D. 小学

11. 在劳动中，不仅锻炼了幼儿的动作和体力，还培养了认真负责、持久细心的劳动态度，使幼儿获得劳动成果来之不易的情感体验，受到爱惜劳动成果的教育。这是(　　)。

A. 种植、饲养劳动　　B. 个别委托劳动

C. 值日生劳动　　D. 家务劳动

12. 缓解幼儿入园焦虑，帮助幼儿适应新环境，也让家长增加对幼儿园的信任的活动是(　　)。

A. 迎新活动　　B. 毕业欢送活动　　C. 生日聚会　　D. 亲子活动

二、多项选择题(多选、少选、错选均不得分，每小题3分，共15分)

13. 日常生活活动的教育作用(　　)

A. 幼儿体育中培养良好的生活卫生习惯

B. 幼儿园的日常生活活动内容丰富、形式多样

C. 日常生活活动渗透着幼儿的智育

D. 幼儿德育体现在日常生活的待人、接物、处事之中

E. 幼儿最初的美育是从日常生活开始的

14. 为不断提高自由活动的质量，可采取(　　)。

A. 由静到动　　B. 玩具材料从部分开放到全部开放

C. 活动地点从桌面到地面　　D. 活动场地由室内到室外逐步扩展

E. 满足幼儿的兴趣和需要

15. 散步的好处有(　　)。

A. 可以锻炼幼儿的身体　　B. 使幼儿扩大眼界，增长知识

C. 因时因景进行随机教育和个别教育　　D. 培养幼儿的毅力、耐力和组织性

E. 培养热爱家乡和热爱生活的情感

16. 幼儿园日常生活活动过程具有(　　)的特点。

A. 重复性　　B. 自由性　　C. 随机性　　D. 主动性

E. 灵活性

17. 幼儿家务劳动的内容(　　)。

A. 清扫室内和整理环境　　B. 动手清洗小型物件

C. 做餐前准备和餐后整理的事务　　D. 完成长辈交付的委托劳动任务
E. 参加清扫楼道或庭院等

三、判断题(正确的打"√"，错误的打"×"，每小题1分，共10分)

(　　)18. 幼儿午睡后，应在规定时间内同时起床，共同做好整理工作。
(　　)19. 幼儿园在游戏活动时或作业课上幼儿不能随意饮水。
(　　)20. 只要能给幼儿带来快乐的活动都是幼儿园的娱乐活动。
(　　)21. 幼儿园的日常生活活动仅仅是幼儿园保育方面的工作，与教育方面没有多大关系。
(　　)22. 幼儿体育通过平时的教育活动中就能实现，并不需要在日常生活活动中反复训练。
(　　)23. 教师为了加快幼儿的进食速度，可以采用比赛的方式催促幼儿进餐。
(　　)24. 毕业欢送会气氛要热烈，因此时间可以随意安排，节目越多越好。
(　　)25. 每个节日虽然各自具有不同的思想内容和纪念意义，但都是幼儿全面发展教育的手段之一。
(　　)26. 幼儿最长的劳动时间不要超过40分钟，防止幼儿疲劳。
(　　)27. 幼儿来园后这段时间内，应以集体活动为主，这样做便于幼儿由分散的家庭活动向有组织的集体活动过渡。

四、简答题(共21分)

28. 组织幼儿园节日活动的基本要求有哪些？(7分)
29. 简述幼儿园集体性娱乐活动的组织。(6分)
30. 幼儿劳动的教育作用是什么？(8分)

五、论述题(每小题10分，共20分)

31. 试述组织指导日常生活活动应注意的问题。
32. 试述组织幼儿劳动应注意的问题。

六、分析题(共10分)

33. 幼儿园节日活动时，由于有嘉宾、家长前来观摩，各班希望自己的节目体现出最高水平，因此，有些老师提出只能让少数艺术能力强的幼儿参加演出，你对此有何看法？

【参考答案】

一、单项选择题(每题选一个正确答案，每小题2分，共24分)

1. C　2. B　3. A　4. C　5. C　6. C　7. D　8. C　9. D　10. B　11. C　12. A

二、多项选择题(多选、少选、错选均不得分，每小题3分，共15分)

13. ACDE　14. ABCD　15. ABCDE　16. ACE　17. ABCDE

三、判断题(正确的打"√",错误的打"×",每小题1分,共10分)

18. √ 19. × 20. √ 21. × 22. × 23. × 24. × 25. √ 26. × 27. ×

四、简答题(共21分)

28. 组织幼儿园节日活动的基本要求:

(1) 节日活动应有计划、有准备地进行。(2分)

(2) 突出不同节日应有的特色。(1分)

(3) 活动的内容和时间必须符合幼儿年龄特点。(2分)

(4) 活动的开展要面向全体幼儿,使幼儿成为活动的主人。(2分)

29. (1) 组织原则:娱乐活动的选择和组织安排,都要符合教育性、艺术性和可接受性的原则。(2分)

(2) 组织要求:要有目的、有计划地组织幼儿的娱乐活动,可每周或两周组织一次。具体指导与幼儿园节日活动的组织要求基本一致。(2分)

(3) 组织形式:全园性的娱乐活动、班级的娱乐活动、其他集体性的娱乐活动有迎新活动、毕业欢送活动、生日聚会、亲子活动、郊游等。(2分)

30. (1) 幼儿劳动是促进幼儿全面发展的教育手段。(2分)劳动能增强幼儿的体力,发展幼儿的动作;劳动是幼儿智育的手段;劳动对形成幼儿良好的品德有着突出的作用;幼儿通过自己的劳动,使个人的仪容保持整洁,使生活环境更加美观舒适。(2分)

(2) 劳动对幼儿良好个性的形成有直接的影响作用。(2分)劳动使幼儿体验到成功的欢乐,建立起自信,从而激发了学习和探索的愿望以及自立、自主的精神。在劳动中还能培养幼儿坚持完成任务的责任感、与同伴协同合作的能力、生活自理的能力和爱劳动的习惯。(2分)

五、论述题(每小题10分,共20分)

31. 组织指导日常生活活动应注意的问题:

(1) 保育教育相结合。日常生活活动是对幼儿实施保育的途径,也是进行教育的机会。保中有教,教中有保是教师的职责。(2分)

(2) 建立合理的常规。常规是幼儿必须遵守的日常生活的行为规则,是教师组织管理幼儿日常生活行之有效的方法。(2分)

① 日常生活常规必须符合幼儿身心发展的特点,与各种日常生活活动的内容及幼儿自理能力、行为习惯培养的要求紧密结合。(1分)

② 常规教育是教师帮助幼儿理解、掌握、熟悉行为规则的过程。(1分)

③ 当常规成为幼儿的自觉行动时,帮助幼儿形成了良好的习惯,培养幼儿的自理能力。(1分)

(3) 生活技能的练习。练习是一种教育方法,是在一定条件下通过实践活动重复训练,而巩固某种技能的方法。(1分)

① 生活技能的训练方法,要根据幼儿的年龄特点、个别差异和班级的实际情况选用。(1分)

② 各种生活技能动作，都可以采用分解动作的方法，让幼儿按步骤练习掌握。(1 分)

32. 组织幼儿劳动应注意的问题：

(1) 明确幼儿劳动的目的要求。(2 分)组织幼儿参加劳动的目的是为了教育和促进幼儿的发展。教师要对幼儿的劳动提出具体的教育要求，计划安排好组织劳动的各个步骤，在劳动过程中充分发挥幼儿的主动性和创造性，不仅重视劳动知识和劳动技能的教育，还要重视劳动习惯的培养，充分发挥劳动的教育作用。

(2) 为幼儿劳动创设适宜的条件。(2 分)幼儿劳动需要适宜的劳动场所和设施，在室外要为种植劳动、饲养小动物开辟场地，在室内要划分出自然角的位置，并提供种植和饲养的器具等。为配合幼儿劳动的开展，要有目的地收集自然材料和可供利用的废旧物品，因地制宜地创造适合幼儿劳动的条件。

(3) 科学安排幼儿劳动内容。(2 分)科学、合理的劳动内容应该首先是幼儿力所能及的，但又是需要幼儿付出一些努力、克服一定的困难才能完成的。随着年龄的增长，幼儿劳动的内容会不断扩大，劳动内容的难易程度以及劳动量、劳动时间也可以相应地逐渐增加，劳动的要求也随之逐步提高。

(4) 劳动形式多样化，有趣味性。(2 分)教师要注意利用生动活泼、多种多样的形式组织幼儿的劳动。如在幼儿自我服务劳动中，可通过儿歌、故事、歌舞表演、幻灯以及游戏等活动形式，引导幼儿实际操作，进行反复练习。

(5) 重视劳动过程中的安全和卫生。(2 分)幼儿身心发育尚未完善，缺乏自我保护的能力和知识经验，幼儿劳动应在安全卫生的环境中进行。劳动量的大小和时间的长短要适合幼儿的特点，注意培养适宜的劳动姿势，不能让幼儿长时间的负重、弯腰、站立或下蹲。

六、分析题(共 10 分)

33. 要点提示：“有些老师”的做法不对。(1 分)

节日活动的开展要面向全体幼儿，使幼儿成为活动的主人，让每个幼儿得到均等的参与机会。(1 分)因为：

(1) 幼儿园的节日活动是幼儿全面发展教育的手段之一；(2 分)

(2) 节日活动使幼儿得到最直接最生动的爱祖国的教育，增强民族自尊心，促进幼儿社会性的发展；(2 分)

(3) 节日活动不仅能引起幼儿对节日的兴趣和向往，还增进了对集体的情感。(2 分)

(4) 节日活动也会给幼儿留下难忘的印象，带给幼儿表现美、感受美的乐趣。所以，那种只让少数幼儿、少数能力强的幼儿参加节目演出的做法是不可取的。(2 分)

第十章　幼儿园与小学的衔接

【内容索引】

- 幼儿园与小学的衔接
  - 幼儿园与小学衔接的意义和任务
    - 幼儿园教育与小学教育的差别
    - 幼小衔接工作的意义与任务
  - 幼小衔接工作的内容和方法
    - 幼小衔接工作的主要内容
    - 儿童上小学后面临的主要困难及教育策略
    - 幼小衔接工作应注意的问题

【学习导航】

识记：幼儿园与小学衔接的含义、内容与方法。

理解：造成幼儿园与小学不衔接的主要原因；幼小衔接工作的意义，幼小衔接工作的方法及应该注意的问题。

应用：幼儿园配合家长做好幼小衔接工作的能力。

【重中之重】

幼小衔接的重要性，幼小衔接的内容与方法及应该注意的问题。

【应知应会】

第一节　幼小衔接工作的意义和任务

幼小衔接工作是指幼儿园与小学根据儿童身心发展的阶段性和连续性规律及儿童终身发展的需要，做好幼儿园教育与小学教育两个阶段的衔接工作。

一、幼儿园教育与小学教育的差别

在我国，幼儿园教育与小学教育的差异主要表现在以下一些方面。

1. 教育教学任务、儿童的主导活动及学习方式不同

在幼儿园，幼儿的主导活动是丰富多彩的游戏，通过动手操作等实践活动获得各种感性经验和社会生活知识，幼儿园没有家庭作业和考试。

小学阶段学生的主导活动是上课，通过课堂教学，使儿童掌握系统的科学文化知识，并在学习过程中获得德、智、体、美等方面的发展。小学生有明确的学习任务，有严格的考试和一定的家庭作业。

2. 作息制度与生活管理方式不同

幼儿园阶段，幼儿的生活节奏是宽松的，生活管理也不带有强制性，没有出勤要求，作息时间灵活。

小学阶段，儿童的生活节奏是快速而紧张的，作息制度较为严格。

3. 师生关系不同

幼儿园中，教师与幼儿个别接触机会多，时间长，涉及面广，关系密切。

小学阶段，教师与学生的接触主要是在课堂上，个别接触少，涉及面较窄。

4. 环境设备的选择与布置方式不同

幼儿园有丰富的材料或玩具供幼儿选择与操作，整个环境的布置生动、活泼、充满儿童情趣，并且经常随教育内容的变化而变化。

小学阶段，教室的环境布置相对比较严肃，教室内的课桌椅成套摆放，自由活动空间较少，也无玩具可供选择。

5. 社会及成人对儿童的要求和期望不同

社会及成人对幼儿的要求相对宽松，幼儿的学习压力小，自由多，没有非完成不可的学习任务。

社会及成人对小学生的要求比较具体和严格，儿童要承担一定的社会责任，在学校里要接受各种各样的考核，学习压力大，自由相对较少。

二、幼小衔接工作的意义和任务

1. 使儿童能够尽快地适应新生活

幼儿园和小学教师，都要认真研究儿童身心发展的特点、规律及相应的教育方法，正确认识两种学习阶段在教育上的不同特点，在教育中既要照顾到儿童身心发展的阶段性，也要考虑到连续性，对儿童采取适当的教育方法，减少因教育环境的差异而给儿童入学后的生活带来的消极影响，帮助孩子顺利地由幼儿园阶段向小学阶段过渡。

2. 为儿童终身发展奠定基础

幼儿园阶段是一个人终身发展的奠基阶段，也是形成其各种特点、态度、习惯的关键时期。幼小衔接工作做得如何直接影响到儿童身体、心理和社会性等方面的发展。

因此，要做好幼小衔接工作，教师必须树立正确的教育价值观，明确幼儿园教育在人的终身教育中所处的地位，把幼小衔接工作放到一个人接受终身教育的大背景下去考虑，把儿童上小学看成是实现人的终身发展中的一个阶段，努力培养幼儿的独立性、主动性和自制能力，提高幼儿适应各种变化的能力，使幼儿在终身的发展中有一个较好的开端。

第二节　幼小衔接工作的内容与方法

一、幼小衔接工作的主要内容

幼小衔接是根据幼儿过渡期身心的特点，从德、智、体、美诸方面，为幼儿入学、也为其长远的发展打下良好基础。那么，在幼儿园教育阶段，这一工作可从以下几方面着手。

1. 培养幼儿对小学生活的热爱与向往

幼儿对小学生活的态度、看法、情绪状态等，与其入学后的适应能力关系很大。因此，幼儿园阶段应注意培养幼儿愿意上学，对小学的生活怀着兴趣和向往，为做一个小学生感到自豪的积极态度，并让幼儿有机会获得对小学生活的积极情感体验。

2. 培养幼儿对小学生活的适应性

幼儿入学后，是否适应小学的新环境，适应新的人际关系，对其身心健康影响很大。培养幼儿的社会适应性，特别是主动性、独立性、人际交往能力等，不仅关系着幼儿入学后的生活质量，也关系着他们在小学的学习质量，是幼小衔接的重要内容。

(1) 培养主动性

培养主动性就是要在幼儿园教育中培养幼儿的自信心、对周围的人和事物的积极态度，激发幼儿对活动的参与欲望和兴趣，给他们提供自己选择、自己计划、自己决定的机会和条件，鼓励他们去探索、去尝试，并使他们尽量获得成功的体验。

(2) 培养独立性

小学生课间和课余时间由自己支配，生活需要自理，这就要求他们有较强的独立生活能力。在幼儿园，要注意培养幼儿的时间观念，增强幼儿的独立意识，让幼儿知道什么时候做什么事情，并自觉去做，培养幼儿自理、自觉的能力。

(3) 发展人际交往能力

幼儿人际交往能力的重要性表现在入学后对新的人际环境的适应上。培养幼儿主动与同伴交往，友好相处，遇到问题找老师反映或寻求帮助，让幼儿真正体会到与老师、同伴在一起的愉快，增强对学校的吸引力。因此，在幼儿园里必须发展幼儿的人际交往能力。

(4) 培养幼儿的规则意识和任务意识

小学环境中有大量的新规则出现，幼儿难以记住和遵守，这成为不少新生在学校接受批评的主要原因。同时，入学后学习成为必须完成的任务，幼儿却一时难以确立这样的任务意识。因此，幼儿园应当注意培养幼儿的规则和任务意识，特别在大班阶段。

3. 帮助幼儿做好入学前的学习准备

学习准备是着眼幼儿终身学习的需要，发展他们基本的学习素质，并在此过程中，帮助他们打下今后学习的基础。幼儿园大致需要做好以下三方面的工作：

(1) 培养良好的学习习惯

从小养成好的学习习惯，将使幼儿终身受益。教师和家长应当从日常生活的每件事情上严格、一致、一贯地要求，使之养成习惯。

(2) 培养良好的非智力品质

所谓非智力品质，主要指影响智力活动的各种个性品质，如学习兴趣、学习积极性、意志、自信心等。因此，应当重视培养幼儿的好奇心、对外部世界的兴趣和探索积极性，培养他们做事坚持到底、不怕困难的意志品质。

(3) 丰富感性经验，发展基本能力

要真正为幼儿做好入学准备，提高幼儿的适应能力，就要从小班开始，循序渐进地丰富幼儿的感知经验，培养幼儿的动手能力、思考能力和解决问题的能力。

二、儿童上小学后面临的主要困难及教育策略

儿童上小学后所面临的困难主要表现在身体适应、社会适应和学习适应等方面的困难，知识和智力方面适应的困难不是很大。

1. 身体适应方面

儿童入学时身体适应困难主要表现在：不习惯小学连续上课的方式，感到比较疲劳，每天喝水很少，户外活动减少，出现食欲不振、睡眠不足、体重下降、甚至频频生病等问题。

要克服此类困难，需要在平时加强体育锻炼，培养幼儿良好的生活卫生习惯和生活自理能力，帮助儿童掌握自我服务的技能与方法，增强抵御各种疾病的能力，提高其对新生活的适应能力。

2. 社会适应方面

儿童入学的社会适应困难主要表现在以下四个方面。

(1) 缺乏任务意识和完成任务的能力不足

许多新入学的儿童缺乏完成任务的成就动机和责任感，缺乏独立完成任务的信心和毅力，缺乏完成某些任务的能力等。

究其原因，主要是家长和幼儿园教师平时对幼儿的事情包办过多，不给幼儿独立完成任务的机会，使幼儿很少能够体验到依靠自己的力量完成某种任务的成功感。

幼儿教师可以采取以下策略来进行培养：

① 在教育过程中树立正确的教育观念，正确地给自己和幼儿定位，把独立完成任务的机会还给幼儿。

② 在幼儿完成任务的过程中，成人多给幼儿正面的鼓励与支持，适时和适当的指导，帮助每个幼儿获得成功感和满足感，增强幼儿完成任务的自信心，乐于接受任务，并在完成任务的过程中锻炼自己的能力。

③ 组织一些专门的教育活动来培养幼儿的任务意识与能力。

④ 当幼儿完成任务后，教师要及时对其完成任务的情况进行检查和评价。

(2) 规则意识和执行规则的能力薄弱

儿童规则意识薄弱、执行规则能力较差有多种表现。不遵守课堂的学习规则，上课随便说话、玩东西、搞小动作等；有的难以适应日常生活规则，不遵守公共规则等。

幼儿不遵守规则，主要是由于他不知道规则或对遵守规则的重要性认识不足造成的，也有自制力较差而不能自觉遵守。

可以尝试以下做法：

① 在制订班级规则时应以幼儿为主体，让幼儿参与制订。

② 平时可以多与幼儿做约定，定下来的事一定要做。

③ 结合幼儿日常交往的具体冲突，引导他们通过主动的交流和谈判，达成共同活动的规则。

④ 引导幼儿通过观察别人的活动了解一些风俗习惯，以及特定社交场合的交往规则。

⑤ 在平时的教育中注意给幼儿正面的强化，让每个幼儿都认为自己是一个懂道理、守信用的孩子，从而使其自觉地遵守规则。

⑥ 教师还可以经常与幼儿共同分享自己在交往中的心得。

(3) 独立意识和独立生活能力较差

在幼儿学习和生活中，常反映出幼儿独立性方面的问题。要解决这些问题需要幼儿园和家庭密切沟通，保持教育要求的一致性。可采取以下教育措施。

① 给幼儿锻炼独立生活能力的机会，从小处进行教育，并在生活中严格要求。

② 教给幼儿正确和安全的行为方式，持之以恒，形成习惯。

③ 在幼儿园谈论和讲解碰到安全问题的事例及各种解决问题的方法，使幼儿今后一旦面临危险，指导该向谁求助并能够得到及时救助和支持。

(4) 人际交往能力缺乏

教师应该认识到人际交往能力是影响幼儿入学适应的重要因素，注意在生活中有计划、有目的地开展以下几方面的教育。

① 认真观察幼儿与同伴交往情况，了解幼儿在人际交往中的真实表现，提高教育的针对性。

② 规范教育者的行为，为幼儿树立良好的模范榜样。

③ 帮助幼儿学会正确地表达和控制自己的情感，掌握一些常用的缓解不良情绪的方式和方法。

④ 培养幼儿的同情心，让幼儿体会到帮助别人、与小朋友友好相处的乐趣。

⑤ 教给幼儿一些人际交往的方式和方法，帮助幼儿建立良好的人际关系。

3. 学习适应方面

幼儿学习适应困难主要表现在其学习习惯与学习态度等非智力因素方面，包括学习的主动性与自觉性、注意力、坚持性、良好的阅读和书写习惯等，而不是在智力与知识上。

这些问题主要是教师和家长对幼儿将要面对较复杂的学习任务不够，在平时的教育中不重视或方法不当等原因造成的，因此，幼儿入学前的学习准备也应在以下方面下功夫。

(1) 培养幼儿阅读的兴趣与技能，使他能感受到读书的乐趣。

(2) 通过绘画和其他手工活动，提高幼儿用笔的灵活性，为其入学后的书写打好基础。

(3) 把提高幼儿的注意力、自制力和坚持性作为幼小衔接的重要工作。

(4) 利用日常生活中的各种机会加强思维训练，注意培养幼儿良好的思维习惯，提高幼儿的思维能力。

三、幼小衔接工作应注意的问题

1. 幼小衔接工作应贯穿于整个幼儿期

准备幼儿入学的工作，应当是在整个学前期循序进行的。幼儿入学前所需要的生理、心理条件，都是需要经过长期系统的培养，而且要早抓、抓好。因此，幼儿园教师要根据幼儿在园学习生活三年的情况有计划地进行入学准备教育。

2. 全面培养幼儿的素质

幼小衔接工作应放到终身教育的大背景下去考虑，以向儿童进行全面的素质教育为主要任务。只有身心和谐发展的幼儿，才能较快地适应小学学习与生活，因此，培养幼儿入学适应性要以培养幼儿全面素质发展为主要任务。

3. 纠正幼儿园教育中的小学化倾向

帮助幼儿做好入学前的准备，主要是提高幼儿的入学适应性，而不是提前教给幼儿小学的知识。因此，教育者把幼小衔接工作的重点放在培养幼儿的入学适应性上。针对幼儿的特点和实际需要，培养幼儿适应新环境的各种素质，帮助幼儿顺利完成幼小过渡。

4. 协调幼儿园、小学、家庭和社会的关系，共同做好幼小衔接工作

在幼小衔接工作中，幼儿园应充分挖掘家庭和社区的教育资源的作用，视家庭为“幼儿园重要的合作伙伴”，“应本着尊重、平等、合作的原则，争取家长的理解、支持和主动参与，并积极支持、帮助家长提高教育能力”，同时建立幼儿园与小学之间的关系，共同搞好衔接工作。

【范例精讲】

1.（单项选择题）幼儿园教育与小学教育衔接工作的重点是（　　）。

A. 让幼儿熟悉小学的环境、规章制度和课程

B. 多教幼儿读写算算，让幼儿做好学习方面的准备

C. 锻炼幼儿的体魄，培养幼儿独立生活的能力

D. 培养幼儿的入学适应性上

【解析】答案：D　本题主要检测对幼小衔接工作应注意的问题的理解。教育者对幼小衔接的工作内容要有清醒的认识，把幼小衔接工作的重点放在培养幼儿的入学适应性上。解决幼儿园与小学衔接问题应从提高孩子自身的适应能力入手，应把提高孩子的内在适应能力作为幼儿园与小学衔接工作的核心。

2.（单项选择题）在幼儿园教育中，培养幼儿的自信心、对周围的人和事物的积极态度，激发幼儿对活动的参与欲望和兴趣，这是（　　）方面的适应能力。

A. 培养主动性　　B. 培养独立性　　C. 发展人际交往　　D. 培养规则意识

【解析】答案：A　本题主要检测对培养幼儿对小学生活的适应性的理解。培养主动性就是要在幼儿园教育中培养幼儿的自信心、对周围的人和事物的积极态度，激发幼儿对活动的参与欲望和兴趣，给他们提供自己选择、自己计划、自己决定的机会和条件，鼓励他们去探索、去尝试，并使他们尽量获得成功的体验。

3.（单项选择题）把幼小衔接工作放到一个人接受（　　）教育的大背景下去考虑，把儿童上小学看成是实现人的（　　）发展中的一个阶段。

A. 幼儿　　B. 小学　　C. 终身　　D. 未来

【解析】答案：C　本题主要检测对幼小衔接工作的任务的理解。幼儿园教育是终身教育的一个重要组成部分，旨在为儿童的终身发展奠定基础。因此，要做好幼小衔接工作，教师必须树立正确的教育价值观，明确幼儿园教育在人的终身教育中所处的地位，把幼小衔接工作放到一个人接受终身教育的大背景下去考虑，把儿童上小学看成是实现人的终身发展中的一个阶段，努力培养幼儿的独立性、主动性和自制能力，提高幼儿的适应各种变化的能力，使幼儿在终身的发展中有一个较好的开端。

4.（多项选择题）对幼儿园教育的主导活动和学习方式理解正确的是（　　）。

A. 幼儿的主导活动是丰富多彩的游戏

B. 玩中学是幼儿主要的学习方式

C. 幼儿通过动手操作等实践活动获得各种感性经验和社会生活知识

D. 幼儿园没有家庭作业和考试

【解析】答案：ABCD　本题主要对检测幼儿园教育与小学教育的差别的理解。幼儿园教育与小学的教育教学任务、儿童的主导活动及学习方式不同。在幼儿园，幼儿的主导活动是丰富多彩的游戏，通过动手操作等实践活动获得各种感性经验和社会生活知识，幼儿园没有家庭作业和考试。小学阶段学生的主导活动是上课，通过课堂教学，使儿童掌握系统的科学文化知识，并在学习过程中获得德、智、体、美等方面的发展。小学生有明确的学习任务，有严格的考试和一定的家庭作业。

5.(判断题)幼儿园与小学的衔接工作是由幼儿园和小学来完成。(　　)

【解析】答案：×本题主要检测对幼小衔接工作应注意的问题的理解。幼小衔接工作仅仅依靠幼儿园单方面的力量是不够的。除了与小学的合作之外，还与家庭、社会形成合力，共同做好幼小衔接工作。

6.(判断题)幼小衔接工作使幼儿能够尽快地适应新生活。(　　)

【解析】答案：√　本题主要检测对幼小衔接工作的意义和任务的理解。幼小衔接工作是指幼儿园与小学根据儿童身心发展的阶段性和连续性规律及儿童终身发展的需要，做好幼儿园教育与小学教育两个阶段的衔接工作。幼小衔接使儿童能够更快地适应新生活，减少因两种教育的差异给儿童身心发展带来的负面影响，为其终身发展打好基础。

7.(简答题)幼小衔接中幼儿园加强与小学联系，应解决哪些问题?

【解析】本题是检测对幼小衔接工作应注意的问题的理解。

答案要点：加强与小学的联系，应着重解决三个问题：

一是了解小学教改情况，熟悉小学教学计划的基本精神和各科大纲与教材的基本内容。

二是开展与小学搞好衔接的研究工作，帮助小学教师了解幼儿身心发展水平和幼儿园的教育工作特点。

三是了解以往幼儿入学后的表现，共同探索改进幼儿园工作的重点和措施。

8.(论述题)在幼儿园方面如何培养幼儿的规则意识和任务意识?

【解析】本题是检测对培养幼儿的规则意识和任务意识的理解。

答案要点：(1)在制订班级规则时应以幼儿为主体，让幼儿参与制订。

(2)平时可以多与幼儿做约定，定下来的事一定要做。

(3)结合幼儿日常交往的具体冲突，引导他们通过主动的交流和谈判，达成共同活动的规则。

(4)引导幼儿通过观察别人的活动了解一些风俗习惯，以及特定社交场合的交往规则。

(5)在平时的教育中注意给幼儿正面的强化，让每个幼儿都认为自己是一个懂道理、守信用的孩子，从而使其自觉地遵守规则。

(6)经常与幼儿共同分享自己在交往中的心得，帮助幼儿掌握诚信、妥协、赞美等社会交往的基本策略与态度。

9.(案例分析题)案例：在一项对小学一年级新生的调查中显示，许多儿童认为写作业是帮家长和老师完成任务，检查作业、准备学习用品等事情都应该由家长来做。曾有一个孩子理直气壮地对妈妈说："您为什么不帮我把铅笔削好，害得我今天上课没笔用，老师都批评我了"。还有一个孩子上课不会记作业，回家后不知道该写什么。妈妈打电话去问别的同学，一连问了八个同学，结果问出了八种不同的作业。原来，这八个孩子记的作业都是不一样的。

问题：幼儿入学后为什么不适应？该如何帮助幼儿克服这些困难？

【解析】本题主要检测对幼儿园与小学不衔接的理解。

答案要点提示：(1) 由于家长和幼儿园教师平时对幼儿的事情包办过多，不给幼儿独立完成某种任务的机会，导致幼儿独立完成任务的意识和独立完成任务的能力差。

(2) 教师可以采取以下策略：

① 在教育过程中树立正确的教育观念，把独立完成任务的机会还给幼儿。

② 在幼儿完成任务的过程中，帮助每个幼儿不断地获得成功感和满足感，从而使他们增强完成任务的自信心。

③ 组织一些专门的教育活动来培养幼儿的任务意识与能力。

④ 当幼儿完成任务后，教师要及时对其完成任务的情况进行检查和评价。

【小试牛刀】

一、单项选择题(每题选一个正确答案，每小题 2 分，共 24 分)

1. 幼儿园与小学的衔接，这里的“衔接”意指(　　)。
   A. “链接”“连续”“连贯”　　B. “隔断”“断开”“脱节”
   C. “连接”“连续”“连贯”　　D. “特点”“规律”“平稳”

2. 幼儿园以(　　)为基本活动，(　　)是主要学习方式。
   A. 上课；游戏　　B. 游戏；上课　　C. 上课；玩中学　　D. 游戏；玩中学

3. 比如说幼儿可以说出 3 个苹果加 2 个苹果共有 5 个苹果，但是对于 3+2=？却感到有困难。这说明学前阶段幼儿的思维以(　　)的发展为主。
   A. 具体形象思维　　B. 抽象逻辑思维　　C. 系统综合思维　　D. 发散求异思维

4. 正确认识幼儿园与小学两个阶段在教育上的不同特点，既要照顾到儿童身心发展的(　　)，也要考虑到(　　)，对儿童采取适当的教育方法，帮助孩子顺利完成幼小衔接的过渡。
   A. 特点；规律　　B. 规律；特点
   C. 阶段性；连续性　　D. 连续性；阶段性

5. 儿童身心发展既保留了上一阶段的某些特征，又有下一阶段新特点的萌芽，二者交织在一起，形成了(　　)儿童身心发展的独特特征。
   A. 婴儿期　　B. 学前期　　C. 幼儿期　　D. 过渡期

6. 在幼儿学习和生活中，如“不能收拾好自己的学习用品或生活用具，自己的东西不能放到一定的地方”等问题是(　　)。
   A. 学习习惯不好　　B. 缺乏独立性
   C. 没有任务意识　　D. 人际交往能力差

7. 如果从幼儿园方面考虑，幼小衔接工作应(　　)。
   A. 从中班开始　　B. 从大班开始
   C. 从大班后期开始　　D. 贯穿于整个幼儿期

8. 要克服儿童入学后身体适应困难，不正确的是(　　)。
A. 培养适应新环境的意识和能力
B. 平时加强体育锻炼，提高儿童的体质
C. 注意培养儿童良好的生活卫生习惯和生活自理能力
D. 帮助儿童掌握自我服务的技能和方法，增强抵御疾病的能力

9. 科学的幼小衔接工作应当是(　　)。
A. 面向全体　　B. 照顾儿童个体差异
C. 全面发展教育　　D. 面向全体同时照顾儿童个体差异

10. 做好幼小衔接工作应该是(　　)。
A. 幼儿园　　B. 小学
C. 家长和社区　　D. 协调幼儿园、小学、家庭和社会的关系

11. 古希腊著名的哲人亚里士多德曾经说过："任何人都可能发火，这不难。但要做到为正当的、以适宜的方式，对适当的对象，适时适度地发火，这可不易。"这句话表明(　　)。
A. 对同伴宽容、接纳的态度　　B. 学会控制和表达自己的情感
C. 要培养懂礼仪、讲道理的孩子　　D. 提高幼儿的适应能力和自制力

12. 所谓非智力品质，主要指影响智力活动的各种个性品质。下列不是非智力品质的是(　　)。
A. 学习兴趣　　B. 学习意志
C. 学习的积极态度　　D. 学习的记忆力

二、多项选择题(多选、少选、错选均不得分，每小题 3 分，共 15 分)

13. 幼儿园与小学共同配合搞好幼小衔接工作的意义表现在(　　)。
A. 使儿童能够尽快地适应新生活
B. 减少给儿童身心发展带来的正面影响
C. 顺利完成幼儿园教育
D. 为儿童终身发展奠定基础
E. 提高整个基础教育的质量

14. 儿童入学时身体适应困难表现正确的(　　)。
A. 不习惯小学连续上课的方式　　B. 原有的生活规律被打乱了
C. 感到疲劳，户外活动减少　　D. 儿童掌握自我服务的技能和方法
E. 食欲不振、睡眠不足

15. 教师培养幼儿人际交往能力教育正确的做法是(　　)。
A. 观察和了解幼儿与同伴的交往情况
B. 为幼儿树立良好的模范榜样
C. 帮助幼儿学会正确地表达和控制自己的情感
D. 培养幼儿的同情心，与小朋友友好相处的乐趣
E. 教给幼儿正确人际交往的方式和方法

16. 帮助幼儿做好入学前的学习准备，幼儿园从(　　)几方面着手。
A. 培养良好的学习品质　　B. 发展幼儿的学习能力
C. 发展思维能力和基础能力　　D. 培养良好的生活习惯
E. 培养幼儿良好的生活自理能力

17. 在幼小衔接中必须重视发展幼儿的学习能力有(　　)。
A. 思维能力　　B. 思考问题的能力
C. 探究能力　　D. 解决问题的能力
E. 人际交往能力

三、判断题(正确的打"√"，错误的打"×"，每小题1分，共10分)

(　　)18. 对儿童身心发展阶段性的忽视是幼儿园与小学不衔接的根本原因。
(　　)19. 要搞好幼小衔接，必须培养幼儿入学所必需的各种基本素质。
(　　)20. 幼儿只要提前认一些字，学一点拼音、算术等就会适应小学生活。
(　　)21. 幼小衔接工作就是提前用小学的教育方式对待儿童。
(　　)22. 幼小衔接过程中每个幼儿面临的问题都是一样的。
(　　)23. 幼小衔接工作关系着幼儿终身的成长和发展。
(　　)24. "穿衣服，系鞋带"是培养幼儿生活方面的主动性。
(　　)25. "树大自然直"说明幼儿在幼儿期间没有必要培养好的习惯，让他们自由发展。
(　　)26. 幼儿园教育就是为幼儿入学做准备。
(　　)27. 由于幼儿的个体差异大，培养学习品质要因人而异，对症下药。

四、简答题(共21分)

28. 幼儿入学后面临的主要困难是什么？该如何帮助幼儿克服这些困难？(7分)
29. 培养幼儿独立意识和独立生活能力的教育措施有哪些？(6分)
30. 幼小衔接工作应注意的问题有哪些？(8分)

五、论述题(每小题10分，共20分)

31. 试述幼儿园教育与小学教育的差别。
32. 试述培养幼儿对小学生活的适应性。

六、案例分析题(共10分)

33. 案例：某幼儿上学第一天就受到了老师的批评，回到家里说什么也不想再上学了，家长问孩子老师为什么批评，他说："我上课喝水了，聪聪找我要，我也给她倒了点……"家长问道："难道你不知道上课是不能喝水的吗？"孩子颇为委屈地说："在幼儿园什么时候都能喝水，老师说想喝就喝。"接着，孩子又对家长说："妈妈，我还想上幼儿园，上学太没劲了……"

问题：什么原因造成孩子不适应入学后的新生活呢？

【参考答案】

一、单项选择题(每题选一个正确答案，每小题2分，共24分)

1. C　2. D　3. A　4. C　5. D　6. B　7. D　8. A　9. D　10. D　11. C　12. D

二、多项选择题(多选、少选、错选均不得分，每小题3分，共15分)

13. AD　14. ABCE　15. ABCDE　16. ABDE　17. ABCD

三、判断题(正确的打“√”，错误的打“×”，每小题1分，共10分)

18. ×　19. √　20. ×　21. ×　22. ×23. √　24. ×　25. ×　26. ×　27. √

四、简答题(共21分)

28. 儿童上小学后所面临的主要困难是主体适应能力不足，主要表现在身体适应、社会适应和心理适应等方面的困难，而不是知识和智力方面。(1分)具体教育策略：

(1) 身体适应方面。加强体育锻炼，提高身体素质；培养良好的生活卫生习惯和生活自理能力。(2分)

(2) 社会适应方面。提高任务意识和完成任务的能力；提高规则意识和执行规则的能力；提高独立意识和独立生活能力；提高人际交往能力。(2分)

(3) 心理适应方面。培养幼儿阅读的兴趣与技能，使他能感受到读书的乐趣；通过绘画和其他手工活动，提高幼儿用笔的灵活性，为其入学后的书写打好基础；提高幼儿的注意力和自制力及坚持性；利用日常生活中的各种机会加强思维训练，注意培养幼儿良好的思维习惯，提高幼儿的思维能力。(2分)

29. (1)给幼儿锻炼独立生活能力的机会，从小处进行教育，并在生活中严格要求。(2分)

(2) 教给幼儿正确和安全的行为方式，持之以恒，形成习惯。(2分)

(3) 在幼儿园谈论和讲解碰到安全问题的事例及各种解决问题的方法，使幼儿今后一旦面临危险，指导该向谁求助并能够得到及时救助和支持。(2分)

30. (1)幼小衔接工作应贯穿于整个幼儿期。准备幼儿入学的工作，应当是在整个学前期循序进行的。幼儿入学前所需要的生理、心理条件，都是需要经过长期系统的培养，而且要早抓、抓好。因此，幼儿园教师要根据幼儿在园学习生活三年的情况有计划地进行入学准备教育。(2分)

(2) 全面培养幼儿的素质。幼小衔接工作应放到终身教育的大背景下去考虑，以向儿童进行全面的素质教育为主要任务。只有身心和谐发展的幼儿，才能较快地适应小学学习与生活，因此，培养幼儿入学适应性要以培养幼儿全面素质发展为主要任务。(2分)

(3) 纠正幼儿园教育中的小学化倾向。帮助幼儿做好入学前的准备，主要是提高幼儿的入学适应性，而不是提前教给幼儿小学的知识。因此，教育者把幼小衔接工作的重点放在培养幼儿的入学适应性上。针对幼儿的特点和实际需要，培养幼儿适应新环境的各种素质，帮

助幼儿顺利完成幼小过渡。(2 分)

(4) 协调幼儿园、小学、家庭和社会的关系,共同做好幼小衔接工作。在幼小衔接工作中,幼儿园应充分挖掘家庭和社区的教育资源的作用,视家庭为"幼儿园重要的合作伙伴","应本着尊重、平等、合作的原则,争取家长的理解、支持和主动参与,并积极支持、帮助家长提高教育能力",同时建立幼儿园与小学之间的关系,共同搞好衔接工作。(2 分)

五、论述题(每小题 10 分,共 20 分)

31. (1)教育教学任务、儿童的主导活动及学习方式不同。在幼儿园,幼儿的主导活动是丰富多彩的游戏,通过动手操作等实践活动获得各种感性经验和社会生活知识,幼儿园没有家庭作业和考试。小学阶段学生的主导活动是上课,通过课堂教学,使儿童掌握系统的科学文化知识,并在学习过程中获得德、智、体、美等方面的发展。小学生有明确的学习任务,有严格的考试和一定的家庭作业。(2 分)

(2) 作息制度与生活管理方式不同。幼儿园阶段,幼儿的生活节奏是宽松的,生活管理也不带有强制性,没有出勤要求,作息时间灵活。小学阶段,儿童的生活节奏是快速而紧张的,作息制度较为严格。(2 分)

(3) 师生关系不同。幼儿园中,教师与幼儿个别接触机会多,时间长,涉及面广,关系密切。小学阶段,教师与学生的接触主要是在课堂上,个别接触少,涉及面较窄。(2 分)

(4) 环境设备的选择与布置方式的不同。幼儿园有丰富的材料或玩具供幼儿选择与操作,整个环境的布置生动、活泼、充满儿童情趣,并且经常随教育内容的变化而变化。小学阶段,教室的环境布置相对比较严肃,教室内的课桌椅成套摆放,自由活动空间较少,也无玩具可供选择。(2 分)

(5) 社会及成人对儿童的要求和期望不同。社会及成人对幼儿的要求相对宽松,幼儿的学习压力小,自由多,没有非完成不可的学习任务。社会及成人对小学生的要求比较具体和严格,儿童要承担一定的社会责任,在学校里要接受各种各样的考核,学习压力大,自由相对较少。(2 分)

32. 幼儿入学后,是否适应小学的新环境,适应新的人际关系,对其身心健康影响很大。培养幼儿的社会适应性,特别是主动性、独立性、人际交往能力等,不仅关系着幼儿入学后的生活质量,也关系着他们在小学的学习质量,是幼小衔接的重要内容。(2 分)

(1) 培养主动性。培养主动性就是要在幼儿园教育中培养幼儿的自信心、对周围的人和事物的积极态度,激发幼儿对活动的参与欲望和兴趣,给他们提供自己选择、自己计划、自己决定的机会和条件,鼓励他们去探索、去尝试,并使他们尽量获得成功的体验。(2 分)

(2) 培养独立性。小学生课间和课余时间由自己支配,生活需要自理,这就要求他们有较强的独立生活能力。在幼儿园,要注意培养幼儿的时间观念,增强幼儿的独立意识,让幼儿知道什么时候做什么事情,并自觉去做,培养幼儿自理、自觉的能力。(2 分)

(3) 发展人际交往能力。幼儿人际交往能力的重要性表现在入学后对新的人际环境的适应上。培养幼儿主动与同伴交往,友好相处,遇到问题找老师反映或寻求帮助,让幼儿真正体会到与老师、同伴在一起的愉快,增强对学校的吸引力。因此,在幼儿园里必须发展幼儿的人际交往能力。(2 分)

(4) 培养幼儿的规则意识和任务意识。小学环境中有大量的新规则出现,幼儿难以记住和遵守，这成为不少新生在学校接受批评的主要原因。同时，入学后学习成为必须完成的任务，幼儿却一时难以确立这样的任务意识。因此，幼儿园应当注意培养幼儿的规则和任务意识，特别在大班阶段。(2分)

六、案例分析题(共10分)

33. 答案要点：(1)小学和幼儿园在教育的基本活动和环境上有很大的差异。在教育要求上的不同，小学以上课为基本活动，主要学习学科文化知识，儿童必须服从统一的上课安排，对儿童进行严格的学业管理。而幼儿园以游戏为基本活动，玩中学是主要学习方式。(2分)

在环境上的不同，小学的教室是成套的课桌椅，没有游戏区域、玩具、活动材料。而幼儿园有活动室、活动区域，玩具和活动材料丰富，配有幼儿如厕、洗手、喝水、午睡等生活方面的需要。(2分)

(2) 幼儿园和小学的不衔接是造成幼儿入学后不适应的主要原因。儿童入学后，由于学习压力加重、生活习惯变化、人际关系陌生、学习与家长的监管强化等各方面的原因，会造成他们在生理、心理和社会适应等方面出现问题。(2分)

(3) 幼儿园和小学都忽视了其发展阶段之间的连续性。两类教育机构都只重视儿童发展阶段性的特点，两个教育机构都没有考虑到从幼儿变成学童的、尚处于发展过渡期的儿童的需要，都没能够为过渡期儿童提供足够的帮助，从而造成儿童入学后适应不良的问题。(2分)

(4) 幼儿入学后自身的适应能力差，不懂规则和纪律。在小学生活中有许多新的规则和纪律，如上课不能喝水、随便说话、下位等，儿童难以适应这些规定，这成为不少新生受到老师批评的主要原因。因此在幼儿园的大班就要培养幼儿的规则意识和遵守纪律的习惯。(2分)

第十一章　幼儿园与家庭、社区的合作

【内容索引】

- 幼儿园与家庭、社区的合作
  - 幼儿园与家庭、社区合作的意义与目的
    - 幼儿园与家庭、社区合作的意义
    - 幼儿园与家庭、社区合作的目的
  - 幼儿园与家庭、社区合作的内容与途径
    - 幼儿园与家庭合作的内容与途径
    - 幼儿园与社区合作的内容与途径

【学习导航】

识记：幼儿园与家庭、社区合作的意义与目的

理解：幼儿园与家庭、社区合作的内容和途径。

应用：幼儿教师利用家庭、社区教育资源的能力。

【重中之重】

幼儿园与家庭、社区合作的必要性；幼儿园与社区合作的意义；幼儿园与家庭合作的内容及方法。

【应知应会】

第一节　幼儿园与家庭、社区合作的意义与目的

一、幼儿园与家庭、社区合作的意义

1. 幼儿园与家庭合作的意义

（1）家庭教育的重要性及其特点

家庭是社会的细胞，担负着繁衍和养育后代的重要功能。每个个体从一出生就与特定的家庭产生了紧密的联系。

家庭教育对孩子的健康和全面发展有着重要的价值。幼儿良好的生活习惯与行为习惯的养成与家庭教育直接相关。在长期的潜移默化的教养过程中，在孩子身上会留下父母长远的影响，从一个侧面反映了家庭对个体所能产生的影响和家庭教育的重要价值。

家庭教育有以下显著特征：

① 家庭教育具有亲情性。由血缘关系产生的亲情使父母爱孩子通常是无条件的，而孩子在与父母的朝夕相处中也会对父母自然而然地生发出一种深深的依恋之情。

② 家庭教育具有随机性。父母对孩子的教育可以随时进行，如父母可以在一日生活的各个环节与情境中发现教育契机，促使孩子形成或改变一定的行为习惯、道德品性与审美情趣。

③ 家庭教育具有连贯性。家庭教育的连贯性有助于孩子预期父母的教育行为而主动调整、规范自己的行为。

④家庭教育具有复杂性。现代家庭在对孩子的教育上，父母与祖辈会有不同看法与主张，父亲与母亲由于各自的文化背景与成长经历的差异，也会在教育孩子的问题上存在分歧。这种复杂性可说是丰富了家庭教育的内涵。

(2) 幼儿园与家庭合作能够形成教育合力，共同促进孩子的健康成长

家庭教育所具有的亲情性、随机性、连贯性与复杂性的突出特点决定了家庭对孩子的影响是无处不在、无时不在的。父母是孩子的第一任老师，同时也是终生的老师。

幼儿园教育与家庭的合作，可以增加对孩子的正面引导。为了促成幼儿的健康成长，幼儿园应当也必须主动与家庭合作，以形成教育合力，共同推动幼儿的良好发展。

2. 幼儿园与社区合作的意义

(1) 社区的概念与社区教育的特点

社区指人们聚集生活的一定区域，但它不是简单地缘意义上的群居关系，也就是说不是一群人聚集生活在一起就构成一个社区。

社区是幼儿从一出生就接触的社会环境，也是对幼儿最早产生影响的除家庭之外的外部环境。社区舆论承载和体现的价值观、道德观等必然会对幼儿产生潜移默化的影响，使幼儿在不自觉中接受和内化这些概念。社区教育具有如下显著特征：

① 社区教育具有渗透性。社区并没有专门的教育机构对幼儿施教，它对生活于其中的成人与幼儿产生影响采取的是非正式的渗透式教育途径，如社区宣传、社区舆论、社区活动等，其中最主要的是社区舆论。

② 社区教育具有广泛性。由于社区主要因人们的生活需要而形成，幼儿在社区生活中可以感知和接触到不同行业的劳动者，体验人们之间的相互依赖关系，促使其社会认知、社会情感与社会行为的全面发展。

③ 社区教育具有随机性。社区教育作为非正式的教育方式，没有专门的教育内容与教育者，对幼儿的影响具有随时可能发生的特性。

④ 社区教育具有复杂性。社区虽然有着其居民共同认可和遵守的基本的价值观、道德观与行为观，但这些观念并一定是其所有成员都认可的，即便认可，其重视和被遵守的程度在居民之间也会差异很大，更何况社区舆论并不总是正确的。

(2) 幼儿园与社区合作可扩展教育资源与教育空间，有利于幼儿健康成长

幼儿园作为教育服务机构，其产生主要就是为了满足社区居民对其年幼子女教育的需要。

社区是一个地理概念，必然处在一定的地理位置上，包含一定的地理空间。幼儿园与社区合作可以扩展幼儿园教育的空间，为幼儿提供更大的活动空间，同时也可节省幼儿园在硬件方面的投入。

社区同时是一个重要的人文概念，其居民通常有着不同的职业、兴趣与经历等，因生活的需要而聚集在一起。幼儿园与社区合作可以广泛而深入地培养和调动蕴藏在这些居民身上的教育兴趣，从而极大地丰富了幼儿园教育资源储备，共同为幼儿健康成长创造良好的环境。

二、幼儿园与家庭、社区合作的目的

1. 使家庭与社区了解幼儿园

幼儿园与家庭合作，可以使家庭与社区了解幼儿园，了解幼儿的在园生活与教育状况，促使家庭与社区形成对幼儿园的接纳态度，实现家、园、社区的和谐与融洽。

2. 获得家庭与社区的积极支持

家庭和社区虽然是非正规的教育机构，但从孩子一出生就开始对其产生深远的影响，具有幼儿园教育无法取代也无法阻挡的优势。幼儿园与家庭、社区合作是保证幼儿园教育顺利进行的前提。家庭与社区有着丰富的教育资源与教育空间，能为幼儿园教育资源与空间的不足提供很好的补充。

3. 发挥幼儿园作为专业幼教机构的引导作用

幼儿园作为正规和专门的教育机构，必须掌握幼儿教育的基本原理与规律，才能展开有益于幼儿身心健康发展的教育实践。幼儿园在与家庭、社区合作中必然负有引导之责，向家庭与社区宣传和普及科学育儿知识成为幼儿园回馈家庭与社区支持的主要方式。提高家长与社区居民对幼儿教育的正确认识和理解，加强他们与幼儿园合作，增强幼儿园教育效果。

4. 增进幼儿对家庭与社会的认识

与家庭、社区合作的根本目的都是为了更好地促进幼儿身心健康、和谐、全面的发展。

第二节　幼儿园与家庭、社区合作的内容与途径

一、幼儿园与家庭合作的内容和途径

1. 幼儿园与家庭合作的内容

为了使幼儿能获得一个内外一致、充满爱与关注的成长环境，幼儿园与家庭应开展如下方面的合作。

(1) 主动向家长了解孩子出生、成长的情况和个性特征

这是家园合作的基础内容。了解幼儿出生及成长情况，了解幼儿的个性特征与家庭生活是幼儿园有效教育的前提与基础。

(2) 保障家长的知情权，让家长了解幼儿在园的一日生活及其具体表现

幼儿园要通过多种途径向家长宣传和解释幼儿园教育的理念与遵循的基本原则，使家长明白教育建立在孩子发展规律基础上的重要性，并激发家长了解孩子发展规律与个体差异的兴趣，从而使家长能够通过幼儿园加深对自己孩子的理解。

与此同时，幼儿园还应想方设法让家长了解和熟悉幼儿在园的一日生活，这样做不仅可以使家长放心，而且可以促使幼儿园更好地自我规划、反省与监督，加强细节管理，使幼儿园教育与管理水平更上一个台阶。

(3) 保障家长的参与权，让家长参与幼儿园管理决策与监督

幼儿园管理应当实现内部管理的民主，给予教职工更多参与幼儿园决策与发展的机会和人性化的关怀，通过调动教职员工的主人翁精神与责任感，将幼儿园自身的力量团结起来。同时，应当实现与外界交流的民主化与制度化，其中最重要的就是实现与家长交流、合作的民主化与制度化。

家长参与幼儿园管理主要体现在决策与监督两个层面。从决策的层面来说，家长参与有助于实现幼儿园决策的科学化。

从监督的层面来说，家长参与有助于幼儿园管理的人性化建设与完善，这主要表现在以下方面：

① 作为一个有自身利益的组织，幼儿园管理与建设过程中难免会出现仅从效率与方便角度出发而采取的举措。家长的介入可以弥补幼儿园在幼儿自然而合理的个别需要方面的不足，给幼儿园提供更为合理与恰当的改进意见。

② 幼儿园在其管理与建设过程中难免会存在疏漏，尽管制度可以定得万无一失，或设想得很好，但在实施过程中因各种因素的影响而出现偏差是很常见的事情。

(4) 在幼儿园课程建设中吸纳家长的意见，并充分利用家长的教育资源

幼儿园教育的目标必须通过适宜的课程来实现。让家长参与幼儿园园本课程建设，不仅有助于吸纳家长的意见，更有助于充分挖掘家长的资源。

幼儿园在确定课程目标与选择课程内容时，需要了解幼儿已有的经验与现有的水平。

幼儿园在实施课程方案时，教师应当充分利用家长的教育资源，努力使教育教学的过程生动活泼、科学准确。

课程计划与实施的效果评价更应当听取来自家长的声音，因为幼儿的表现是十分复杂的，在不同情境下会有不同的表现水平。

可见，幼儿园教育需要来自家长的大力支持，才能全面、准确地把握幼儿发展的真实情况，从而对自己的课程模式与方案作出客观的评价，并推出本园园本课程的建设。

(5) 向家长传递科学的教育理念与方法，提高其养育孩子的能力

幼儿园作为正规的教育机构，应当积极发挥自己专业知识方面的优势，积极主动地帮助家长形成合理的育儿观念以提高家庭教育的水平，同时，也扩大和保证了幼儿园教育的效果与质量。

2. 幼儿园与家庭合作的途径

家园合作的主要途径或形式有：家长学校、家长会、幼儿园开放日、亲子活动、定期家访、家园联系手册、家庭教育宣传橱窗、网上家庭教育论坛等。

家长学校是面向家长讲解幼儿成长与发展的一般规律与特征，阐释幼儿养育与教育的基本原则、途径、措施、策略等知识的一种辅助性质的教育机构。家长学校通常会采取专家讲座，家长分享经验与体会，家长谈论或辩论等形式。

家长会是幼儿园在学期的某个阶段，与家长交流这一阶段孩子教育的重点与对策的一种组织形式，通常会在学期初、学期中或学期末的时候召开。

幼儿园开放日指家长在幼儿园指定的日期进入幼儿园内部进行参观了解。它为家长近距离接触幼儿园，感受幼儿园教育的特点，增进对幼儿园教育的了解提供机会。

亲子活动是幼儿园为促进家长对幼儿园课程与教育的理解，加强与孩子之间的情感联

系，增进家长与孩子、家长与幼儿园的交流、沟通与合作而专门组织的一类教育活动。

定期家访、家园联系手册、家庭教育宣传橱窗是幼儿园与家庭联系、合作的传统形式，网上家庭教育论坛、短信、QQ、微信平台等则是随着网络与电子技术的发展，幼儿园与家庭联系、交流的现代方式。

二、幼儿园与社区合作的内容和途径

1. 幼儿园与社区合作的内容

社区是幼儿出生后最早接触的社会形态，对幼儿的社会认知、情感与行为的发展都会产生潜移默化的深远影响。幼儿园应重视和加强与社区进行以下方面的合作。

（1）幼儿园应积极、主动地宣传科学的早期教育知识，帮助社区居民掌握合理的早期教育方法

幼儿园充分发挥作为正规的、系统的学前教育机构的辐射功能，积极主动地向社区居民广泛宣传科学的幼儿观与幼儿教育观，使社区居民既重视学前教育的重要价值，又懂得什么是科学的学前教育，从而为社区幼儿的健康成长创造正确的社会舆论导向与良好的社会环境氛围。

（2）幼儿园应主动宣传本幼儿园的教育理念和方法，获得社区居民的支持

幼儿园应主动向社区宣传自己存在的独特价值，让社区居民充分了解幼儿园教育与中小学教育的区别与联系，认识不同阶段教育对幼儿发展的作用。

（3）幼儿园应利用社区的丰富资源，为幼儿园课程建设与实施服务

社区通常蕴含着丰富的教育资源，作为社区生活的一部分的幼儿园应善于充分利用这些教育资源，扩展幼儿园课程实施的平台，提高幼儿园教育的效率与效果。一般来说，可以把社区的教育资源划分为以下三类：自然资源、社会资源、人力资源。

① 自然资源。社区所在的地理位置要么是城市，要么是乡镇。城市中的社区附近通常都有公园、广场等自然资源，而乡镇上的社区本身就是当地自然环境的一部分，都可以为幼儿提供亲近自然、观察自然，关注人类生存环境的有利条件，以弥补幼儿园园内空间的局限。

② 社会环境。社区因人们共同生活的需要而产生，通常都建有方便人们生活的各类生活设备与设施，服务机构与组织。幼儿园可以利用这类教育资源，组织幼儿参观，使其认识到人们生活的相互依存性，了解与人类生活相关的科学技术及规律。

③ 人力资源。社区居民通常由从事各行各业、不同年龄与性别的人组成，使之成为幼儿园课程建设与实施中可以充分利用的人力资源。幼儿园可以邀请社区居委会或工作人员来园介绍社区当前建设的主要内容，引导幼儿关心当前的社会生活热点，关注祖国建设大业，从小培养幼儿的主人翁精神和公民意识等。

（4）幼儿园应积极参与社区文化的建设工作，从社区的反馈中改进自身管理与教育的质量

幼儿园可以通过影响社区中的家长来推动社区新文化建设，也可以利用幼儿园教师能歌善舞的特点来活跃社区文化生活。在幼儿园的积极影响下，可以帮助家长更新教育观念，提高科学育儿的能力。

积极参与社区各项文化活动，本身就是对幼儿园教育的重要挑战，为幼儿园教育接受社

区监督，获得社区反馈意见提供了机会，有助于幼儿园发现和反思自身管理与教育中可能存在的问题，从而找到提升管理水平与教育质量的对策。

2. 幼儿园与社区合作的途径

由于社区是幼儿园赖以生存的外部生态环境，只有融入社区生活，幼儿园才能真正实现家、园、社区教育的三者的和谐统一，共同为幼儿的全面发展创造良好的外部条件。幼儿园可以通过社区宣传橱窗、社区专家讲座、社区文化活动、利用社区资源开展课程建设等是幼儿园与社区合作的传统方式，在幼儿园实践中已得到广泛利用，比较新的方式是亲子园的建立与实施。

所谓亲子园或亲子班指的是幼儿园利用现有的教育资源，为社区 3 岁以下或未接受幼儿园教育的 3 岁以上的散居幼儿提供非正规学前教育机会的场所，通常利用节假日时间举办，同时有幼儿家长陪同。

【范例精讲】

1.(单项选择题)家庭是社会的细胞，担负着(　　)后代的重要功能。

A. 繁衍和养育　　B. 健康和全面　　C. 影响和教养　　D. 认知和心智

【解析】答案：A　本题主要检测对家庭教育的重要性的理解。家庭是社会的细胞，担负着繁衍和养育后代的重要功能。每个个体从一出生就与特定的家庭产生了紧密的联系。

2.(单项选择题)关于幼儿园与家庭合作正确的是(　　)。

A. 家园合作可以增加对孩子的正面引导

B. 家园不合作只会削弱幼儿园的教育作用

C. 家园合作形成教育合力，共同推动幼儿的良好发展

D. 家园不合作不会产生任何不良的影响。

【解析】答案：D　本题主要检测对幼儿园与家庭合作的意义的理解。家庭教育所具有的亲情性、随机性、连贯性与复杂性的突出特点决定了家庭对孩子的影响是无处不在、无时不在的。幼儿园教育与家庭的合作，可以增加对孩子的正面引导，而不会产生任何不良的影响。相反的，家园不合作只会削弱幼儿园的教育作用，因而不利于孩子的发展。为了促成幼儿的健康成长，幼儿园应当也必须主动与家庭合作，以形成教育合力，共同推动幼儿的良好发展。

3.(单项选择题)社区指人们聚集生活的一定区域，但它不是简单地缘意义上的群居关系。这样"社区"可以理解为(　　)概念。

A. 政治和地理　　B. 人文和地理　　C. 文化和政治　　D. 经济和人文

【解析】答案：B　本题主要检测对社区的概念和教育特点的理解。社区首先是一个地理概念，处在一定的地理位置上，包含一定的地理空间。在这个空间里有着与居民生活密切相关的自然资源与社会资源；社区同时是一个重要的人文概念，其居民通常有着不同的职业、兴趣与经历等，因生活的需要而聚集在一起。

4.(多项选择题)家长学校是面向家长讲解幼儿成长与发展的一般规律与特征，阐释幼儿养育与教育的基本原则、途径、措施、策略等知识的一种辅助性质的教育机构。它通常会采取(　　)等形式。

A. 专家讲座　　　　　　　　　　　　　B. 家长分享经验与体会
C. 家长谈论或辩论　　　　　　　　　　D. 家园联系手册

【解析】答案：ABC 本题主要检测对幼儿园与家庭合作途径的理解。家长学校通常会采取专家讲座，家长分享经验与体会，家长谈论或辩论等形式。对于缺乏相关科学知识的家长来说，组织专家讲座、有经验的家长分享成功的经验，听取家长的意见，倾听其内心的感受，有助于开拓家长的视野，获得科学育儿的知识等。

5.（判断题）幼儿园与社区结合的活动不仅仅对幼儿德育、社会性发展等方面有重大意义，在幼儿智力、科学素质、分析和解决问题的综合能力的培养上也有独特的作用。（　　）

【解析】答案：√　本题主要检测对幼儿园与社区合作的理解。幼儿园活动在增强幼儿对周围环境的责任感的同时，十分显著地贯穿了"科学方法教育"这一条主线，以幼儿能够理解的方式，把数学教育与科学方法的学习融合在一起，让幼儿初步体验尝试了收集、处理、统计数据、得出结论等一套科学研究的全过程，极大地发展了幼儿从日常生活中发现问题、解决问题的能力。

6.（简答题）家庭教育的显著特征有哪些？

【解析】本题是检测对家庭教育的显著特征的理解。

答案要点：(1) 家庭教育具有亲情性。由血缘关系产生的亲情使父母爱孩子，而孩子在父母的朝夕相处中也会对父母自然而然地生发出一种深深的依恋之情。

(2) 家庭教育具有随机性。父母对孩子的教育可以随时进行，父母可以在一日生活的各个环节与情境中发现教育契机，促使孩子形成或改变一定的行为习惯、道德品性与审美情趣。

(3) 家庭教育具有连贯性。家庭教育的连贯性有助于孩子预期父母的教育行为而主动调整、规范自己的行为。

(4) 家庭教育具有复杂性。现代家庭在对孩子的教育上，父母与祖辈会有不同看法与主张，父亲与母亲由于各自的文化背景与成长经历的差异，也会在教育孩子的问题上存在分歧。这种复杂性可说是丰富了家庭教育的内涵。

7.（论述题）试述幼儿园与社区合作的意义。

【解析】本题主要检测对幼儿园与社区合作的意义的理解。

答案要点：(1) 社区的概念与社区教育的特点。

"社区"指人们聚集生活的一定区域，但它不是简单地缘意义上的群居关系，也就是说不是一群人聚集生活在一起就构成一个社区。

社区教育具有如下显著特征。

① 社区教育具有渗透性。社区对幼儿产生影响采取的是非正式的渗透式教育途径，如社区宣传、社区舆论、社区活动等，其中最主要的社区舆论。

② 社区教育具有广泛性。幼儿在社区生活中可以感知和接触到不同行业的劳动者，体验人们之间的相互关系，促使其社会认知、社会情感与社会行为的全面发展。

③ 社区教育具有随机性。社区教育是非系统的教育，具有随时可能发生的特性。

④ 社区教育具有复杂性。

(2) 幼儿园与社区合作可扩展教育资源与教育空间，有利于幼儿健康成长。

幼儿园作为教育服务机构，其产生主要就是为了满足社区居民对其年幼子女教育的需要。社区是一个地理概念，幼儿园与社区合作可以扩展幼儿园教育的空间，为幼儿提供更大的活动空间，同时也可节省幼儿园在硬件方面的投入。社区是一个重要的人文概念，幼儿园与社区合作可以广泛而深入地培养和调动蕴藏在这些居民身上教育兴趣，从而极大地丰富了幼儿园教育资源储备，共同为幼儿健康成长创造良好的环境。

8.(案例分析题)案例：主动利用早送晚接孩子的零碎时间与家长沟通，打动家长的心。家长常常希望了解孩子一天过得怎样，吃饱了没有，是否快乐，学到了什么知识等。家长可直接通过孩子的表情，孩子的话语来了解，但如果此时此刻，老师能主动地去对家长说一说、叨一叨，效果好多了。家长不仅能了解孩子的一天生活，更能感受到老师对孩子的关切与爱护！有这样一个例子让我更加重视了“沟通”的价值：一个能说会道的小男孩东东，能一字不落地复述幼儿园一天的生活。在别班时，其家长与老师之间总有扯不完的皮，告不完的状，弄得家长与老师的关系十分不和……转到我班后，我总是在东东“汇报”之前先与家长交谈一番，告诉家长孩子的“重大表现”，不到半个月，家长与我们之间的关系十分和谐，家长一再感激地说：“还是这个班好，老师这么关心我的孩子，我无话可说，只有感激。”仔细分析，并不是其他的老师不好，而是孩子站在自己的立场上“汇报”一天的生活，家长也听信了儿子的话，日子稍久，家长便以为老师与自己的孩子“过不去”。如孩子不爱吃青菜，老师软硬兼施地劝东东吃下去，回家后带着情绪说“老师硬要他吃不好吃的东西……”这件事在我手上也一样发生，只是我“抢先一步告诉家长：“孩子不爱吃青菜，我们为了他的身体发育，想办法让他吃了，他还有点不高兴呢。”时间稍久，家长理解了老师，也不再听“一面之词”了。

问题：(1)以上案例采用什么方式进行家园合作？

(2) 教师与家长沟通的技巧有哪些？

【解析】本题主要检测对家园合作方法和教师与家长沟通的技巧的理解。

答案要点：(1)采用接送幼儿时的随机交流方式进行家园合作。

(2) 教师与家长沟通的技巧有：

① 用日常普通语言与家长交谈，切忌使用专业术语。

② 要用平等的身份与家长交谈。

③ 交谈时不要谈及别的幼儿。

④ 谈幼儿缺点时注意方式方法：借助儿童发展的知识来表达；先肯定幼儿的优点和进步，再婉转提出问题要求。描述时不加任何评价，反对告状式描述孩子行为。

⑤ 积极倾听。要敏感地觉察与体验到家长的情绪，以及引起这种情绪的原因。

⑥ 幼儿在场时，教师要注意谈话的内容，以免影响幼儿的自尊心和家长的威信。

【小试牛刀】

一、单项选择题(每题只有一个答案，每小题2分，共24分)

1. 人们聚集生活的一定区域，但它不是简单地缘意义上的群居关系指的是(　　)。
   A. 家庭　　B. 社区　　C. 广场　　D. 幼儿园
2. 幼儿园与家庭合作能够形成(　　)，共同促进孩子的健康成长。
   A. 合作伙伴　　B. 知心朋友　　C. 教育合力　　D. 社会关系

3. (　　)是面向家长讲解幼儿成长与发展的一般规律与特征，阐释幼儿养育与教育的基本原则、途径、措施、策略等知识的一种辅助性质的教育机构。

A. 家长学校　B. 家长会　C. 家访　D. 家长专栏

4. (　　)是孩子的第一任老师，同时也是终生的老师，还是最初的玩伴。

A. 爷爷奶奶　B. 父亲母亲　C. 幼儿教师　D. 小学教师

5. 幼儿园可以邀请电厂、自来水厂或科技馆的技术员来园做科普讲座，对幼儿进行有关电或水等自然科学主题的教育。这是幼儿园利用了社区的(　　)。

A. 自然资源　B. 社会资源　C. 物质资源　D. 人力资源

6. 家长为幼儿园提供人力、物力支持，或将有关意见反映给幼儿园和教师，这种家园联系的方式是(　　)。

A. 社区直接参与　B. 社区间接参与　C. 家长直接参与　D. 家长间接参与

7. 现代教育理论认为幼儿园与家庭是(　　)。

A. 朋友关系　B. 隶属关系　C. 伙伴关系　D. 监督关系

8. 家园联系方式中最快捷也是最灵活的一种是(　　)。

A. 家长会　B. 电话短信联系　C. QQ 微信　D. 家访

9. 对幼儿发展的影响最为直接、强烈和长久的是(　　)。

A. 家庭　B. 学校　C. 社会　D. 同伴

10. (　　)是幼儿园在学期的某个阶段，与家长交流这一阶段孩子教育的重点与对策的一种组织形式，通常会在学期初、学期中或学期末的时候召开。

A. 家长学校　B. 幼儿园开放日

C. 亲子活动　D. 家长会

11. 幼儿园必须在与(　　)的合作中去完成自身的教育任务，发挥教育在幼儿成长中的导向作用。

A. 家长　B. 家庭　C. 社会　D. 教师

12. 我国的(　　)中明确规定“幼儿园应主动与幼儿家庭配合，共同担负教育幼儿的任务”，这是科学的、符合世界幼儿教育发展趋势的决策。

A.《幼儿园规程》　B.《幼儿园工作规程》

C.《学前教育服务优质计划》　D.《幼儿园教育纲要》

二、多项选择题(多选、漏选、错选均不得分，每小题 3 分，共 15 分)

13. 社区是幼儿从一出生就接触的社会环境，也是对幼儿最早产生影响的除家庭之外的外部环境。社区教育的显著特征有(　　)。

A. 社区教育具有广泛性　B. 社区教育具有启蒙性

C. 社区教育具有随机性　D. 社区教育具有复杂性

E. 社区教育具有渗透性

14. 幼儿园与家庭联系、交流的现代方式有(　　)。

A. 幼儿园开放日　B. 个别谈话

C. 亲子活动　D. 微信平台

E. 网上家庭教育论坛

15. 社区通常蕴含着丰富的教育资源，一般来说，社区的教育资源有(　　)。

A. 自然资源　　B. 社会资源　　C. 物质资源　　D. 人力资源

E. 精神资源

16. 对亲子活动理解正确的是(　　)。

A. 亲子活动可以加强与孩子之间的情感联系

B. 亲子活动可以增进家长与孩子、家长与幼儿园的交流、沟通与合作

C. 亲子活动可以作为一种正式的教育活动纳入课程计划中

D. 亲子活动可以作为正式的课程活动的补充

E. 亲子活动可以增进社会对幼儿园的了解

17. 家长参与幼儿园管理主要体现在(　　)几个层面。

A. 参与　　B. 合作　　C. 决策　　D. 监督

E. 管理

三、判断题(在正确的打"√"，在错误的打"×"。每小题1分，共10分)

(　　)18. 家庭教育是在学校教育的基础上进行的。

(　　)19. 在幼儿教育活动中，社区中各行各业的人都可以成为教育者。

(　　)20. 幼儿教师是幼儿信息的唯一的、主要的源泉。

(　　)21. 一个好的幼儿园可以成为社区精神文明的标志，对社会的精神文明建设起示范推动作用。

(　　)22. 开发家庭、社区的教育资源就是鼓励、引导家庭和社区把物资提供出来。

(　　)23. 教育机构的教育作用不是万能的。

(　　)24. 幼儿园与家庭合作的主要任务就是指导家长。

(　　)25. 家长可以直接参与到幼儿园教育的活动过程中去。

(　　)26. 幼儿园与社区合作是幼儿园教育发展的方向。

(　　)27. 幼儿园与社区合作的目的就是要利用社区的资源。

四、简答题(共21分)

28. 幼儿园与家庭合作的意义是什么？(7分)

29. 幼儿园与社区合作的途径有哪些？(6分)

30. 社区教育具有哪些显著特征？(8分)

五、论述题(每小题10分，共20分)

31. 试述幼儿园与家庭合作的内容。

32. 幼儿园与家庭、社区合作的目的。

六、案例分析题(共10分)

33. 案例：某幼儿园中，教师们每天都将活动日常安排贴在自己班上显眼的地方，以便家长了解幼儿园工作的程序及孩子每天的活动日程。教师每天所做的"每日报告"记录，不仅是教师了解幼儿学习情况的依据，也是幼儿园提供给家长的必备材料。家长每日接送幼儿

时，都可以查阅该记录并与教师交流，了解孩子在园的情况。家长还可以随时查阅幼儿“发展记录档案”，并根据它预见幼儿发展中存在的生理性障碍、发展延缓等问题，与教师协商及时治疗或调查教育计划、指导方式等。此外，家长接送幼儿时，只要愿意，可以随时在幼儿园陪同孩子，与教师、孩子们一起工作。

问题：(1)试分析以上做法的意义？(6分)

(2)对于幼儿园与家庭的关系，你从以上做法中得到什么启示？(4分)

【参考答案】

一、单项选择题(每题只有一个答案，每小题2分，共24分)

1. B　2. C　3. A　4. B　5. D　6. D　7. C　8. B　9. A　10. D　11. C　12. B

二、多项选择题(多选、漏选、错选均不得分，每小题3分，共15分)

13. ABD　14. ACD　15. ABD　16. ABCD　17. CD

三、判断题(在正确的打“√”，在错误的打“×”。每小题1分，共10分)

18. ×　19. √　20. ×　21. √　22. ×　23. √　24. ×　25. √　26. √　27. ×

四、简答题(共21分)

28. (1)家庭教育的重要性及其特点。家庭教育对孩子的健康和全面发展有着重要的价值，幼儿良好的生活习惯与行为习惯的养成与家庭教育直接相关。在长期的潜移默化的教养过程中，在孩子身上会留下父母长远的影响，从一个侧面反映了家庭对个体所能产生的影响和家庭教育的重要价值。(2分)

家庭教育有以下显著特征：(1)家庭教育具有亲情性、随机性、连贯性、复杂性。(2分)

(2)幼儿园与家庭合作能够形成教育合力，共同促进孩子的健康成长。家庭教育所具有的亲情性、随机性、连贯性与复杂性的突出特点决定了家庭对孩子的影响是无处不在、无时不在的。父母是孩子的第一任老师，同时也是终生的老师。(2分)

幼儿园教育与家庭的合作，可以增加对孩子的正面引导。为了促成幼儿的健康成长，幼儿园应当也必须主动与家庭合作，以形成教育合力，共同推动幼儿的良好发展。(1分)

29. 由于社区是幼儿园赖以生存的外部生态环境，只有融入社区生活，幼儿园才能真正实现家、园、社区教育的三者的和谐统一，共同为幼儿的全面发展创造良好的外部条件。(2分)

社区宣传橱窗、社区专家讲座、社区文化活动、利用社区资源开展课程建设等是幼儿园与社区合作的传统方式，这在幼儿园实践中已得到广泛利用，比较新的方式是亲子园的建立与实施。(2分)

所谓亲子园或亲子班指的是幼儿园利用现有的教育资源，为社区3岁以下或未接受幼儿园教育的3岁以上的散居幼儿提供非正规学前教育机会的场所，通常利用节假日时间举办，

同时有幼儿家长陪同。(2分)

30. 社区教育具有如下显著特征:

(1) 社区教育具有渗透性。社区并没有专门的教育机构对幼儿施教，它对生活于其中的成人与幼儿产生影响采取的是非正式的渗透式教育途径，如社区宣传、社区舆论、社区活动等，其中最主要的是社区舆论。(2分)

(2) 社区教育具有广泛性。由于社区主要因人们的生活需要而形成，幼儿在社区生活中可以感知和接触到不同行业的劳动者，体验人们之间的相互依赖关系，促使其社会认知、社会情感与社会行为的全面发展。(2分)

(3) 社区教育具有随机性。社区教育作为非正式的教育方式，没有专门的教育内容与教育者，对幼儿的影响具有随时可能发生的特性。(2分)

(4) 社区教育具有复杂性。社区虽然有着其居民共同认可和遵守的基本的价值观、道德观与行为观，但这些观念并一定是其所有成员都认可的，即便认可，其重视和被遵守的程度在居民之间也会差异很大，更何况社区舆论并不总是正确的。(2分)

五、论述题(每小题10分，共20分)

31. (1)主动向家长了解孩子出生、成长的情况和个性特征，这是家园合作的基础内容。了解幼儿出生及成长情况，了解幼儿的个性特征与家庭生活是幼儿园有效教育的前提与基础。(2分)

(2) 保障家长的知情权，让家长了解幼儿在园的一日生活及其具体表现。幼儿园要通过多种途径向家长宣传和解释幼儿园教育的理念与遵循的基本原则，使家长明白教育建立在孩子发展规律基础上的重要性，并激发家长了解孩子发展规律与个体差异的兴趣，从而使家长能够通过幼儿园加深对自己孩子的理解。(2分)

(3) 保障家长的参与权，让家长参与幼儿园管理决策与监督。幼儿园管理应当实现内部管理的民主，给予教职工更多参与幼儿园决策与发展的机会和人性化的关怀，通过调动教职员工的主人翁精神与责任感，将幼儿园自身的力量团结起来，同时，应当实现与外界交流的民主化与制度化，其中最重要的就是实现与家长交流、合作的民主化与制度化。家长参与幼儿园管理主要体现在决策与监督两个层面。(2分)

(4) 在幼儿园课程建设中吸纳家长的意见，并充分利用家长的教育资源。幼儿园教育的目标必须通过适宜的课程来实现。让家长参与幼儿园园本课程建设，不仅有助于吸纳家长的意见，更有助于充分挖掘家长的资源。(2分)

(5) 向家长传递科学的教育理念与方法，提高其养育孩子的能力。幼儿园作为正规的教育机构，应当积极发挥自己的专业知识方面的优势，积极主动地帮助家长形成合理的育儿观念以提高家庭教育的水平，同时，也扩大和保证了幼儿园教育的效果与质量。(2分)

32. (1)使家庭与社区了解幼儿园。幼儿园与家庭合作，可以使家庭与社区了解幼儿园，了解幼儿的在园生活与教育状况，促使家庭与社区形成对幼儿园的接纳态度，实现家、园、社区的和谐与融洽。(2分)

(2) 获得家庭与社区的积极支持。(1分)家庭和社区虽然是非正规的教育机构，但从孩子一出生就开始对其产生深远的影响，具有幼儿园教育无法取代也无法阻挡的优势。幼儿园与家庭、社区合作是保证幼儿园教育顺利进行的前提。家庭与社区有着丰富的教育资源与教

育空间，能为幼儿园教育资源与空间的不足提供很好的补充。(2分)

(3) 发挥幼儿园作为专业幼教机构的引导作用。(1分)幼儿园作为正规和专门的教育机构，必须掌握幼儿教育的基本原理与规律，才能开展有益于幼儿身心健康发展的教育实践。幼儿园在与家庭、社区合作中必然负有引导之责，向家庭与社区宣传和普及科学育儿知识成为幼儿园回馈家庭与社区支持的主要方式。提高家长与社区居民对幼儿教育的正确认识和理解，加强他们与幼儿园合作，增强幼儿园教育效果。(2分)

(4) 增进幼儿对家庭与社会的认识。与家庭、社区合作的根本目的都是为了更好地促进幼儿身心健康、和谐、全面的发展。(2分)

六、案例分析题(共10分)

33. (1)①幼儿园开放、公开的工作方式，表现了对家长了解幼儿园教育状况的权利的极其尊重。(2分)

② 了解幼儿园的教育质量，了解孩子每天在园的活动状况，是每位家长的权利。(2分)

③ 该幼儿园很尊重家长的教育知情权，重视以口头或书面的方式向家长报告儿童的发展情况，并积极与家长交流如何为儿童提供更好的教育。(2分)

(2) ①家庭和幼儿园对幼儿的学习和发展起着同等重要的作用，家庭教育对人生的发展有着深远的影响，幼儿园教育不应该成为凌驾于家庭之上的教育形式，二者的关系应该是平等和合作。(2分)

② 幼儿园和幼儿教师应该更多地与家长交流和对话，共同支持幼儿的学习和发展。(2分)

第十二章　幼儿园教育评价

【内容索引】

- 幼儿园教育评价
  - 幼儿园教育评价概述
    - 幼儿园教育评价的含义
    - 幼儿园教育评价的作用
  - 幼儿园教育评价的主要内容与标准
    - 幼儿发展评价
    - 教师工作评价
  - 幼儿园教育评价的类型、方法与步骤
    - 幼儿园教育评价的类型
    - 幼儿园教育评价的方法
    - 幼儿园教育评价的步骤

【学习导航】

识记：幼儿园教育评价的含义、幼儿园教育评价的作用、幼儿园教育评价的类型、幼儿园教育评价的方法。

理解：幼儿发展评价、教师工作评价、幼儿园教育评价的步骤。

应用：设计评价方案，选择适宜的评价方法对幼儿发展评价和教师工作评价进行评价。

【重中之重】

幼儿发展评价、教师工作评价、幼儿园教育评价的步骤，选择适宜的评价方法对幼儿发展评价和教师工作评价进行评价。

【应知应会】

第一节　幼儿园教育评价概述

一、幼儿园教育评价的含义

评价是指对事物的价值进行判断的过程。科学的教育评价，是根据正确的教育价值观，运用科学的方法对教育的价值进行判断的过程。

幼儿园教育评价，是对与幼儿园教育活动有关的各个方面进行科学的价值判断的过程，通常包括对幼儿发展情况和教师工作情况两方面的评价。

二、幼儿园教育评价的作用

幼儿园教育评价是了解幼儿园教育的适宜性、有效性，调整和改进工作，促进每一位幼儿发展，提高教育质量的必要手段。

具体说来，幼儿园教育评价具有如下四个方面的作用：

（1）鉴定作用。检查或鉴定实施课程后教育目标的达成程度。

（2）诊断作用。通过评价，及时发现现行课程与预定目标之间的差距和问题，明确努力方向。

（3）改进作用。评价最重要的作用就是促进教育教学的改进。在评价过程中会发现不足和问题，及时地通过信息反馈，引起注意，促进保教工作的改进，提高教育质量。

（4）导向作用。评价所依据的标准是按《幼儿园工作规程》和《幼儿园课程标准》的指导思想确立的，具有鲜明的方向性。评什么和怎样评，对教育的实践产生直接的导向作用。

第二节　幼儿园教育评价的主要内容和标准

一、幼儿发展评价

全面、客观地了解和评价每个幼儿发展的水平和特点，是幼儿教育工作者因人施教的前提和重要依据，也是检测幼儿教育课程或方案的效果的重要手段。

幼儿发展评价的内容主要涉及幼儿健康与动作发展、认知与语言发展、品德与社会性发展、艺术与情感发展、习惯与自理能力发展等方面。

1. 健康与动作发展

健康与动作发展评价的内容包括生长发育水平（身高、体重、视力等）、大肌肉动作（走、跑、跳、投掷、攀登等）、小肌肉动作（画、剪、折等）。

2. 认知与语言发展

认知发展评价的内容包括感知能力（空间知觉、时间知觉、形状知觉、观察力等）、思维能力（分类、想象、推理、守恒、数概念）、知识经验（季节、动物、植物、社会角色、音乐、美术等）。

语言发展评价的内容包括倾听、语音、表达、阅读等方面。

3. 品德与社会性发展

品德与社会性发展评价的内容包括社会情感（关心他人、同情心、责任感等）、社会认知（相应的社会规则、社会生活常识等）、社会交往（适应能力、交往能力、人际关系和解决冲突的能力等）、文明行为（礼貌、友爱、诚实、合作、遵守规则等）、自我意识的发展（独立性、自尊心、自制力、主动性等）。

4. 艺术与情感发展

艺术与情感发展评价的内容包括幼儿的情绪情感、对音乐、美术的感受和表现力等。

5. 习惯与自理能力发展

习惯与自理能力发展评价的内容包括生活习惯（如厕、进餐、穿衣、个人卫生、环境卫生等）、学习习惯（学习兴趣、注意力、任务意识等）、自我保护能力（躲避危险、安全意识）等。

二、教师工作评价

幼儿园教师工作评价，是指对教师的各项教育工作的质量进行评价。

1. 安全工作

(1) 发现环境中的隐患，加强安全措施；

(2) 安全意识；

(3) 预见危险发生的能力；

(4) 应急能力。

2. 卫生保健工作

幼儿园卫生保健工作评价主要有以下几项内容：

(1) 是否执行幼儿的生活作息制度，一日活动的安排是否合理；

(2) 是否为幼儿提供了能确保其健康的卫生环境。

3. 教育活动的设计与组织

这项工作评价内容涉及教师的教育观念、对教育内容的选择和教育活动设计、教育方法运用、教学重点安排、教师组织教育活动的基本技能，等等。

4. 对幼儿的管理

教师对幼儿的管理水平体现在管理幼儿时的态度与方式上，也体现在幼儿的习惯养成和综合素质的发展上，它是判断教师的素质高低的重要依据。

5. 环境创设工作

教师能不能给幼儿创设一个丰富多彩的、有多种学习和探究的机会，有不同选择性的安全、卫生、益智、温暖的环境，是判断教师专业素质和业务水平的重要依据。

6. 家长工作评价

(1) 与家长沟通技巧。及时向家长传达幼儿园的各种通知和要求；经常与家长交流幼儿在园情况；等等。

(2) 家长学校工作。教师注意对家长的教育和引导及教育常识的培训。

(3) 吸引家长参加幼儿园的活动。家长对幼儿园活动的积极性。

第三节　幼儿教育评价的类型、方法与步骤

一、幼儿园教育评价的类型

对幼儿园教育评价可以根据不同的分类标准进行划分。

1. 按评价的参照体系分类

按评价的参照体系的不同可以将幼儿园教育评价分为相对评价、绝对评价、个体内差异评价。

(1) 相对评价

它是以某一集合的平均状况为基准，评价每个对象在这个集合中所处的相对位置。相对评价的标准来源于某群体，也只适用于该群体。儿童的智力测验、标准化测验都属于相对评价。

（2）绝对评价

它是在评价对象的集合之外，确定一个标准，评价时将评价对象与这个客观标准进行比较，评价其达到标准的程度，从而作出价值判断。

（3）个体内差异评价

它是把被评价个体的过去和现在相比较，或将个体的有关各个侧面相互比较。

2. 按评价的功能分类

按评价功能的不同可以将幼儿园教育评价分为诊断性评价、形成性评价、总结性评价。

（1）诊断性评价

它是指在教育活动之前，为使其计划更有效地实施而进行的预测性评价，其目的在于了解评价对象的基本情况，为制定教育计划或解决问题搜集材料、做好准备。

（2）形成性评价

它是指在教育活动过程中评价活动本身的效果，目的在于及时了解教育活动过程中的情况，以便及时地获取反馈信息，实施调节控制，总结经验教训，及时改进工作。

（3）总结性评价

它是在完成某个阶段教育评价活动之后，对其成果作出价值判断，目的在于了解该阶段的成果，以向决策者提供信息。

3. 按评价的主体分类

按评价主体的不同可以将幼儿园教育评价分为自我评价、他人评价。

（1）自我评价

指被评价者自己根据评价指标，参照一定的标准，对自己的情况进行评价。

（2）他人评价

指被评价者之外其他人或组织对被评价者进行的评价。

二、幼儿园教育评价的方法

评价方法是指收集评价信息和处理评价信息的方法。一般说来，幼儿园教育评价的方法分为定性的评价和定量的评价两大类。

定性的评价注重记录评价对象的状态和变化的信息，对信息的处理侧重于通过资料展示信息之间的关系，并分析、描述表达价值判断。行为观察、情景测验、成长记录、评语等都属于定性评价的范畴。

定量的评价注重实现确定量化指标，通过调查、测验等搜集评价对象的量化信息，而后对量化数据进行统计分析，从而得出评价结论。

主要的评价方法有：

1. 观察法

观察法是幼儿园教育评价中最基本的方法，是评价者在自然条件下对评价对象进行有目的、有计划的直接感知、记录，继而分析、解释这些现象和事实发生的原因或发展趋势，从而获得结论的一种评价方法。

（1）观察法的种类

① 连续观察法（也称日记法）。评价幼儿发展和教师工作均可采用日记法。

② 时间取样观察法。它是指在规定的时间段观察记录预选行为的情况。

③ 事件取样观察法。它是观察者事先确定观察目的，选择某类(种)事件作为观察目标，当该类事件一出现时即进行观察记录的方法。

④ 行为核查。它是评价者将要观察的行为预先列出表格，然后检查行为是否出现，或行为表现的等级如何，并在所选的等级上做标记。

⑤ 情景观察法(又称情景测查法)。它是在教育的实际情景下按照评价目的改变某些条件，将幼儿置于与现实生活场景类似的情景中，由评价者观察在该特定情景中幼儿的行为。

(2) 运用观察法应注意的问题

① 应严格遵守客观性原则。

② 要采用恰当的记录方法。

③ 两人以上的观察结果应进行一致性检验。

④ 采用观察记录法对幼儿发展进行评价时，要将平时的观察记录和日常生活中与幼儿的谈话、交往、活动作品等结合起来。

2. 访问谈话法

谈话法是通过与评价对象面对面的交谈收集评价信息的方法。谈话法可分为个别谈话与团体谈话、临床谈话、标准谈话与自由谈话等。

3. 问卷调查法

问卷调查是由评价者根据教育目的，向被调查对象发放问卷，要求被调查者以书面形式提供给评价者有关情况的一种广泛收集评价信息的方法。

问卷设计与编制是影响调查结果质量的关键，在编制问卷时，要注意以下几个问题：

(1) 编题形式的选择。问卷中调查题的形式有问答题、填充题、选择题和排序题等。

(2) 调查题目的编拟。调查问卷是用严格的书面语言形式体现出来的，编拟调查题时要适合调查对象。

(3) 调查问卷的配置和印刷。

4. 档案袋评定法

这是指将被评价者的观察记录、检查表以及反映他学习、成长或工作情况的相关资料放进一个有形的容器里，以反映被评价者的特点和状况，以及在特定领域中的努力、进步与成就。这个特定的容器就叫成长记录袋，用这种方式进行教育评价的方法叫档案袋评定法。

在幼儿发展评价中，成长记录袋收集的内容可以覆盖幼儿的身体、动作、认知、言语、情感及社会性等多个发展领域，主要有：作品样本、观察记录、各种测验和调查的结果，它从不同侧面描述了幼儿成长和学习的过程，也展现了幼儿的发展现状。在教师的工作评价中，教师的成长记录袋汇集了教师的教育计划、总结、观察记录、教育笔记、幼儿园对该教师的考核记录、教师互评表、每学期的考核意见、各种有关该教师业务、进修情况的调查资料等。

5. 测验法

测验法是针对评价对象，运用教育测量的理论和方法编制或选择科学的测试量表，并施测于评价对象，以获取评价信息的一种方法。在选择或编制量表时，应该注意以下几个指标：

(1) 测验的信度，即反映测验可信程度的指标，包括内部一致性信度和稳定性信度。

(2) 测验的难度，即这个测验是否测到了他所想要测到的东西，其程度如何。

（3）测验的难度，即测验的难易程度。

（4）区分度，这是指某项目的测验对于不同水平的被试加以区分的程度。

6. 自我评价法

自我评价是指评价者自己对照要求，进行自我剖析。

它重在帮助教师或幼儿建立自我反思意识，提升自我发展的主动性、积极性，不断发展自我认知能力，使教师成长为反思型的教师，使幼儿在反思中迅速发展。

7. 统计分析法

统计分析法是教育评价信息的处理方法，它是指遵照一定的评价目的，评价者建立起一定的评价指标体系，并通过观察、测验、调查等方法获取相关的数据资料。

（1）集中趋势分析

代表一组数据典型水平或集中趋势的量数叫集中量数，它能反映数据大致趋向于某一点的情况。常用的集中量数是算术平均数，还有中位数、众数等多种。

（2）离散趋势分析

表示一组数据的变异程度或离散程度的量数称为差异量数。对于一组数，光用集中量数来描述是不全面的，将集中量数与差异量数同时描述一组数时，这组数的特征就比较清晰。差异量数有全距、四分位差、平均差、标准差，其中标准差是表示一组数据差异程度时最常用的差异量数。

三、幼儿园教育评价的步骤

幼儿园教育评价是根据一定的目的，针对一定的对象，通过系统地搜集有关信息作出价值判断的过程。进行幼儿园教育评价，首先要确定评价的目标，然后根据评价目标设计评价方案、实施评价。

1. 确定评价的目标

幼儿园教育评价的目的就是要了解幼儿园教育的水平和现状，为管理者决策服务。

2. 设计评价方案

根据幼儿园评价的目标要求，设计评价方案，这是实施幼儿园教育评价的准备工作。幼儿园教育评价方案的编制，一般要从如下角度进行：

（1）分解目标，形成指标体系

幼儿园教育是一种有目的的活动，幼儿园教育评价就是把幼儿园教育活动的实际状况与幼儿园教育的预期目标相比较并做出价值判断的过程。

幼儿园目标体系可以转化为幼儿园教育评价体系。

（2）界定标准，形成标准体系

幼儿园教育评价标准或标准体系是对评价对象的各项指标达到要求的程度在数量和质量方面进行价值判断的准则和尺度，在进行幼儿园教育评价时，必须要以科学的态度认真做好制订幼儿园教育评价标准的工作，使幼儿园教育科学化、标准化。

（3）形成计量体系

幼儿园教育评价的计量过程通常有以下两个基本要素构成：一是加权，即根据指标体系中各项指标的重要程度，赋以一定的权数；二是记分，即根据各项指标所评等级的标度值和权数，求得评价分值。

3. 实施评价

(1) 准备阶段

① 组织准备。幼儿园教育评价要根据评价的目的、评价内容等的不同，成立与之相适应的评价班子，其组织形式有：管理部门成立的评价小组，科研部门成立的评价小组，有管理人员、科研人员、幼教专家成组成的评价小组，园长、教师、幼儿、家长成立的评价小组等。

② 文件、工具准备。即为评价准备的评价方案、评价登记表、资料汇总表以及所需要的标准化测量工具，等等，也包括施测时所需的笔、纸等。

(2) 评价实施阶段

① 宣传发动。主要目的是统一评价者和被评价者的思想，防止产生消极甚至抵触情绪，使大家以正常的心态接受评价，积极配合评价工作。

② 搜集资料。这是评价实施的中心工作，要求评价者以科学的态度、正确的方法和良好的工作状态开展这项工作，评价者要尽可能运用多种方法搜集真实、客观的数据资料，为科学评价幼儿园教育服务。

③ 评分和汇总。在掌握大量有关资料的基础上，评价人员就可以给每一具体的项目进行评分，然后对多项目的评分进行汇总，并进行初步的统计分析。

(3) 评价结果反馈阶段

开展幼儿园教育评价，就是为了更好地促进幼儿园教育工作，将评价结果以适当的方式反馈给有关人员，有利于使其改进工作。为此，评价人员要对评价的结果进行科学的分析，写出评价报告，提供给有关人员参考，使其根据评价情况调整自己的工作，以促进幼儿园教育质量的提高。

四、幼儿园教育评价应该注意的问题

1. 树立正确的评价观

现代幼儿园教育评价的思想观念有了重大的变化，主要表现在以下几个方面：

(1) 评价功能的变化。注重评价在教育过程中的价值，评价的过程就是学习的过程。

(2) 评价目标的变化。评价的目标重在发展。

(3) 评价内容的变化。这是指评价的指标和标准应该具有多样性，只要有利于促进人的发展，符合教育发展规律的评价，都是可以尝试的。

(4) 评价方法的变化。现在的评价重视定性评价、定性与定量评价相结合，实现评价方法多样化。

(5) 评价主体的变化。重视参与与互动、自评与他评相结合，实现评价主体多元化。

(6) 评价类型的变化。注重对教育过程的评价，对教育结果的评价要与对教育过程的评价相结合，终结性评价与形成性评价相结合，实现评价重心的转移。

2. 与日常教育工作相结合

幼儿园教育评价要“在日常活动与教育教学过程中采用自然的方法进行”。这样做才能保证评价信息的真实可靠。

3. 充分、合理地运用评价结果

幼儿发展评价是否对幼儿园教育质量的提高起到促进作用，还要看如何利用评价的结果。

幼儿园发展评价应以积极性的鼓励评价为主，特别是对那些发展落后的幼儿，更应以正面肯定为主。

对教师的评价结果其发布方式更要注意个别化，不能随意公布，以免造成教师的反感或紧张。应注意评价的诊断功能，引导教师通过评价发现自己的长处和不足，从而促进教师的成长。

【范例精讲】

1. (单项选择题)感知能力、思维能力、知识经验等是(　　)评价的内容。

A. 认知发展　　B. 语言发展　　C. 动作发展　　D. 情感发展

【解析】答案：A　本题主要检测对幼儿发展的理解。认知发展评价的内容包括感知能力(空间知觉、时间知觉、形状知觉、观察力等)、思维能力(分类、想象、推理、守恒、数概念)、知识经验(季节、动物、植物、社会角色、音乐、美术等)。语言发展评价的内容包括倾听、语音、表达、阅读等方面。

2. (单项选择题)行为观察、情景测验、成长记录、评语等都属于(　　)的范畴。

A. 自我评价　　B. 他人评价　　C. 定量评价　　D. 定性评价

【解析】答案：D　本题主要检测对幼儿园教育评价的方法的理解。定性的评价注重记录评价对象的状态和变化的信息，对信息的处理侧重于通过资料展示信息之间的关系，并分析、描述表达价值判断。行为观察、情景测验、成长记录、评语等都属于定性评价的范畴。定量的评价注重实现确定量化指标，通过调查、测验等搜集评价对象的量化信息，而后对量化数据进行统计分析，从而得出评价结论。

3. (单项选择题)课程评价最重要的作用就是(　　)。

A. 鉴定作用　　B. 诊断作用　　C. 改进作用　　D. 导向作用

【解析】答案：C　本题主要检测对课程评价的作用的理解。课程评价最重要的作用就是促进教育教学的改进。通过评价会发现课程的不足和问题，并通过信息反馈引起注意，促进保教工作的改进，不断提高课程质量和保教质量。

4. (多项选择题)幼儿园教育评价通常包括对(　　)两方面的评价。

A. 幼儿园教育情况　　B. 教师工作情况

C. 幼儿发展情况　　D. 幼儿园教学情况

【解析】答案：BC　本题主要检测对幼儿园教育评价的含义的理解。幼儿园教育评价，是对与幼儿园教育活动有关的各个方面进行科学的价值判断的过程，通常包括对幼儿发展情况和教师工作情况两方面的评价。

5. (多项选择题)幼儿园教育评价中观察法一般有(　　)。

A. 连续观察法　　B. 时间取样观察法

C. 事件取样观察法　　D. 情景观察法

【解析】答案：ABCD　本题主要检测对观察法的种类的理解。观察法一般有(1)连续观察法(也称日记法)。评价幼儿发展和教师工作均可采用日记法。(2)时间取样观察法。它是指在规定的时间段观察记录预选行为的情况。(3)事件取样观察法。它是观察者事先确定观察目的，选择某类(种)事件作为观察目标，当该类事件一出现时即进行观察记录的方法。(4)行为核查。它是评价者将要观察的行为预先列出表格，然后检查行为是否出现，或行为表现的等级如何，并在所选的等级上做标记。(5)情景观察法(又称情景测查法)。它是在教育的实际情景下按照评价目的改变某些条件，将幼儿置于与现实生活场景类似的情景中，由评价者观察在该特定情景中幼儿的行为。

6. (判断题)幼儿园的评价应该结合日常工作进行。(　　)

【解析】答案：√　本题主要检测对幼儿园教育评价应注意的问题的理解。幼儿园教育评价并不是超越幼儿园日常工作之外的额外工作，它本身就是教育过程的一个重要环节，要“在日常活动与教育教学过程中采用自然的方法进行”。

7. (判断题)进行绝对评价，是将评价对象与某一客观标准进行比较，看其达到标准的程度。(　　)

【解析】答案：×　本题主要检测对幼儿园教育评价方法的理解。绝对评价是在评价对象的集合之外，确定一个标准，评价时将评价对象与这个客观标准进行比较，评价其达到标准的程度，从而作出价值判断。

8. (简答题)评价教师家长工作的内容。

【解析】本题是检测对教师工作评价的理解。

答案要点：(1)与家长沟通技巧。及时向家长传达幼儿园的各种通知和要求；经常与家长交流幼儿在园情况；等等。

(2) 家长学校工作。教师注意对家长的教育和引导及教育常识的培训。

(3) 吸引家长参加幼儿园的活动。家长对幼儿园活动的积极性。

9. (论述题)试述幼儿园教育评价的方法。

【解析】本题主要检测对幼儿园教育评价的方法的理解。

答案要点：评价方法是指收集评价信息和处理评价信息的方法。一般说来，幼儿园教育评价的方法分为定性的评价和定量的评价两大类。

主要的评价方法有：

(1) 观察法。观察法是幼儿园教育评价中最基本的方法，是评价者在自然条件下对评价对象进行有目的、有计划地直接感知、记录，继而分析、解释这些想象和事实发生的原因或发展趋势，从而获得结论的一种评价方法。

(2) 访问谈话法。谈话法是通过与评价对象面对面的交谈收集评价信息的方法。谈话法可分为个别谈话与团体谈话、临床谈话、标准谈话与自由谈话等。

(3) 问卷调查法。问卷调查是由评价者根据教育目的，向被调查对象发放问卷，要求被调查者以书面形式提供给评价者有关情况的一种广泛收集评价信息的方法。

(4) 档案袋评定法。这是指将被评价者的观察记录、检查表以及反映他学习、成长或工作情况的相关资料放进一个有形的容器里，以反映被评价者的特点和状况，以及在特定领域中的努力、进步与成就。这个特定的容器就叫成长记录袋，用这种方式进行教育评价的方法叫档案袋评定法。

(5) 测验法。测验法是针对评价对象，运用教育测量的理论和方法编制或选择科学的测试量表，并施测于评价对象，以获取评价信息的一种方法。

(6) 自我评价法。自我评价是指评级在这自己对照要求，进行自我剖析。

(7) 统计分析法。统计分析法是教育评价信息的处理方法，它是指遵照一定的评价目的，评价者建立起一定的评价指标体系，并通过观察、测验、调查等方法获取相关的数据资料。

10. (案例分析题)案例：大雨过后，花坛里爬出来许多小蜗牛。孩子们兴奋地把小蜗牛带回班里，放在了小花盆里。

王晨璐指着小蜗牛说："你看小蜗牛的触角一个长一个短!"何心怡说："真是呀！它怎么会不一样长呢?"两个人好奇地谈论着。正在这时，一只小手伸过来把小蜗牛抓走了。两人一起随着看过去，原来是贾风森。"你干嘛要抓蜗牛啊?""我想看一看!""你把它放在桌上我们一起看吧!""不行！我要一个人看!"他们三个你一句我一句地吵起来。突然，贾风森把蜗牛摔在地上，一脚踩碎了："踩死它我也不让你们看!"王晨璐和何心怡被这突如其来的举动惊呆了，伤心地望着地上被踩碎的小蜗牛，不知所措。

问题：请评价以下活动中幼儿的发展。

【解析】本题主要检测对幼儿发展评价的理解。

答案要点：案例中幼儿，不同性格特征致使他们表现各有差异。在幼儿发展评价中不能只按照单一的标准去评价幼儿，要利用多种方式，多角度观察、评价幼儿，更有利于幼儿的发展。

幼儿天生就对于小动物十分感兴趣，他们喜欢观察小动物，把它们当作自己的好朋友，这是幼儿善良品质的自然体现。然而当大家都对小蜗牛感兴趣时，贾风森的"自私"行为引发了矛盾冲突，这与他的家庭教育环境密切相关(妈妈平时对森森过分溺爱致使他表现霸道、自私)。当矛盾激化时，贾风森表现出的极端反应使王晨璐和何心怡猝不及防，望着被踩碎的小蜗牛，她们很伤心，这体现了两个小女孩对小动物的爱心。

【小试牛刀】

一、单项选择题(每题只有一个答案，每小题 2 分，共 24 分)

1. 对与幼儿园教育活动有关的各个方面进行科学的价值判断的过程是(　　)。
   A. 评价　　B. 科学的教育评价
   C. 幼儿园教育评价　　D. 幼儿园教学评价
2. 幼儿园教育评价中最基本的方法是(　　)。
   A. 观察法　　B. 调查法　　C. 问卷法　　D. 谈话法
3. 对幼儿品德与社会性发展的评价主要依靠(　　)的方法。
   A. 问卷测查　　B. 走访调查　　C. 案例测试　　D. 日常观察
4. 幼儿(　　)是日常生活中如进餐、睡眠、如厕以及平时的各种活动中表现出来的。
   A. 认知与语言能力　　B. 艺术与情感发展
   C. 习惯与自理能力　　D. 健康与动作发展
5. 下列不是小肌肉动作发展的评价的参考指标(　　)。
   A. 是否会系鞋带　　B. 是否会用线串东西
   C. 用笔动作是否精细、准确　　D. 上下楼梯是否稳健

6. “在大多数情景下，能自在地说话。”这是幼儿语言能力(　　)评价的指标体系。
A. 语意的理解　B. 理解作品　C. 自信心　D. 说话的积极性
7. 常规管理情况的评价，一般是以检查日常生活中(　　)来进行的。
A. 幼儿习惯养成　B. 幼儿常规表现　C. 幼儿活动表现　D. 幼儿良好品质
8. 幼儿园的气氛、园风、教风、教师与教师以及教师与幼儿之间的关系都属于(　　)的范围。
A. 物质环境　B. 精神环境
C. 物质环境量的考察　D. 物质环境质的考察
9. 对那些发展落后的幼儿进行评价的时候应以(　　)为主，引导向好的方面发展。
A. 积极性的鼓励评价　B. 消极的真实评价
C. 多元化评价　D. 注重的过程评价
10. 以某一集合的平均状况为基准，评价每个对象在这个集合中所处的相对位置，这是(　　)。
A. 相对评价　B. 绝对评价
C. 个体内差异评价　D. 个体外差异评价
11. 在幼儿刚入园时，教师会对幼儿发展水平进行摸底测试，以便了解幼儿发展情况，发现其发展中的一些特点，因材施教。像这种评价属于(　　)。
A. 形成性评价　B. 总结性评价　C. 诊断性评价　D. 阶段性评价
12. 幼儿园教育评价的计量过程通常由以下两个基本要素构成(　　)。
A. 标值和权数　B. 度量和指标　C. 整体与部分　D. 加权和记分

二、多项选择题(多选、漏选、错选均不得分，每小题 3 分，共 15 分)

13. 幼儿园教育评价所依据的标准是按(　　)的指导思想确立的，具有鲜明的方向性。
A.《幼儿园工作规程》　B.《幼儿园课程标准》
C.《3—6 岁儿童学习与发展指南》　D.《幼儿园教育指导纲要(试行)》
E.《国家中长期教育改革和发展规划纲要(2010—2020 年)》
14. 对“幼儿园教育评价”理解正确的是(　　)。
A. 幼儿园教育评价是了解幼儿园教育的适宜性、有效性
B. 幼儿园教育评价是调整和改进工作
C. 幼儿园教育评价是为了促进每一位幼儿发展
D. 幼儿园教育评价是提高教育质量的必要手段
E. 幼儿园教育评价具有鉴定、诊断、改进、导向四方面的作用
15. 教师对幼儿的管理水平体现在(　　)上，它是判断教师的素质高低的重要依据。
A. 管理幼儿的能力　B. 师生关系
C. 幼儿的综合素质的发展　D. 幼儿的习惯养成
E. 管理幼儿时的态度与方式
16. 按评价主体的不同可以将幼儿园教育评价分为(　　)。
A. 自我评价　B. 他人评价　C. 集体评价　D. 小组评价
E. 个人互评

17. 问卷设计与编制是影响调查结果质量的关键，在编制问卷时，要注意(　　)几个问题。

A. 编题形式的选择　　B. 调查问卷的发放和收集

C. 调查题目的编拟　　D. 调查问卷的配置

E. 调查问卷的印刷

三、判断题(在正确的打“√”，在错误的打“×”。每小题1分，共10分)

(　　)18. 幼儿园教育评价是为了提高教师的教育教学素质。

(　　)19. 家长工作评价主要是幼儿园通过评价，提高家长的工作技能，促进家长工作的开展。

(　　)20. 总结性评价关心的是教育活动的过程。

(　　)21. 一般来说他人评价的组织比较困难，花费人力、物力多。

(　　)22. 谈话法能使评价者获得系统的资料，也可以观察对方的反应，比较灵活。

(　　)23. 目前幼儿园教育评价中问卷法主要应用于对家长和幼儿的调查。

(　　)24. 档案袋评定法是幼儿园教育评价最基本的方法。

(　　)25.“爱周围的人、爱集体”既是幼儿品德与社会性发展评价的内容，也是艺术与情感发展评价的内容。

(　　)26. 保证幼儿安全是幼儿教师教育工作中可以考虑的问题。

(　　)27. 幼儿园教育评价应与日常教育工作相结合。

四、简答题(共21分)

28. 运用观察法应注意的问题有哪些？(7分)

29. 简述幼儿发展评价的主要内容。(6分)

30. 简述幼儿园教育评价的步骤。(8分)

五、论述题(每小题10，共20分)

31. 教师工作评价的主要内容。

32. 幼儿园教育评价应该注意的问题。

六、案例分析题(共10分)

33. 案例：小宝在班级是个年龄最小的孩子，记得刚开学那会儿，我带小朋友上厕所，看他站在那儿一声不响，于是我问他：“小宝，是不是不会？”他看着我不吱声。在得到“是”的回答后，我把他的裤子脱了下来，随即去关注别的小朋友。解完小便给小朋友提裤子，却发现小宝的裤子是湿的，我觉得很奇怪，我明明给他脱了裤子，为什么裤子还是湿的呢？难道之前就尿裤子了？问他，他只是看着我，无奈，我给他换了裤子。

第二天，我发现他的裤子又湿了，问他，也不说话。我问副班老师，她说“我把他的裤子脱下来的”。这是为什么呢？于是，我决心查个究竟。

睡午觉前，我和往常一样带小朋友去上厕所，给小宝脱下裤子后我留心看他，这时我才明白为什么他总是把小便尿在裤子上，原来他的小手一动不动，任由他的“小鸡鸡”耷拉着脑袋，于是尿也就顺着大腿跟流下来了。

问题：请评价幼儿园教育工作。

【参考答案】

一、单项选择题(每题只有一个答案，每小题 2 分，共 24 分)

1. C　2. A　3. D　4. C　5. D　6. C　7. B　8. B　9. A　10. A　11. C　12. D

二、多项选择题(多选、漏选、错选均不得分，每小题 3 分，共 15 分)

13. AD　14. ABCDE　15. CDE　16. AB　17. ACDE

三、判断题(在正确的打“√”，在错误的打“×”。每小题 1 分，共 10 分)

18. ×　19. √　20. ×　21. √　22. ×23. ×　24. ×　25. √　26. ×　27. √

四、简答题(共 21 分)

28. (1)应严格遵守客观性原则。(2 分)

(2) 要采用恰当的记录方法。(1 分)

(3) 两人以上的观察结果应进行一致性检验。(2 分)

(4) 采用观察记录法对幼儿发展进行评价时，要将平时的观察记录和日常生活中与幼儿的谈话、交往、活动作品等结合起来。(2 分)

29. 全面、客观地了解和评价每个幼儿发展的水平和特点，是幼儿教育工作因人施教的前提和重要依据，也是检测幼儿教育课程或方案的效果的重要手段。(2 分)

幼儿发展评价的内容主要涉及幼儿健康与动作发展、认知与语言发展、品德与社会性发展、艺术与情感发展、习惯与自理能力发展等方面。(4 分)

30. 幼儿园教育评价是根据一定的目的，针对一定的对象，通过系统地搜集有关信息作出价值判断的过程。进行幼儿园教育评价，首先要确定评价的目标，然后根据评价目标设计评价方案、实施评价。(2 分)

(1) 确定评价的目标。幼儿园教育评价的目的就是要了解幼儿园教育的水平和现状，为管理者决策服务。(2 分)

(2) 设计评价方案。根据幼儿园评价的目标要求，设计评价方案，这是实施幼儿园教育评价的准备工作。幼儿园教育评价方案的编制，一般要从如下角度进行：

分解目标，形成指标体系；界定标准，形成标准体系；形成计量体系。(2 分)

(3) 实施评价。分为三个阶段：①准备阶段：组织准备，文件、工具准备；②评价实施阶段：宣传发动，搜集资料，评分和汇总；③评价结果反馈阶段。(2 分)

五、论述题(每小题 10，共 20 分)

31. 幼儿园教师工作评价，是指对教师的各项教育工作的质量进行评价。

(1) 安全工作。包括发现环境中的隐患，加强安全措施、安全意识，预见危险发生的能